Rationelle Lesetechniken

schneller lesen – mehr behalten

Rationelle Lesetechniken
schneller lesen – mehr behalten

von

Christian Peirick

4., überarbeitete und erweiterte Auflage

2013

Verlag Karl Heinrich Bock

Bad Honnef

ISBN 978-3-86796-086-1

Alle Rechte vorbehalten
Nachdruck, Verwertung in elektronischen Systemen und fotomechanische Wiedergabe, auch
auszugsweise, nur mit ausdrücklicher Genehmigung des Verlages
© 2013 by Verlag Karl Heinrich Bock
Printed in Germany

Inhaltsverzeichnis

Inhaltsverzeichnis 5
Abbildungsverzeichnis 13
Vorwort 15
   Vorwort zur vierten Auflage 15
   Vorwort zur dritten Auflage 16
   Vorwort zur zweiten Auflage 16
Inhalt dieses Buches 18

1. BESTANDSANALYSE

Ihre Erwartungen an das Buch 21
Lesetempo-Bestandsaufnahme 22
   Ermittlung Ihrer Lesegeschwindigkeit: 24

2. LESESTOFF ERKENNEN UND VERSTEHEN

Inhalt des Abschnitts 27
Lesen hat viele Aspekte 27
   Einzelaspekte des Lesens: 29
      Arbeitsplatz 29
      Augen 32
      Ernährung 33
      Konzentration 34
      Motivation 35
      Zeitmanagement 35
      Schneller lesen, besser verstehen und mehr behalten 35
      Abschließende Bemerkungen zu den Leseaspekten 36
   Neue Definition von Lesen 36
      Erkennen 36
      Assimilierung 36
      Innen-Integration 36
      Außen-Integration 37
      Festhalten 37
      Ins Gedächtnis zurückrufen 37
      Kommunikation 37
   Zwischenzusammenfassung 37
Historie des rationellen Lesens 38
Lesegeschwindigkeit 39
Funktionsweise des Lesens 43

Lesehemmnisse **45**
    Das Buchstabieren 45
    Wort-für-Wort-Lesen 45
    Vokalisation 46
    Subvokalisation 47
    Langsames, unkonzentriertes Lesen 47
    Zu viele und/oder zu lange Fixationen 48
    Regressionen 49
    Finger = Lesekrücke?? 51

Tempobremsen durch den Lesestoff **52**
    Redundanzen 54
    Fehler in Texten 59

Erweiterung der Blickspannweite **61**
    Blitzkartentechnik 61
    Fixierung innerhalb der Zeile 66

Wortschatzerweiterung **67**
    Vorgehensweise bei Fremdwörtern 67
    Selbsterklärung 68
        Wortpräfixe – die Kraft der Wortanfänge – 68
        Wortsuffixe – die Macht der Wortendungen – 70
        Wortwurzeln – die Herkunft der Wörter – 72
    Hinweise zur Wortschatz-Erweiterung 74

Zusammenfassung **75**
Ihre Notizen zum Kapitel **75**

3. ÜBUNG ZUR AUGENENTSPANNUNG

    Palmieren 76
    Schnelle Fokuswechsel 76
    Suchaufgaben für die Augen 77
    Progressive Muskelentspannung 78
    Mikropausen für die Augen 78
    Acht kostbare Augenblicke für Ihre Sehfähigkeit 79

Ihre Notizen zum Kapitel **81**

4. BESCHLEUNIGUNG DES LESETEMPOS

Fixationstechnik **83**
    Fixationsübung 1 „Ausschluss aus der Hierarchie" ... 83
    Fixationsübung 2 „Emilias Brief an ihre Eltern" 86

Fixationstechnik beim Überfliegen **88**
    Fixationsübung 3 „Misserfolgsserien beenden" 88

Lesen in Sinneinheiten **90**

Richtungswörter 91
  Geradeaus-Wörter 91
    Keine Veränderung der gedanklichen Richtung 91
    Weiterführung mit Beginn einer noch wichtigeren Idee 91
    Beibehaltung des Gedankengangs, aber Schlusspunkt 91
  Andere-Richtung-Wörter 92

Konjunktionen **92**
  Wortbedeutung und Auffinden 92
  Funktion 93

Erkennen wesentlicher Informationen **94**
  Schlüsselwörter 94
  Leserabhängigkeit 94

Absatzanalyse **94**
  Erklärende Absätze 95
  Beschreibende Absätze 95
  Verbindende Absätze 95

Unterschiedliche Lesegeschwindigkeiten **96**

Zusammenfassung **96**

Ihre Notizen zum Kapitel **97**

5. LESESTOFFSELEKTION

Arbeiten unter Zeitdruck **99**
  Arbeitsplanung 101

Leseabsicht **101**
  Hilfreiche Fragestellungen 102

Textselektion **103**
  Übung an konkretem Text 104

Buchselektion **106**
  Informationen aus den Umschlagsseiten 107
  Überblick über das Buchinnere 108
  Nähere Begutachtung einzelner Passagen 109

Selektion bei Artikeln in Zeitschriften **110**

Zusammenfassung **111**

Ihre Notizen zum Kapitel **111**

6. FORTGESCHRITTENE LESETECHNIKEN

Insellesen **112**
  Insellesen-Übungstext „Wie kann ein Osterhase Schokoeier legen?" 114

Überblick über die Schnelllesetechniken **116**

Querlesen 116
Zwei-Zeilen-Schwung 116
Variabler Zeilenschwung 117
Rückwärtsschwung 117
„S"-Methode 118
Slalomlesen/Zick-Zack-Methode 118
Schleife 119
Vertikale Wellenbewegung 119
Beidseitige Lesehilfe 120
Langsames „S" 120
Spirallesen 121
Zunächst Überfliege- dann Lesetechniken 121

Slalomlesen **122**
Augenübung zur Einstimmung 122
Slalomleseübung 1 „Gibt es den Weihnachtsmann" 123
Slalomleseübung 2 „Altautos müssen verwertet werden" 125
Slalomleseübung 3 „Gedächtnishemmung und Lernwege" 127

Zusammenfassung **130**

Ihre Notizen zum Kapitel **131**

7. RATIONELLES ÜBERFLIEGEN

Hauptformen des Überfliegens **132**
Orientierendes Überfliegen 132
Selektives Überfliegen 132
Überfliegen mit Schlüsselwörtern 133

Anwendungsgebiete für Überfliegetechniken **133**
Vorschau 133
Auswahllesen 134
Lokalisierung spezieller Informationen 134
Textwiederholung 134

Überfliegen an konkreten Beispielen **135**
Überfliegeübung 1 „Hinterbank und Sommerloch" 135
Überfliegeübung 2 „Bianco, Rosso und was weiter" 140

Einschub Wörterzahlermittlung **145**

Selektives Lesen **146**
Selektionsübung 1 146
Selektionsübung 2 146
Hinweise zur Detailsuche 147
Detailsuchübung 1 „Ökologische Steuerreform..." 147
Detailsuche bei anderen Gelegenheiten 158
Detailsuchübung 2 „Gesundheitstipps rund ums Bad" 159

Detailsuchübung 3 „Häufige Fragen zum Gehirn".................. 161
Zusammenfassung.. 163
Ihre Notizen zum Kapitel.. 164

8. LESESTOFF- UND ARBEITSORGANISATION

Eigenreflexion zu Beginn.. 165
Zielsetzung.. 167
Prioritäteneinteilung (A-B-C-Prinzip)................................. 168
    Pareto-Zeitprinzip... 169
    Eisenhower-Methode.. 169
    Übertragbarkeit aufs Lesen.. 170
Zeitplanung... 170
    Schriftlichkeit.. 171
    Zeitplanung konkret 172
        Biorhythmus... 172
        Störungen ausschalten 172
        Lesezeitplanung... 173
        Lesestoffvorrat 174
Lesestoffdelegation 174
Lesemotivation.. 175
    Wichtigkeit der Selbstmotivation 176
    Motivationsziel 176
        Allgemeine Motivation... 176
        Spezifische Motivation... 176
    Beweggründe... 176
    Einflussfaktoren für Motivation 178
    Handlungsfelder der Leistungs-Motivation................... 178
    Sich selbst motivieren 179
    Selbstbetroffenheit erzeugen 179
        Fragen an den Text 179
        Wettbewerb mit sich selbst und Selbstbelohnung 180
        Unangenehmes sofort... 181
        Organisation der Arbeitsumgebung........................... 181
        Gegenposition einnehmen 182
        Eigenes Wissen einsetzen.. 183
        Gedankliche Antizipation.. 183
        Absatzspiel 193
    Verblüffende Erkenntnis 194
Zusammenfassung.. 194
Ihre Notizen zum Kapitel.. 195

9. LESESTOFF BEHALTEN UND ABRUFEN

Grundlegendes zum Gedächtnis 197
   Schneller Leser versteht besser 198
   Gedächtnisübung erster Teil 199
   Gedächtnisübung zweiter Teil 199
   Sonstige Merkhilfen 200
      Geschichte ausdenken 200
      Merksatz aus Anfangsbuchstaben 201
      Verknüpfung mit Bildfolge 202
Notizen zum besseren Merken 203
   Notizen in Listen- oder Gliederungsform 203
   Zusammenfassungen 204
   Tabelle der Schlüsselwörter 204
   MindMaps® 204
      Empfohlene Vorgehensweise 205
      Anwendungsmöglichkeiten 206
      Vorteile von MindMaps® 207
      Weiterführende Informationen zu MindMaps® 207
   Leseschemata/Strukturbilder 208
      Leseschema 1 „Was ist rationelles Lesen" 208
      Leseschema 2 „Miteinander auskommen" 209
      Wichtigkeit von Farben 210
      Leseschema 3 „Die Schlafkrankheit" 210
      Allgemeine Hinweise 212
      Leseschema-Vorschläge 212
   Wahl der Notizmethode 214
      Vorhaben 214
      Dokument 214
Markieren in Texten 214
   Entwicklung eigener Markierungen 215
Anfangsschwierigkeiten beim Behalten 215
   Wissensspeicherung 216
      Neue Neuronenverknüpfungen 216
      Aktivieren des eigenen Wissens 216
      Grundlagen vor Details 216
   Wissenslernkurve 217
   Verhaltenslernkurve 218
      Plateau-Lernphasen 218
      Myelisierung der Neuronen 218
      Motivation in Plateau-Phasen 219
13 Schritte zum Behalten 219
Studierendes Lesen oder PMSQ5R 220

Lesetext „Alle Frauen lieben Willy" 223
   Meine Vorschläge für Absatzüberschriften 228
   Mein Leseschemavorschlag 228
Zusammenfassung 229
Ihre Notizen zum Kapitel 229

10. LESEN AM COMPUTERBILDSCHIRM

Besondere Lesestoffe (E-Mails) 230
   Vor- sowie insbesondere Nachteile 230
   Automatische Vorselektion bei E-Mails 231
   Manuelle Selektion anhand des Betreffs 232
   Eingestelltes Vorschaufenster 232
   E-Mail-Flut: Täter und Opfer 232
   Ablage von E-Mails außerhalb des Posteingangs 233
   Quartalspostfächer 234
Nachteile des Lesens am Bildschirm 234
   Größe des Bildschirms 235
   Starres Fixieren des Lesestoffs 235
   Reduzierung des Blinzelns 236
   Gähnen und schnelles Blinzeln 236
Vorteile des Lesens am Bildschirm 237
   Suche nach Schlüsselwörtern 237
   Veränderung der Textbreite 237
   Inhaltsverzeichnis mit Sprungmarken und Hyperlinks 237
   Verändern von Schriftart, -größe und Zeilenabstand 238
Blättern oder Scrollen? 238
Checkliste für die Bildschirmnutzung 238
Zusammenfassung 240
Ihre Notizen zum Kapitel 240

11. ABSCHLUSSTEST UND AUSBLICK

Abschlusstest zur Lesegeschwindigkeit 241
Ausblick auf die Zukunft 243
   Seminarbesuch 243
   Rückmeldung zum Buch 244
Ihre Notizen zum Kapitel 245

ANHANG 1

Tabelle Lesetempo-Berechnung 246

ANHANG 2
Referenzliste Seminarleitungen 247

ANHANG 3
Lösungen zu Fragestellungen im Buch 249
   Zum Abschnitt „Redundanzen" 249
      Königsberg und Preußen 249
      Reihenfolge der Buchstaben 249
      Landung auf Malta 250
      Satzergänzungen 250
      Druckfehlerteufel 251
   Zum Abschnitt „Fixierung innerhalb der Zeile" 252
   Zur Fixationsübung 3 „Misserfolgsserien beenden" 252
   Zur Slalomleseübung 3 „Gedächtnishemmung und Lernwege" 252
   Zur Überfliegeübung 1 „Hinterbank und Sommerloch" 253
   Zur Überfliegeübung 2 „Bianco, Rosso und was weiter?" 253
   Zu den Selektionsübung 1 und 2 254
   Zur Detailsuchübung 1 „Ökologische Steuerreform" 254
   Zum Fragenkatalog am Beginn des Abschnitts „Lesestoff- und
   Arbeitsorganisation 255
   Lösung zur Gedächtnisübung 256

LITERATURLISTE 257
   Bücher zum Thema „Rationelle Lesetechniken" 258
   Bücher zum „Lesetraining im Schulbereich" 259
   Bücher zum Thema „MindMapping" 260
   Bücher zum Thema „Zeitmanagement" 260
   Bücher zum Thema „Gedächtnistraining" 261
   Bücher zu „Lese-Rahmenbedingungen" 261
   Literatur zum wissenschaftlichen Hintergrund 263
   Sonstige Bücher 263
   CDs / Software / DVDs für das Lesen-Training 263

STICHWORTVERZEICHNIS 265

Abbildungsverzeichnis

Abbildung 1 „Lesetempo-Skala".. 25
Abbildung 2 „Leseaspekte"... 27
Abbildung 3 „Abgrenzung der Leseabsichten"...................... 28
Abbildung 4 „Aufnahme und Verarbeitungszeit".................. 39
Abbildung 5 „Effiziente Lesegeschwindigkeit"...................... 41
Abbildung 6 „Auswirkungen der Lesetempo-Verdoppelung"............... 42
Abbildung 7 „Augenentspannungsübung"............................. 77
Abbildung 8 „Zahlensuche Teil 1".. 82
Abbildung 9 „Zahlensuche Teil 2".. 98
Abbildung 10 „Textselektion"... 103
Abbildung 11 „Buchselektion".. 107
Abbildung 12 „Augenübung zum Slalomlesen-Beginn"...................... 122
Abbildung 13 „Eisenhower-Methode".................................... 169
Abbildung 14 „Konzentration-Störung-Kurve"..................... 173
Abbildung 15 „Handlungsdiagramm (nach Rheinberg)"..................... 177
Abbildung 16 „Handlungsfelder der Leistungs-Motivation"............... 178
Abbildung 17 „MindMap®-Regeln, -Vorteile + -Anwendungsfelder".. 208
Abbildung 18 „Leseschema ‚Rationelles Lesen'".................. 212
Abbildung 19 „Leseschema ‚Miteinander zurechtkommen'"............... 213
Abbildung 20 „Leseschema ‚Schlafkrankheit'"..................... 213
Abbildung 21 „Wissenslernkurve".. 217
Abbildung 22 „Verhaltenslernkurve".................................... 218
Abbildung 23 „Leseschema ‚Willy Brandt'"......................... 228

Vorwort

Vorwort zur vierten Auflage

Nachdem die dritte Auflage des Buches größer ausgefallen ist als die vorhergehenden, hat es mit der nächsten Überarbeitung etwas länger gedauert. Ergänzt habe ich in der neuen Auflage insbesondere Informationen zu den Themen „Motivation" sowie „Umgang mit dem Lesen am PC"

Beim Lesen am PC habe ich vor allem neue Tipps und Tricks zum Umgang mit E-Mails aufgenommen. Wichtig war mir dabei darzustellen, dass gerade bei E-Mails das eigene Sendeverhalten einen großen Anteil daran hat, wie viele Rückmeldungen in welcher Qualität wir erhalten. Mangelnde Qualität tritt dabei nicht nur bei den klassischen Spam-E-Mails auf, sondern auch bei eigentlich nutzbringenden E-Mails, für die man aber gar nicht zuständig ist und die man nur erhält, weil der Absender auf eine sinnvolle Selektion der Adressaten verzichtet hat.

Da ich sowohl in den Kursen als auch als Rückmeldung auf dieses Buch immer wieder nach weitergehender Literatur gefragt worden bin, habe ich schließlich das Literaturverzeichnis um Bücher auch aus Randbereichen des Rationellen Lesens erweitert und zwecks besserer Lesbarkeit mit Überschriften strukturiert. Gerne nehme ich daher auch Hinweise zu weiteren empfehlenswerten Büchern entgegen.

Nach mehr als einem Jahrzehnt der Seminarleitertätigkeit habe ich es übrigens in 2011 endlich geschafft, eine erste Version meiner Internetseite „www.rationell-lesen.de" fertig zu stellen. Dort finden Sie auch Hinweise zu den aktuell angebotenen Seminaren. Und Sie können mir sowohl über das dortige Kontaktformular als auch über meine E-Mail-Adresse „info@rationell-lesen.de" gerne eine Nachricht zukommen lassen.

Vorwort zur dritten Auflage

Mittlerweile ist dies die dritte Auflage des Buches. Als ich mich vor einigen Jahren an die Zusammenstellung der in meinen Seminaren vermittelten Inhalte in schriftlicher Form setzte und einen Verlag für die Veröffentlichung gewinnen konnte, hätte ich mit einem solchen Erfolg nicht gerechnet.

Auch diese Neuauflage beinhaltet wieder verschiedene Anpassungen, die sich aus Rückmeldungen der Seminarteilnehmenden, aber auch aus neuen Veröffentlichungen anderer Autoren ergeben haben. Eine wichtige Anpassung betrifft die zwischenzeitlich veränderte Übungsreihenfolge beim Erlernen der fortgeschrittenen Lesetechniken und hier insbesondere beim Insellesen.

Erneuern möchte ich nochmals meine Bitte um Rückmeldungen zu Ihren Erfahrungen beim Arbeiten mit diesem Buch, verbunden zugleich mit meiner Zusage, Ihnen bei offen gebliebenen Fragen individuell Antworten zukommen zu lassen.

Vorwort zur zweiten Auflage

Schon vor Jahren hatte ich den Wunsch, meinen umfangreichen Lesestoff sowohl im beruflichen als auch im Freizeitbereich in kürzerer Zeit bewältigen zu können. Dazu versuchte ich, mich schneller durch die jeweilige Lektüre zu arbeiten, ohne dabei allerdings Kenntnis von den Techniken zu haben, die mich letztendlich auf meinem Weg hätten voranbringen können.

Daher war ich sehr froh, einen Kurs besuchen zu können, der sich mit rationellen Lesetechniken befasste. Der Kursbesuch bot mir Gelegenheit, die für das rationelle Lesen maßgeblichen Techniken kennen zu lernen und einzuüben, so dass ich meine Lesegeschwindigkeit bei besserem Verständnis wesentlich steigern konnte.

Meinen eigenen Kursbesuch nahm ich zum Anlass, selbst als Kursleiter tätig zu werden. Im Folgenden arbeitete ich mich durch die verschiedenen Bücher zum Thema durch und stellte dabei fest, dass sich die Buchautoren in ihren Empfehlungen teilweise widersprechen. Ich musste also für meine Seminare einen eigenen Weg wählen, der sich – im Rückblick auf die bisherigen Kurse betrachtet – bewährt hat. Ich konnte nämlich feststellen, dass nahezu alle Kursteilnehmenden, sowohl bei Seminaren an Volkshochschulen als auch für Beschäftigte im öffentlichen Dienst, bereits nach Kursende in der Lage waren, mit doppelter Lesegeschwindigkeit zu lesen. Eine Referenzliste mit den Auftraggebern der bisher von mir geleiteten Seminare (zum Großteil mehrere für die jeweiligen Auftraggeber) finden Sie übrigens in Anlage 1.

Mit diesem Buch möchte ich Ihnen nun die Techniken vorstellen, die den Kursteilnehmerinnen und -teilnehmern zu dieser Lesebeschleunigung verholfen haben. Das Buch enthält dabei nur einige wenige Übungstexte, da Sie vermutlich selbst viel zu lesen haben und Ihnen insoweit genug Material für das Üben rationeller Lesetechniken zur Verfügung stehen dürfte. Dieses wird sich besser für das Üben der Techniken eignen als Texte, die ich Ihnen geben könnte.

Außerdem reduziert sich dadurch der Zeitaufwand für das Üben, denn Sie verwenden Texte, die Sie sowieso hätten lesen müssen.

Mit diesem Buch komme ich zugleich dem Wunsch der Teilnehmerinnen und Teilnehmern meiner Kurse nach, die sich ein Skript zu den im Kurs behandelten Themen gewünscht haben.

An dieser Stelle möchte ich mich bedanken bei Herrn Wambach, der es mir ermöglichte, das Seminarskript in Buchform herauszugeben, bei meinem Kollegen Herrn Heck für die zeitintensive Lektoratsleistung im Vorfeld der Veröffentlichung der 1. Auflage des Buches sowie natürlich bei meiner Familie, die mir die benötigte freie Zeit zum Erstellen und jetzt wieder zum Überarbeiten des Buchmanuskriptes gewährt hat.

Ich hoffe, Ihnen mit der in vielen Bereichen überarbeiteten und den neuesten Erkenntnissen angepassten 2. Auflage dieses Buch bei Ihrem Wunsch, rationeller zu lesen, helfen zu können, und bin zudem dankbar für Rückmeldungen über Ihre Erfahrungen im Umgang mit diesem Buch.

Inhalt dieses Buches

Dieses Buch ist gegliedert in verschiedene Bereiche. Nach einer Bestandsanalyse und der Ermittlung Ihres Lesetempos erkläre ich Ihnen im zweiten Kapitel einige grundsätzliche Dinge zum Erkennen und Verstehen von Lesestoff. Dabei werde ich neben der Erläuterung von für das Lesen wichtigen Grundbegriffen und der Funktionsweise des Lesens insbesondere darauf eingehen, welche Hemmnisse für zu langsames, unkonzentriertes und damit nicht rationelles Lesen verantwortlich sind und was Sie tun können, um diese Hemmnisse zukünftig zu vermeiden.

Nach einem kurzen Kapitel mit Beispielen für Augenentspannungsübungen gebe ich Ihnen im darauf folgenden Kapitel Hinweise dazu, wie Sie bei Ihrer normalen Lektüre Ihre Lesegeschwindigkeit massiv beschleunigen können.

Im Anschluss daran erhalten Sie Anregungen, wie Sie Ihren Lesestoff selektieren können, um so die Gesamtmenge des zu Lesenden radikal zu reduzieren.

Schließlich gehe ich darauf ein, welche Arten fortgeschrittener Lesetechniken existieren und zu welchem Zweck sich die einzelnen Techniken eignen, nämlich insbesondere zum rationellen Überfliegen und zum selektiven Lesen.

Ein zweiter Block in diesem Buch beginnt mit dem achten Kapitel und beschäftigt sich mit der Frage der Lesestoff- und Arbeitsorganisation. Dazu wird es hilfreich sein, wenn Sie Ihre eigene Lesesituation eingehender analysieren. Aufzeigen möchte ich Ihnen auch, wie wichtig es ist, sich vor dem Lesen selbst zu motivieren, und welche Möglichkeiten es dazu gibt.

Im darauf folgenden Kapitel wird es darum gehen, wie Sie das Gedächtnis beim Erinnern unterstützen können und wie Ihre Notizen und Markierungen in Texten aussehen könnten, damit Sie von dem Gelesenen mehr als bisher behalten.

Das vorletzte Kapitel beschäftigt sich mit der Frage, welche Rahmenbedingungen und Besonderheiten für das Lesen am PC-Bildschirm gelten und wie dieses Lesen effektiver gestaltet werden kann. Dabei gehe ich vor allem auf den erfolgreicheren Umgang mit E-Mails, die in zunehmender Zahl eintreffen, ein und erläutere vor allem auch, wie jeder selbst zum Täter wird und damit zugleich seine eigenen Probleme mit dieser Art des Lesestoffes vergrößert.

Das letzte Kapitel beinhaltet einen vorläufigen Abschlusstest zur Ermittlung der Lesegeschwindigkeitssteigerung und gibt einen Ausblick auf das weitere Vorgehen.

Im Anhang finden Sie schließlich eine Tabelle, die Sie bei der Ermittlung Ihrer jeweiligen Lesegeschwindigkeit unterstützen kann, eine Referenzliste der Institutionen, für die ich bisher Leseseminare geleitet habe, sowie die Lösungen zu verschiedenen Übungsaufgaben.

Falls Sie sich noch weiter mit der Thematik beschäftigen wollen, habe ich für Sie eine umfangreiche Literaturliste – gegliedert nach Themenblöcken im Zusammenhang mit Rationellen Lesetechniken – und zudem – zur besseren Orientierung in diesem Buch – ein sehr detailliertes Schlagwortverzeichnis erstellt.

1. Bestandsanalyse

Ihre Erwartungen an das Buch

Bevor Sie sich näher mit diesem Buch beschäftigen, möchte ich Sie bitten, sich zunächst einige Gedanken darüber zu machen, warum Sie überhaupt dieses Buch lesen. Diese Vorüberlegungen werden Ihnen bei der weiteren Lektüre sicherlich von Vorteil sein. Die Beschäftigung mit Ihrer Leseabsicht für das vorliegende Buch sollte dabei möglichst schriftlich erfolgen.

Bitte geben Sie sich selbst Antworten auf die folgenden Fragen:

1. Welche Erwartungen habe ich an dieses Buch, d. h. warum habe ich es mir überhaupt gekauft (oder ausgeliehen)?

   _____
   _____
   _____
   _____
   _____

2. Welche Schwierigkeiten habe ich beim Lesen, bei der Lesestoffauswahl etc.?

   _____
   _____
   _____
   _____

3. Welche eigenen Lösungsansätze habe ich bisher ausprobiert, um die unter Nummer 1 vermerkten Erwartungen zu verwirklichen bzw. die unter Nummer 2 notierten Schwierigkeiten zu beheben?

   _____
   _____
   _____
   _____
   _____

Lesetempo-Bestandsaufnahme

Nach den Gedanken über Ihre Erwartungen an dieses Buch bitte ich Sie, anhand des nachfolgenden Textes zu ermitteln, wie hoch Ihre momentane Lesegeschwindigkeit ist. Lesen Sie diesen Text mit Ihrer normalen, gewohnten Lesegeschwindigkeit. Versuchen Sie also nicht, jetzt besonders schnell zu sein. Ihr Ziel sollte sein, nach dem Lesen den Textinhalt zumindest in groben Zügen wiedergeben zu können. Stoppen Sie dabei die von Ihnen benötigte Zeit.

Der Erfinder der Klarsichthülle[1]

Er war ein gestrenger Jurist, ein wenig besserwisserisch, stets mit erhobenem Zeigefinger dozierend. Viele nannten ihn den „Oberlehrer" der SPD, manch' Gescholtener meinte sogar, in ihm einen „Zuchtmeister" sehen zu müssen.
Dabei war Hans-Jochen Vogel stets gerecht gegenüber jedermann, und eigentlich kannte er auch keine wirklichen Feinde; in der eigenen Partei nicht, und auch der politische Gegner achtete ihn als ordnenden Organisator, dessen Temperament sich in Grenzen hielt.
Anders als Kurt Schuhmacher fiel dessen späterer Nachfolger niemals aus der Rolle und war infolgedessen menschlich, aber auch fachlich, unbestritten – gleichgültig, welches seiner zahlreichen Ämter er gerade bekleidete, ob in der Rolle des Oberbürgermeisters in München oder des „Regierenden" von Berlin, ob als Bundesjustizminister oder als Partei- und Fraktionsvorsitzender der Sozialdemokraten in Bonn.
So richtig auf Kriegsfuß stand Vogel eigentlich nur mit einem, nämlich dem Alkohol. Obwohl er während der Oberbürgermeister-Zeit in München so manches Fass Starkbier öffentlich anzuschlagen hatte – ein kleiner Schluck aus optischen Gründen; mehr war für ihn nicht „drin", mehr mochte er auch nicht.
Vogel entwickelte bei solchen und bei ähnlichen Anlässen jedes Mal großen Erfindungsreichtum, um seine Wasserflasche verstecken zu können.
Johannes Rau über Vogels Verhältnis zum Feiern: „Er trinkt am liebsten Mineralwasser. Wenn er mal so richtig einen draufmachen will, dann bestellt er sich eine zweite Flasche Wasser!"

---

1 Aus: Tatort Bonn – Stunde Null (Seite 184) von F. Paul Schwakenberg, Verlag K.H. Bock; Bad Honnef, 2001

In Bonn war während der Kandidatenschaft von Hans-Joachim Vogel jedem Rheinländer „glasklar", warum der Kandidat niemals Kanzler hätte werden können. Kanzler der Rheinischen Republik (siehe Willy Brandt!) taten sich als Schluckspechte leichter, und sie hätten im Karneval, immerhin der 5. Jahreszeit in Bonn und Umgebung, auch bützen, schunkeln, eben kräftig einen draufmachen müssen – Eigenschaften, die Vogel völlig abgingen.

Der Rheinländer Konrad Adenauer, allem übertriebenen Ordnungs- und Organisationssinn abhold, hätte diesen Erfinder der Klarsichthülle, der Fundstellen in Büchern und Broschüren mit Büroklammern zu kennzeichnen pflegte, sicher einen „Oberpedanten" geheißen.

Hans-Jochen Vogel wollte bei seinem erbitterten Kampf gegen Unordnung nichts, aber auch gar nichts dem Zufall überlassen: Ob in einem Buch die vordere oder die hintere Seite eines Blattes als Fundstelle kennzeichnungswürdig war, darüber gab der längere Briefklammerschenkel unmissverständlich Auskunft.

Als Vogel aus Anlass eines Kanzlerfestes den gepflegten Rasen im Park des Bonner Palais Schaumburg betreten sollte, da zierte sich der Pedant mit den Worten: „Nein, schade um den schönen Rasen." Vogel wollte, außen herum, einen langen Umweg nehmen, doch Kanzler Willy Brandt zerrte ihn aufs Grün: „Morgen wird der Rasen zwar einen melancholischen Eindruck machen, das tut er aber auch ohne dich, und schließlich wird darüber wieder Gras wachsen!"

Verrückt, worauf manche Menschen alles kommen können! Eine Hamburger Künstlerin wollte in der Kuppel des hanseatischen Planetariums die welt-erste „Staub-Show" veranstalten. Dabei sollten fliegende Fusseln effektvoll angestrahlt werden; aber nicht irgendwelche Fusseln, sondern solche aus den Arbeitszimmern prominenter Zeitgenossen.

Als die Künstlerin von der übertriebenen Ordnungs- und Sauberkeitsliebe des Hans-Jochen Vogel gehört hatte, gewann sie Vogels prominenten Parteifreund Hans-Ulrich Klose als „Paten" für eine verrückte Suchaktion nach Staubpartikelchen im Bonner Arbeitszimmer des SPD-Chefideologen.

Vogels Sekretärin hatte Klose ins „Allerheiligste" gelassen, und so traute der prominente Politiker seinen Augen nicht, als dort in seinem Büro ein ungebetener Besucher Tisch, Schränke und Stühle untersuchte, und ihm für kurze Zeit den Allerwertesten entgegenstreckte.

Sollte er, Vogel, jetzt auch ausgespäht und abgehört werden? Wurden bei ihm Lausch-Wanzen installiert?

Dem SPD-Vorsitzenden musste in diesem Augenblick so manche Spionageaffäre der letzten Zeit in den Sinn gekommen sein. Aber dann stellte sich alles doch rasch als völlig harmlos heraus. Der Mann, der da so emsig schnüffelte, war ja in der Tat niemand anderes als der auf Bitten der Hamburger Künstlerin für die erste Staub-Show der Welt tätig gewordene Hans-Ulrich Klose. Und der war nach langem Suchen tatsächlich fündig geworden: Selbst beim Ordnungs- und Sauberkeits-Fanatiker, dem Oberpedanten Hans-Jochen Vogel, hatte er hinter der Heizung Staubfusseln entdeckt, die anschließend dann in Hamburg, zusammen mit Staubfusseln anderer prominenter Zeitgenossen, im Laserlicht bewundert werden konnten.

Leider war damals keine versteckte Kamera Zeitzeuge dieses Ereignisses gewesen.

Ermittlung Ihrer Lesegeschwindigkeit:

Auf der nächsten Seite habe ich für Sie eine Abbildung eingefügt, mit deren Hilfe Sie sowohl bei diesem als auch bei zukünftigen Texten Ihre Lesegeschwindigkeit überschlägig ermitteln können. Dazu benötigen Sie zuerst die Anzahl der Wörter im Text, das waren hier 650 Wörter, die Sie auf der linken Skala suchen müssen. Legen Sie dort am besten ein Lineal oder, wie in meinen Lesekursen, noch besser einen schmalen Streifen einer Folie, auf dem Sie einen schwarzen Strich aufgetragen haben, an. Danach suchen Sie in der rechten Skala die von Ihnen für das Lesen des Textes benötigte Zeit und legen hier das andere Ende des Lineals oder des Folienstreifens an. Dann können Sie in der mittleren Skala Ihre ungefähre Lesegeschwindigkeit ablesen.

Im Anhang des Buches habe ich zudem für Sie eine Tabelle eingefügt, mit deren Hilfe Sie gleichfalls überschlägig Ihre Lesegeschwindigkeit ermitteln können. Dazu müssen Sie zunächst die Anzahl der Wörter eines Textes in der linken Spalte suchen. Danach suchen Sie in der obersten Zeile die von Ihnen für das Lesen des Textes benötigte Zeit. Im Kreuzungspunkt der Ihrem Lesetempo und der benötigten Zeit am nächsten liegenden Zeile und Spalte können Sie dann Ihre ungefähre Lesegeschwindigkeit ablesen.

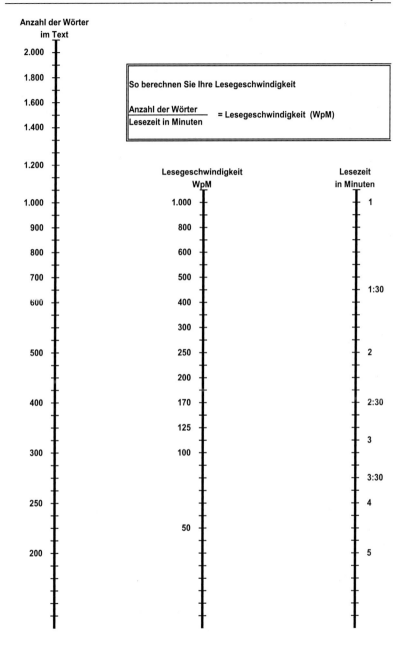

Abbildung 1 „Lesetempo-Skala"

Wenn Sie es schließlich ganz genau wissen wollen, dann können Sie Ihre Lesegeschwindigkeit auch mit der Formel

$$\frac{W\ddot{o}rterzahl}{Lesezeit \ (min)} = Lesegeschwindigkeit \ (W\ddot{o}rter \ / \ min)$$

berechnen. Denken Sie dabei jedoch daran, dass Sie die Sekunden noch in Dezimalzahlen umrechnen müssen.

Notieren Sie sich bitte Ihr momentanes Lesetempo. Der Wert soll für Sie als Gradmesser für die Entwicklung Ihrer Lesegeschwindigkeit dienen.

Außerdem können Sie Ihr eigenes Lesetempo anhand der im nächsten Kapitel dargestellten typischen Lesegeschwindigkeiten einordnen.

2. Lesestoff erkennen und verstehen

Inhalt des Abschnitts

In diesem Kapitel möchte ich Sie über die verschiedenen Aspekte des Lesens informieren. Darüber hinaus erläutere ich Ihnen, was alles zum Lesen dazugehört und wie man Lesen auch definieren kann. Daran anschließend gehe ich auf die effizienten Lesegeschwindigkeiten ein und zeige Ihnen auf, welche Hemmnisse dafür verantwortlich sind, dass diese Lesegeschwindigkeiten von Ihnen bisher möglicherweise noch nicht erreicht werden. Und schließlich gebe ich Ihnen erste Hinweise dazu, wie Sie Texte schneller und verständiger aufnehmen können.

Lesen hat viele Aspekte

Generell ist festzustellen, dass Lesen viele Aspekte hat (siehe hierzu Abbildung 2).

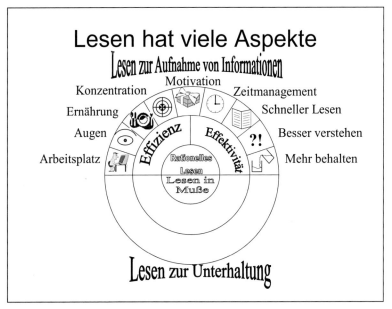

Abbildung 2 „Leseaspekte"

Zuerst einmal kann man, ausgehend von der Leseabsicht, unterscheiden zwischen dem Lesen zur Aufnahme von Informationen und dem Lesen zur Unterhaltung. Damit einher geht zugleich die Unterscheidung zwischen dem rationellen Lesen und dem Lesen in Muße. In vielen der Bücher, die ich in Vorbereitung meiner Fortbildungsseminare gelesen habe, wird zwar dargestellt, dass man auch für die Unterhaltungsliteratur rationelle Lesetechniken anwenden kann und soll. Ob Sie das tun, sollten Sie aber für sich selbst entscheiden, nachdem Sie dieses Buch gelesen haben. Einige Techniken, die ich vorstellen möchte, eignen sich sicherlich auch für die Freizeitlektüre. Sie sollten sich aber auf jeden Fall den Spaß am Lesen im privaten Bereich nicht verderben lassen durch den Versuch, auch hier schneller und rationeller lesen zu wollen.

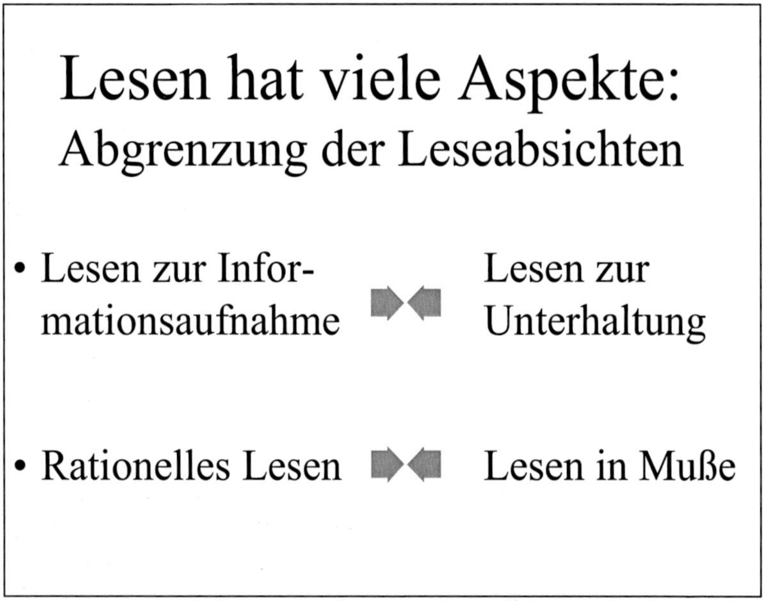

Lesen hat viele Aspekte:
Abgrenzung der Leseabsichten

- Lesen zur Informationsaufnahme ▶◀ Lesen zur Unterhaltung

- Rationelles Lesen ▶◀ Lesen in Muße

Abbildung 3 „Abgrenzung der Leseabsichten"

Eine nächste Unterscheidung ist die zwischen der Effektivität und der Effizienz beim Lesen. Üblich ist folgende Verknüpfung:
- Effektivität = strategisch = das Richtige tun (z. B. sich für das richtige Projekt entscheiden)
- Effizienz = operativ = etwas richtig tun (z. B. das Projekt in der richtigen Art und Weise durchführen)

Bezogen auf das rationale Lesen ist hier jetzt mit Effektivität gemeint, wie wirksam das Lesen ist, d. h. was das Lesen gebracht hat und wie gut die Informationen anschließend abrufbar sind. Die Effizienz demgegenüber betrachtet den Zeitfaktor, wie schnell also die benötigten Informationen aufgenommen werden können. Anzustreben ist, die für den Text jeweils ideale Kombination zwischen Effektivität und Effizienz zu finden: das effektiviziente Lesen.

Einzelaspekte des Lesens:

Sowohl für die Effizienz als auch für die Effektivität des Lesens sind verschiedene Rahmenbedingungen maßgeblich. Diese sind bereits in der Abbildung 1 auf Seite 7 aufgeführt.

Arbeitsplatz

Auch für das Lesen ist ein richtig ausgestattetes Arbeitsumfeld von großer Bedeutung. Zu beachten sind dabei folgende Teilaspekte:

Sauerstoffzufuhr

Jeder Mensch hat einen stündlichen Sauerstoffbedarf von 50 bis 60 Litern. Daher ist es wichtig, regelmäßig den Raum zu lüften, da ansonsten die Konzentrationsfähigkeit sehr stark sinkt.

Ergonomischer Stuhl und Schreibtisch

Verkrampftes Sitzen erschwert die Konzentration und führt zu rascherer Ermüdung. Achten Sie also darauf, aufrecht an Ihrem Arbeitsplatz zu sitzen.

Der Schreibtischstuhl sollte daher so hoch sein, dass zwischen Unter- und Oberschenkel ein Winkel von ca. 100° besteht, also etwas mehr als ein rechter Winkel. Zur Unterstützung dieser Sitzhaltung eignet sich ein sog. Dreieckskissen, auf dem man etwas abschüssig sitzt. Wichtig ist aber, dass die Füße senkrecht und fest auf dem Boden stehen. Der Schreibtisch selber sollte etwa 20 cm höher sein als die Stuhlsitzfläche, also zwischen 73 und 81 cm. Gut ist es, wenn die Schreibtischhöhe und -neigung verstellbar ist, zumal dann, wenn verschieden große Personen daran arbeiten sollen.

Besonderheiten in Bezug auf das Lesen am PC finden Sie im entsprechenden Kapitel dieses Buches.

Ordnung

Ein gut aufgeräumter Schreibtisch erleichtert nicht nur das Arbeiten, sondern auch das Lesen daran. Legen Sie daher alles zur Seite, was Sie im Moment für das Lesen nicht benötigen. Das gilt sowohl für andere noch zu erledigende Arbeiten als auch für Privates, was Sie von der Lesekonzentration abzubringen in der Lage ist.
Legen Sie sich stattdessen alle Hilfsmittel, die Sie während des Lesens verwenden wollen, bereit. Das kann der Bleistift sein, mit dem Sie Markierungen im Text vornehmen wollen, oder auch Papier zum Notieren von wichtigen Textpassagen. Wenn Sie nämlich nach Lesebeginn feststellen, dass Sie doch noch bestimmte Hilfsmittel benötigen, ist Ihre Konzentration erst einmal dahin und muss wieder neu aufgebaut werden.

Ablagesystem

Da Sie vermutlich nicht zu den wenigen Personen gehören, die das einmal Gelesene für immer und ewig behalten können, wird auch für Sie ein vernünftiges Ablagesystem erforderlich sein. Darin aufgenommen werden sollten allerdings nur die Lesestoffe, die Sie bereits gelesen haben.

Im beruflichen Alltag wird Ihnen vermutlich bereits ein System zur Archivierung von Lesematerialien zur Verfügung stehen, das Sie vielleicht auch für Ihre persönliche Ablage übernehmen können. Es kann aber sinnvoll sein, sich ein eigenes Ablagesystem zu entwickeln, dass ganz auf Ihre individuellen Anforderungen zugeschnitten ist.

Ein System, aus der großen Anzahl von Möglichkeiten, möchte ich Ihnen vorstellen. Es nennt sich Großer-Kleiner-Ordner. Sie nehmen einen großen Ordner, in welchen Sie die Texte der Reihenfolge nach, in der Sie sie gelesen haben, chronologisch einsortieren und mit einer fortlaufenden Nummer versehen. Sie nehmen nunmehr einen kleinen Ordner, in dem Sie ein alphabetisches Stichwortregister anlegen. Dann versehen Sie die in den großen Ordner einsortierten Texte mit Stichwörtern und notieren im kleinen Ordner zu den Stichwörtern lediglich die Ziffer, unter der sich der Text im großen Ordner befindet, wegen der besseren Ergänzbarkeit möglichst jedes Stichwort auf einem gesonderten Blatt. Sofern Sie über einen Computer verfügen, ist diese Arbeit noch leichter zu erledigen, da Sie sich die ggf. um zusätzliche Stichwörter ergänzte Liste immer wieder neu alphabetisch sortieren lassen können.

Der Vorteil dieses Systems liegt darin, dass Sie einen Text nur einmal ablegen müssen, selbst wenn er zu zwei, drei oder noch mehr Sachgebieten Ihres Ablagesystems gehört, da Sie bei den entsprechenden Stichwörtern ja nur die jeweilige Ziffer dazuschreiben müssen. Und noch ein weiterer Vorteil ist zu verzeichnen. Während man sich bei Ablagesystemen, die für bestimmte Sachgebiete jeweils einen eigenen Ordner vorsehen, sehr stark hinsichtlich des Platzbedarfs verschätzen kann und in einen Ordner vielleicht nur wenige Blätter hinein sortiert werden, ist das hier vorgestellte System unbegrenzt erweiterbar und vermeidet ungenutzten Platz.

Aber auch wenn Sie sich für ein thematisch sortiertes oder kennzahlengesteuertes Ablagesystem entscheiden, sollten Sie die Texte unmittelbar nach dem Lesen vorsortieren oder besser noch direkt an der richtigen Stelle ablegen. Auf keinen Fall aber sollten Sie die schon gelesenen Texte zusammen mit noch zu Lesendem auf einen Stapel legen.

Eine grobe Vorsortierung Ihres Posteingangs könnten etwa darin liegen, drei Stapel zu bilden mit den Kategorien „Noch zu lesen", „Gelesen und noch abzulegen" sowie „Gelesen und noch zu bearbeiten/beantworten".

Lichtverhältnisse
Versuchen Sie, soweit Sie darauf Einfluss haben, die Lichtverhältnisse an Ihrem Arbeitsplatz zu optimieren. Am besten geeignet ist immer noch das Tageslicht. Ideal ist es daher, wenn Sie in Fensternähe lesen. Wenn das an Ihrem Arbeitsplatz nicht möglich ist, dann achten Sie darauf, dass kein zu großer Helligkeitskontrast zwischen Ihrem Leseplatz und dem Rest des Raumes besteht. Sie werden sonst immer wieder versucht sein zu schauen, ob aus der Sie umgebenden Dunkelheit eine Gefahr auf Sie zukommt, was wohl eher selten passieren dürfte. Beim künstlichen Licht sind Halogenglühbirnen besser geeignet als Leuchtstoffröhren. Das Licht sollte über die Schulter der Hand, mit der Sie nicht schreiben, einfallen, damit kein störender Glanz oder Schatten entsteht. Von Bedeutung ist auch, dass der Helligkeitsbedarf mit zunehmendem Alter steigt.

Während für einen 20-jährigen noch 500 Lux ausreichend sind, benötigt ein 30-jähriger bereits 1.000 Lux und ein 60-jähriger schließlich 2.000 Lux, um gut lesen zu können.

Papierbeschaffenheit

Soweit Sie Einfluss darauf haben, verwenden Sie leicht gelbliches (Umweltschutz-) Papier zum Lesen. Unabhängig davon, dass solches Papier umweltverträglicher ist, bietet es einen geringeren Kontrast zu den schwarzen Buchstaben und erleichtert damit das Lesen. Zudem sollten Sie darauf achten, dass das Papier nicht glänzt oder gar blendet.

Augenwinkel und Augenabstand

Der Abstand zwischen Auge und Lesestoff sollte 50 cm betragen. Außerdem sollte der Blick möglichst senkrecht auf den Lesestoff fallen. Hilfreich hierfür ist ein Schreibtisch, der sich neigen lässt, oder aber eine Lesestütze, die Sie auf den Schreibtisch stellen. Je spitzer nämlich der Winkel wird, desto kleiner wird die Schrift nach oben hin, was das Lesen insbesondere beim Einsatz fortgeschrittener Lesetechniken entsprechend erschwert.

Augen

Da gute Augen für das Lesen hilfreich sind, ist es wichtig, eine vorhandene Fehlsichtigkeit korrigieren zu lassen. Schon kleinere Fehlsichtigkeiten können zu einer sehr viel schnelleren Ermüdung führen, da das Gehirn die mangelhaft oder falsch übermittelten Bilder aufwendig aufarbeiten muss. Dabei hat man selber den Eindruck, sich lediglich schlechter konzentrieren zu können als andere. Für Brillenträger sollte es darüber hinaus selbstverständlich sein, wenigstens alle zwei Jahre die Augen kontrollieren und die Sehhilfe ggf. anpassen zu lassen.

Es gibt aber auch Personen, die die Auffassung vertreten, dass die Korrektur von Fehlsichtigkeit durch Brillen nicht nur nicht die Ursache der Fehlsichtigkeit beheben kann, sondern vielmehr sogar diese Fehlsichtigkeit verstärkt. Hierzu sei verwiesen auf das Buch von Herrn Harry Benjamin mit dem Titel „Ohne Brille bis ins hohe Alter".

Ein gutes Training ohne zu großen zusätzlichen Aufwand – quasi nebenher – ermöglicht z. B. auch die Rasterbrille – die „Brille der

Armen in Sri Lanka" – und das dazu gehörende Buch „Endlich wieder klar sehen mit der Rasterbrille" (siehe hierzu die Literaturliste im Anhang). Mittlerweile gibt es Rasterbrillen ohne das Buch für unter 8 € (Stand Ende 2012) bei Online-Auktionshäusern zu kaufen.

Schließlich wurde von Wissenschaftlern[2] die Verhaltens-Sehtherapie entwickelt, bei der das Sehvermögen von einem ganzheitlichen Standpunkt aus betrachtet wird, um so nicht nur die Wahrnehmung, sondern zudem auch das Verhalten zu ändern und dabei insbesondere auch die psychologischen Hintergründe für Fehlsichtigkeiten zu berücksichtigen.

Ernährung

Ein nicht zu vernachlässigender Aspekt des Lesens ist eine gesunde Ernährung. Schon Herr Benjamin kommt zum Ergebnis, dass Fehlsichtigkeit oftmals auf falscher Ernährung beruht und durch eine Umstellung derselben wesentlich verbessert, wenn nicht sogar ganz behoben werden kann.

Problematisch ist in heutiger Zeit jedoch nicht nur der Stress, der uns oftmals davon abhält, uns so gesund zu ernähren, wie es sinnvoll und erforderlich wäre. Hinzu kommt auch noch, dass die Nahrungsmittel, die wir kaufen können, über immer weniger an notwendigen Nährstoffen, Mineralien und Vitaminen verfügen.

Das hängt zu einem nicht unwesentlichen Teil damit zusammen, dass unser Obst Wochen vor dem Verkauf (noch unreif) gepflückt wird, um noch einigermaßen frisch im Geschäft zu landen. Während des Transportes erfolgt zwar die Nachreifung, jedoch bedingt dies den schon erwähnten Mangel an lebenswichtigen Zusatzstoffen. Weitere Gründe sind die intensive Landwirtschaft (mit Einsatz von Pestiziden), der exzessive und einseitige Anbau in der Landwirtschaft, das Konservieren und Bestrahlen von Lebensmitteln (mit Gammastrahlen zur längeren Haltbarmachung), denaturierte und raffinierte Lebensmittel (wie weißes Mehl, Zucker und Reis) sowie die lange Lagerung und Tiefkühlung unsere Lebensmittel.

---

2 siehe z. B. Robert-Michael Kaplan: „Die integrative Sehtherapie", Näheres zum Buch im Literaturverzeichnis

Um dieses Problem zu umgehen, besteht heutzutage jedoch die Möglichkeit, mittels Nahrungsergänzungsprodukten die Stoffe zu sich zu nehmen, die der Körper braucht, um gesund und leistungsfähig zu bleiben. Ich selbst habe schon gute eigene Erfahrungen gemacht und bin sehr viel widerstandsfähiger gegen Krankheiten und leistungsfähiger, seitdem ich meine Nahrung um die erforderlichen Nährstoffe und Vitamine ergänze. Bei entsprechendem Interesse können Sie sich gerne an mich wenden (siehe Post- und E-Mail-Adresse am Buchanfang).

Auf jeden Fall aber sollten Sie, insbesondere wenn Sie intensive Lesephasen vor sich haben, darauf achten, dass Sie ausreichend viel trinken. Augen benötigen nämlich bei stärkerer Beanspruchung umso mehr Flüssigkeit. Und auch Ihr Gehirn wird es Ihnen danken, wenn Sie am Tag wenigstens die empfohlenen drei Liter Flüssigkeit oder gar mehr trinken.

Konzentration

Konzentration bedeutet Hinwendung auf einen bestimmten Punkt. Zu vermeiden sind das Abschweifen und Vagabundieren der Gedanken. Um sich besser konzentrieren und diese Konzentration auch länger halten zu können, sollten Sie sich bemühen, Störungen sowohl von außen als auch von innen weitestgehend auszuschließen.

Störungen von außen können sein: Telefonate, Kollegen, die etwas erfragen wollen, Lärm von draußen, vielleicht wegen eines geöffneten Fensters, und auch Hintergrundmusik. Einige Störungen lassen sich möglicherweise nicht abstellen, andere dagegen können zumindest minimiert werden. In jedem Fall sollten Sie darangehen, die bei Ihnen auftretenden Störungen zu analysieren. Vielleicht entdecken Sie dann ja gewisse Regelmäßigkeiten, die es Ihnen ermöglichen, den Störungen aus dem Weg zu gehen.

Darüber hinaus gibt es auch noch die inneren Störungen, die vielleicht daher rühren können, dass Sie in Gedanken schon ganz bei dem in Kürze beginnenden Urlaub sind. Die dadurch hervorgerufenen Ablenkungen können noch bedeutender sein als Störungen von außen. Auch hier deshalb der Rat an Sie: Versuchen Sie, sich diese Ablenkungsgefahren bewusst zu machen. Das allein wird Ihnen schon dabei helfen, konstruktiv mit diesen inneren Störungen umzugehen und sie zu vermeiden.

Motivation

Ein weiterer Leseaspekt ist die Motivation. Damit gemeint ist hier die Summe der Gründe, einen bestimmten Text zu lesen. Es lässt sich ein direkter Zusammenhang feststellen zwischen dem Interesse am Text, dem daraus resultierenden aktiven Lesen und dem Behaltenkönnen der Textinhalte.

Wie Sie Ihre Motivation zum Lesen bestimmter Texte steigern können, werde ich Ihnen im neunten Kapitel „Lesestoff behalten und abrufen" aufzeigen.

Zeitmanagement

Wie gut und konzentriert Sie lesen können, hängt auch davon ab, zu welcher Tageszeit Sie lesen. Sie werden sicher festgestellt haben, dass es Zeiten im Verlauf eines Tages gibt, zu denen Sie nur so vor Tatendrang sprühen, und andere Stunden, in denen Sie sich am liebsten ins Bett zurückziehen wollen. Diese Hoch- und Tiefzeiten kann man zusammenfassen in einer Tagesleistungskurve – dem sog. Biorhythmus –, die für jeden einzelnen unterschiedlich sein kann. Grundsätzlich kann man aber sagen, dass nach einem ersten Hoch am Vormittag zur Mittagszeit (vor allem nach einem guten Essen) ein Leistungsloch eintritt, am Nachmittag ein weiteres Hoch zu verzeichnen ist, welches aber regelmäßig etwas niedriger ausfällt als am Vormittag, bevor dann die Leistungskurve gegen Abend langsam wieder abfällt.

Überprüfen Sie doch einmal, wann Sie Ihr Leistungshoch haben und zu welchen Zeiten es Ihnen schwer fällt, konzentriert zu arbeiten. Wenn Sie diese Zeiten wissen, können Sie schwierige Lesetexte, bei denen nichts übersehen werden darf, zu Zeiten durcharbeiten, wo Sie leistungsmäßig am aktivsten und zudem die Störungen am geringsten sind, während die sonstigen Texte in den anderen Zeiten gelesen werden können.

Schneller lesen, besser verstehen und mehr behalten

Diese letzten drei Aspekte des Lesens schließlich sollen schwerpunktmäßig in diesem Buch behandelt werden. Alle drei wirken daran mit, aus der großen Informationsmenge das für Sie Wichtige herauszufinden und abrufbereit zu halten.

Abschließende Bemerkungen zu den Leseaspekten

Nach dem Lesen dieses Buches werden Sie aufgrund des Erlernens des rationellen, schnelleren Lesens Zeit beim Erarbeiten Ihres Lesestoffs eingespart haben. Sie werden aber noch nicht das Ende des Lernens erreicht haben. Vieles bedarf noch der intensiven, kontinuierlichen Übung anhand des normalen Lesestoffs oder unter Nutzung von speziellem Übungsmaterial aus Büchern zum Thema Rationelles Lesen.

Sie sollten sich zudem bewusst machen, dass Lesen Arbeit bedeutet. Hier bietet sich auch der Vergleich mit einem Sportler an: Je besser er werden will, desto mehr Training, vor allem aber regelmäßiges Üben ist erforderlich.

Neue Definition von Lesen

Während man früher davon ausging, dass zum Lesen nur das Erkennen und Verstehen gehört, hat die weitere wissenschaftliche Beschäftigung mit dem Thema Lesen zur Erkenntnis geführt, dass Lesen ein vielschichtiger Prozess ist, der viele verschiedene Schritte beinhaltet.

Erkennen

Der erste Schritt ist das Erkennen. Voraussetzung hierfür ist die Kenntnis der alphabetischen Symbole. Dieser Schritt findet vor dem physischen Lesen statt.

Assimilierung

Als nächstes erfolgen der physische Prozess der Lichtreflexion und die Weiterleitung über den optischen Nerv in das Gehirn.

Innen-Integration

Daran schließt sich die Innen-Integration an, die gleichbedeutend ist mit dem Basisverstehen. Sie bezieht sich auf das Verbinden aller Teile der gelesenen Informationen untereinander.

Außen-Integration

Bei der Außen-Integration bringen Sie all Ihr bisheriges Wissen in das Gelesene ein, um die richtigen Verbindungen herzustellen, Neues und auch Altes zu analysieren, auszuwählen und ggf. Teile davon oder alles zu verwerfen.

Festhalten

Mit Festhalten ist die Speicherung der für wichtig gehaltenen Informationsbestandteile gemeint.

Ins Gedächtnis zurückrufen

Wenn Sie lesen, dann wird es regelmäßig für Sie von Bedeutung sein, das Gelesene auch wieder ins Gedächtnis zurückrufen zu können, vorzugsweise natürlich dann, wenn Sie es brauchen. Auch dieser Schritt gehört damit zum Leseprozess.

Kommunikation

Und als letzter Schritt im Leseprozess ist die Kommunikation zu nennen, das heißt der Gebrauch, dem die Informationen sofort oder später zugeführt werden sollen. Hierzu gehört die geschriebene und gesprochene, aber auch die darstellende Kommunikation einschließlich Tanz, Kunst und anderer Formen kreativen Ausdrucks, und – als wohl wichtigste Komponente – das Denken.

Zwischenzusammenfassung

Wie gerade ausgeführt, gehören viele Schritte zum Leseprozess. Außerdem sind verschiedene Aspekte, die sich auf die Leseleistung auswirken, zu berücksichtigen. Es kommt darauf an, dass Sie bei Ihrem Weg hin zu einem rationellen Lesen möglichst alle Teilbereiche im Auge haben und weiterzuentwickeln versuchen. Denn wie bei einer Kette, deren schwächstes Glied die Tragfähigkeit bestimmt, so gilt auch beim Lesen, dass ein von Ihnen vernachlässigter Bereich dazu führen kann, dass alle Ihre sonstigen Bemühungen und Anstrengungen von nur geringem Erfolg sind.

Auf den folgenden Seiten werde ich Ihnen Informationen geben zur Historie des rationellen Lesens, zur Maßeinheit für das Lesetempo, zur Funktionsweise des Lesens sowie zu den Gründen für zu langsames Lesen, den sog. Lesehemmnissen.

Historie des rationellen Lesens

Bereits im Ersten Weltkrieg hatte sich die Royal Air Force damit beschäftigt, wie es Menschen ermöglicht werden kann, Informationen in kürzester Zeit aufzunehmen. Hintergrund dabei war, dass man die britischen Piloten dazu befähigen wollte, militärische Ziele schnell und exakt lokalisieren und insbesondere von zivilen Objekten unterscheiden zu können.

Zum Training dieser Fähigkeiten setzte man ein Tachistoskop (eine Art Projektor) ein, das für einen Sekundenbruchteil Informationen (Buchstaben-/Zahlenkolonnen) an die Wand projizierte. Das Training führte bei Probanden zur schnelleren und mengenmäßig größeren Aufnahme von Informationen. Allerdings war der Lernerfolg nicht von Dauer, denn die Auffassungsbeschleunigung war einige Wochen nach Trainingsende auf nahezu dem gleichen Stand wie vor Trainingsbeginn.

Dennoch waren diese Versuche insoweit erfolgreich, als man Erkenntnisse über die Zeit erzielte, die zur Aufnahme von Informationen erforderlich ist. Indem die Öffnungszeit der Tachistoskop-Linse immer weiter reduziert wurde, konnte nämlich nachgewiesen werden, dass entsprechend trainierte Menschen lediglich 0,05 Sekunden für das Erkennen der Informationen benötigten.

Außerdem wurde durch stetiges Verkürzen der Intervalle zwischen den einzelnen Informationen überprüft, wie viel Zeit für die Verarbeitung, das heißt für das Verstehen der erkannten Zeichen oder Gegenstände, benötigt wird. Man stellte fest, dass hierfür zusätzlich bis zu 0,2 Sekunden aufgewendet werden mussten.

Die Addition der Zeiten, die für das Aufnehmen und die Verarbeitung der Informationen benötigt werden, ergibt bis zu 0,25 Sekunden. Innerhalb einer Sekunde können also bis zu mindestens vier Informationen hintereinander aufgenommen und verarbeitet werden (siehe auch Abbildung 4). Wie viele Informationen tatsächlich aufgenommen werden, hängt dann von der individuellen Geschwindigkeit für den Sprung zur nächsten Information ab.

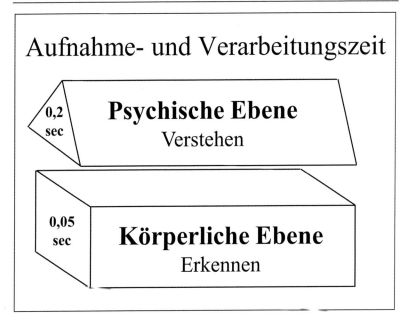

Abbildung 4 „Aufnahme und Verarbeitungszeit"

Lesegeschwindigkeit

Wie Sie sicher schon beim Einstufungstest am Buchanfang bemerkt haben, wird die Lesegeschwindigkeit in Wörtern pro Minute (WpM) gemessen. Dies bedeutet zwar aufgrund der unterschiedlichen Länge von Wörtern eine gewisse Ungenauigkeit. Da Sie aber in der Regel ganze Wörter auf einen Blick erfassen, relativiert sich diese Ungenauigkeit. Außerdem würde eine Lesegeschwindigkeitsmessung, basierend auf der Zeichenzahl, gerade wegen der wortweisen Aufnahme von Informationen noch ungenauer werden.

Die Lesegeschwindigkeit einer jeden Person hängt davon ab, wie schwer der Text ist. Grundsätzlich werden Sie schwierige Texte, wie etwa wissenschaftliche Dokumente mit vielen Formeln und / oder unbekannten Fremdwörtern, langsamer lesen als einen so genannten Drei-Groschen-Roman.

Gleichwohl lassen sich, ausgehend von einem Durchschnittsleser, grob die folgenden Lesegeschwindigkeiten unterscheiden:

Leseart	Tempo	Textbeispiele
Leichtes Lesen	250 WpM	anspruchslose Unterhaltungsliteratur, einfache Zeitungsartikel
Normales Lesen	180 WpM	lange Zeitungsartikel, Geschäftskorrespondenz, berufliche Mitteilungen (d. h. das, was den Hauptanteil der Berufslektüre ausmachen dürfte)
Sorgfältiges Lesen	135 WpM	Fachartikel mit neuen Gesichtspunkten, einfacher Stoff aus berufsfremden Gebieten
Schwieriges Lesen	75 WpM	Texte mit Daten, Zahlen, Formeln, technische (nicht vertraute) oder auch fremdsprachliche Texte
Außergewöhnliches Lesen	<75 WpM	Texte mit nicht bekannten Formeln, fremdsprachige Texte in ungeläufiger Sprache
Durchschnitt	160 WpM	bei gleichmäßigem Anteil der ersten vier Arten an der Gesamtlektüre

Bei Betrachtung nicht des Lesestoffs sondern der typischen Leserinnen und Leser ergeben meine Erfahrungen aus den Lesekursen folgendes Bild:

Fähigkeiten der Leserinnen und Leser	Lesetempo
Durchschnitt der ungeübten Leser	90 – 160 WpM
Durchschnitt der geübten Normalleser (jene mit selbstgeschneiderter Technik)	200 – 250 WpM
Durchschnitt geschulter Leser (i. d. R. nach Besuch von Lesekursen)	400 – 600 WpM
Perfekte Leser erreichen	900 WpM und mehr

Der Effizienzbereich eines geübten Normallesers beim Lesen, das heißt der Tempobereich, bei dem Lesen und Verstehen für ihn adäquat möglich sind, ist in der nachfolgenden Abbildung 5 dargestellt. Für das verstehende Lesen bei schwierigeren Texten liegt der Effizienzbereich zwischen 100 und 200 Wörtern pro Minute. Beim überfliegenden Lesen, bei dem es nicht auf jede Einzelheit des Textes ankommt, steigt das Tempo dann auf 500 bis 600 Wörtern pro Minute.

Da Sie vermutlich einen Großteil des Lesestoffs lediglich überfliegend lesen müssen, sollte es Ihr erstes Ziel sein, Ihre Lesegeschwindigkeit auf das angegebene Tempo zu erhöhen.

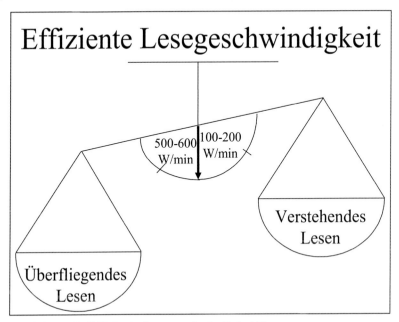

Abbildung 5 „Effiziente Lesegeschwindigkeit"

Aber selbst wenn Sie diese Lesegeschwindigkeit erreicht haben, bestehen noch Entwicklungsmöglichkeiten. Hierzu möchte ich Ihnen einige Beispiele von Personen, die für besonders schnelles Lesen bekannt waren oder noch sind, aufführen.

Franklin D. Roosevelt, amerikanischer Präsident in der Zeit von 1933 bis 1945, soll ganze Absätze mit einem Blick erfasst haben. John F. Kennedy, amerikanischer Präsident von 1961 bis 1963, hat mit über 1.000 Wörter pro Minute gelesen, und Vanda North, eine der weltweit Besten im Schnelllesen, liest mit ca. 3.000 Wörtern pro Minute.

Selbst wenn Sie durch alles Training an diese Lesegeschwindigkeiten nicht herankommen, so sollte eine Verdoppelung Ihrer Lesegeschwindigkeit Ihr relativ einfach zu erreichendes Nahziel sein. Wenn Ihnen das gelingt, können Sie Ihre Lesezeit halbieren, egal von welcher Ausgangsbasis, sprich von welchem Lesetempo aus, Sie starten.

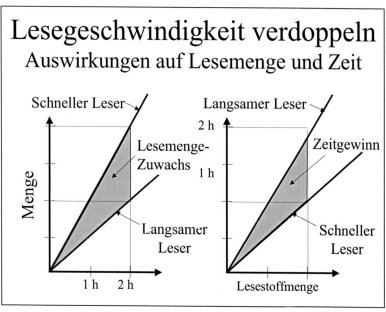

Abbildung 6 „Auswirkungen der Lesetempo-Verdoppelung"

Abbildung 6 zeigt die Auswirkungen einer solchen Verdoppelung der Lesegeschwindigkeit. Ein Leser, der vor Beginn des Erlernens des rationellen Lesens ein Lesetempo von 150 Wörtern pro Minute beherrscht, liest in zwei Stunden insgesamt ca. 18.000 Wörter. Bei einer Verdoppelung seiner Lesegeschwindigkeit könnte er in der gleichen Zeit demnach 36.000 Wörter lesen.

Da jedoch in der Regel eine bestimmte Lesestoffmenge vorgegeben ist, bietet sich eher die Betrachtung der Zeitkomponente an. Der Leser schafft bei Verdoppelung seiner Lesegeschwindigkeit die gleiche Menge in der Hälfte der zuvor benötigten Zeit. Bei bisher z. B. zweistündigem täglichen Lesen ergibt sich hieraus eine Einsparung von einer Stunde pro Tag und, ausgehend von 200 Arbeitstagen im Jahr, eine **Jahreseinsparung von 200 Stunden**.

Die hierdurch freiwerdende Zeit sollten Sie jedoch nicht darauf verwenden, die Menge Ihres Lesestoffs zu erweitern. Sinnvoller ist vielmehr, die anderen Schritte im Prozess des Lesens zu entwickeln, das heißt das Gelesene so aufzubereiten, dass Sie es bei Bedarf auch tatsächlich wiedergeben können.

Hinweisen möchte ich schließlich noch darauf, dass es für Sie zukünftig nicht darauf ankommen wird, alle Texte mit Ihrer maximal möglichen Geschwindigkeit zu lesen. Denn beim Lesen ist es wie beim Autofahren, es kommt auf die optimale Anpassung an die äußeren Gegebenheiten an. Selbst innerhalb eines Textes wird es leichtere oder weniger interessante sowie schwierigere oder sehr wichtige Passagen geben, die eine jeweils andere Lesegeschwindigkeit erfordern. Wenn Sie sich im Laufe der Zeit verschiedene Lesetempi antrainiert haben, wird es Ihnen aber nicht mehr schwer fallen, textorientiert und angepasst zu lesen.

Funktionsweise des Lesens

Bevor ich Ihnen davon berichte, wie Lesen überhaupt funktioniert, möchte ich Sie darum bitten, anhand des nachfolgenden Textes mit einer zweiten Person, soweit möglich, eine kurze Beobachtungsübung durchführen.

Während Sie den Text lesen, soll Ihr Gegenüber beobachten, was Ihre Augen während des Lesens tun und dabei insbesondere darauf achten, ob die Augen gleichmäßig wie eine Schreibmaschine durch den Text gehen, ob sie dabei anhalten und ob die Augen darüber hinaus an unregelmäßigen Stellen wieder zurückgehen zu einem Punkt, an dem sie wahrscheinlich zuvor schon einmal waren. Nachdem Sie den Text gelesen haben, sollten Sie die Rollen tauschen, so dass nunmehr Sie beobachten, was die Augen Ihres Gegenübers während des Lesens tun.

Und hier nun der Text, der aus einem Zeitungsbericht[3] stammt:

> Always Coca-Cola? Nein, dachte sich der 19-jährige Mike Cameron, nicht immer – und trug am Coke-Tag seiner Schule beim entscheidenden Gruppenfoto ein T-Shirt des konkurrierenden Limonadenherstellers Pepsi. Die Schulleitung fand die-

---

3 aus: Mainzer Rheinzeitung im Internet vom 26.03.1998

sen Scherz aber überhaupt nicht komisch und suspendierte ihn für einen Tag vom Unterricht. „Ich weiß, das klingt hart", erklärte Schulleiterin Gloria Hamilton. „Es hat nichts mit dem Kampf zwischen Coke und Pepsi zu tun. Es geht darum, dass ein Schüler ungehobelt und destruktiv sein wollte."

Cameron kann die Aufregung nicht verstehen. Er habe nur etwas frischen Wind in die Köpfe seiner Mitschüler bringen wollen, sagte er am Mittwoch, seinem „freien" Tag. Die betroffenen Firmen konnten die harte Reaktion der rund 200 Kilometer vom Coca-Cola-Hauptquartier in Atlanta entfernt gelegenen Schule auch nicht ganz nachvollziehen. „Der Junge hat etwas gemacht, was Schüler eben so machen", sagte eine Firmensprecherin. „Es kommen sogar Leute zu uns, die das Firmengelände besuchen wollen, und tragen ein Pepsi-Shirt." Der Konkurrent gab sich natürlich verständnisvoll. Der Junge habe Geschmack bewiesen, sagte ein Pepsi-Sprecher. Er werde sicherstellen, dass der Schüler auch in Zukunft immer genug Pepsi-T-Shirts haben werde.

Haben Sie es bemerkt? Ihre Augen und die Augen Ihres Übungspartners sind nicht, wie Sie es vielleicht erwartet hatten, gleichmäßig über den Text hinweg geglitten, sondern sind, ähnlich wie bei einer Schreibmaschine, innerhalb des Texts von links nach rechts gesprungen, um dann, analog der Zeilenschaltung, an den Anfang der nächsten Textzeile zu springen. Möglicherweise sind die Sprünge ganz gleichmäßig erfolgt, aber vermutlich gab es zwischendurch auch Sprünge zurück an Stellen, an denen die Augen zuvor schon angehalten hatten, oder aber die Augen haben an einigen Stellen länger angehalten als an anderen.

Diese Augenhalte heißen im Sprachgebrauch der Schnellleser auch „Fixationen" oder „Fixationspunkte", Begriffe, die ich im Folgenden vorrangig verwenden werde.

Warum aber halten die Augen überhaupt an? Weil das Auge nur im Ruhezustand, bei einem kurzen Anhalten und Fixieren einer bestimmten Stelle, Informationen aufnehmen kann. Was passieren würde, wenn Sie beim Lesen keine Fixationen vornehmen würden, können Sie beim Karussell fahren ausprobieren, wo eine bewährte Methode zur Vermeidung von Übelkeit darin besteht, immer wieder neu Punkte in der Umgebung zu fixieren.

Lesehemmnisse

Sie werden sich vielleicht schon einmal gefragt haben, wie andere Menschen es schaffen, schneller zu lesen als Sie und dabei trotzdem genauso viel, vielleicht sogar noch mehr vom Text zu verstehen als Sie selbst. Verantwortlich hierfür sind unter anderem die so genannten Lesehemmnisse, die es zukünftig zu vermeiden gilt.

Das Buchstabieren

Das erste Lesehemmnis ist das Buchstabieren, das heißt ein Lesen wie in der Volks- oder Grundschule. Aus den einzelnen Buchstaben werden die Wörter mühsam zusammengesetzt. So haben die meisten in der Schule mit dem Lesen begonnen. Als Erwachsener sollten Sie allerdings auf diese Methode nicht mehr zurückgreifen.

Zum einen verlieren Sie auf diese Weise viel Zeit, da sie erst einmal alle Buchstaben aufnehmen müssen, um daraus Wörter zu bilden. Und zum anderen wird dadurch zudem das Textverständnis sehr erschwert.

Bei ausreichender Übung mit dem Lesen benötigen Sie im Übrigen das Buchstabieren gar nicht mehr. Sie werden vielmehr Wortbilder aufnehmen, wodurch Ihnen ein schnelleres Durchkommen durch den Text gelingt. Allenfalls bei ganz neuen, noch unbekannten Fremdwörtern wird manchmal noch das Buchstabieren erforderlich sein.

Wort-für-Wort-Lesen

Wie Sie nicht darauf angewiesen sind, jeden einzelnen Buchstaben gesondert aufzunehmen, so müssen Sie auch nicht jedes Wort für sich aufnehmen. Vielmehr schafft es Ihr Gehirn ohne weiteres, mehrere Wörter auf einmal aufzunehmen und zu verarbeiten. Damit erzielen Sie einen doppelten Effekt. Während das einzelne Wort oftmals nur wenig Informationsgehalt bietet, ergibt sich der Sinn erst im Zusammenhang mit anderen Wörtern. Dadurch wird das Gelesene leichter verständlich. Hinzu kommt, dass Sie das Gehirn besser auslasten, wenn Sie ihm mehr als nur ein Wort zur Verarbeitung anbieten. Es wird dann weniger schnell abschalten.

Sie werden sich vielleicht fragen, ob denn auch jede Person dafür geeignet ist, in dieser Weise zu lesen. Dazu möchte ich Sie bitten, ein kurzes Experiment zu machen. Halten Sie Ihre Hände in Augenhöhe vor Ihrem Kopf und führen Sie diese dann langsam nach außen. Richten Sie dabei Ihren Blick weiter nach vorne, während Sie darauf achten, wann Ihre Hände aus Ihrem Blickwinkel verschwinden.

Sie werden vermutlich festgestellt haben, dass Sie Ihre Hände sehr lange im Augenwinkel sehen konnten. Zwar können Sie nicht die gesamte Blickspannweite für das Lesen nutzen, aber bei einem Leseabstand von etwa 50 cm könnten Sie die Breite einer ganzen DIN A4-Seite auf einen Blick aufnehmen.

Wie Sie Ihre Blickspannweite trainieren können, so dass Sie zukünftig mehr Wörter auf einen Blick aufnehmen und verarbeiten können, erfahren Sie gegen Ende dieses Kapitels (ab Seite 39).

Vokalisation

Auch die Wurzeln des nächsten Lesehemmnisses liegen in der Anfangszeit des Lesenlernens begründet. Gelesen wird zu Beginn laut. Wenn dann das stille Lesen vorgegeben wird, lässt sich zuerst noch ein leises Murmeln, im nächsten Schritt noch eine Bewegung der Lippen und schließlich vielleicht noch eine Bewegung des Kehlkopfes feststellen. All dies zählt noch zum so genannten Vokalisieren, das heißt dem Mitsprechen beim Lesen.

Durch dieses Vokalisieren verschenken wir viel Zeit, da Auge und Gehirn wesentlich schneller sind als die Sprechwerkzeuge. Dies lässt sich leicht an einem Beispiel aufzeigen. Dieter Thomas Heck, seinerzeit Moderator der „Deutschen Hitparade", hat trotz seines enormen Sprechtempos, für das er bekannt war, lediglich mit 150 Wörtern pro Minute gesprochen. Außerdem ist das Auge in der Lage, sehr viele Eindrücke auf einmal aufzunehmen, die eine Unzahl von Wörtern erfordern würde, wollten Sie sie beschreiben.

Zur Vermeidung des Vokalisierens empfehle ich Ihnen, beim Lesen Kaugummi zu kauen oder zu Anfang auch ein Stückchen Papier zwischen die Lippen zu nehmen.

Subvokalisation

Wenn Sie es schließlich geschafft haben, nicht mehr die Lippen beim Lesen zu bewegen – vielleicht waren Sie ja auch schon vor dem Studieren dieses Buches dazu in der Lage – wird Ihnen möglicherweise auffallen, dass Sie immer noch mehr oder weniger viele Wörter eines Textes innerlich mitsprechen, dass Ihnen also Wörter besonders deutlich aus dem Text herausstechen und diese im Geist vokalisiert werden.

In vielen Büchern und Kursen über das rationelle Lesen wird propagiert, dass dieses innerliche Mitsprechen fast ebenso viel Zeit koste wie das tatsächliche Mitsprechen und daher für ein effizientes Lesen auf jeden Fall eliminiert werden müsse.

Mittlerweile vertreten jedoch andere Autoren, vor allem der Speed-Reading-Lehrer Tony Buzan, die Auffassung, dass die Subvokalisation niemals ganz abgestellt werden könne und sollte. Man müsse akzeptieren, dass die Subvokalisation immer fortbestehen werde. Erst dann sei man in der Lage, sie weiter und weiter im Bewusstsein zurückzudrängen und weniger abhängig von ihr zu werden.

Wenn Sie sich erst einmal bewusst machen, dass Sie subvokalisieren, können Sie diesen Leseumstand dazu nutzen, Texte besser zu verstehen, in dem Sie sich zum Ziel setzen, weniger und dabei zugleich die wichtigsten, Sinn tragenden Wörter eines Textes innerlich mitzusprechen. Die Subvokalisation dient Ihnen dabei durch das besondere Betonen dieser Schlüsselwörter als gute Erinnerungshilfe.

Wenn Sie so vorgehen, wird die Subvokalisation für die Entwicklung Ihrer Lesegeschwindigkeit keine Bremse sein, da Sie dann auch bei einem Lesetempo von 2.000 Wörtern pro Minute noch subvokalisieren können.

Langsames, unkonzentriertes Lesen

Natürlich ist ein zu langsames Lesen ein Lesehemmnis, werden Sie vermutlich gedacht haben, als Sie die Überschrift dieses Abschnitts gelesen haben. Zu langsames Lesen führt jedoch nicht nur zur Zeitverschwendung, sondern zudem auch noch zu einem unkonzentrierten Lesen. Das möchte ich Ihnen anhand eines Beispiels erläutern:

Wenn Sie mit dem Auto besonders langsam unterwegs sind, beschäftigen sich Ihre Augen und Ihr Gehirn sehr wahrscheinlich gerade mehr mit der schönen Landschaft, durch die Sie fahren, als mit der Situation auf der Straße. Ihre Konzentration auf das Autofahren selbst ist nur gering. Wenn Sie dagegen sehr schnell fahren, dann wird Sie möglicherweise schon die Musik im Radio oder das Gespräch mit dem Beifahrer oder der Beifahrerin in Ihrer auf das Fahren konzentrierten Aufmerksamkeit stören.

Genauso verhält es sich auch beim Lesen. Machen Sie doch einmal den Test und lesen Sie den nachfolgenden Text ganz besonders langsam. Ihre Gedanken werden sehr schnell abschweifen, da Ihr Gehirn mit der momentanen Lesetätigkeit nicht ausgelastet ist. Obwohl Sie also den Text mit den Augen wahrgenommen haben, haben Sie den Inhalt nicht aufgenommen.

Die Schlussfolgerung hieraus ist, dass der schnellere Leser Texte besser versteht als der langsame Leser, auch wenn das sich paradox anhört. Wenn Sie also feststellen, dass Ihre Konzentration und damit Ihr Leseverständnis absinken, kann es daran liegen, dass Sie zu langsam lesen und sich vorgeben sollten, schneller durch den Test durchzugehen, um Ihr Gehirn allein mit dem Lesen auszulasten.

Zu viele und/oder zu lange Fixationen

Wodurch aber sind wir nun besonders langsam oder auch sehr schnell beim Lesen? Maßgeblich hierfür sind die Anzahl sowie die Dauer der Fixationen, das heißt der Augenhalte.

Ihre Lesegeschwindigkeit können Sie demgemäß dadurch steigern, dass Sie nicht mehr Wort für Wort lesen, sondern mehrere Wörter auf einen Blick aufnehmen. Wer statt acht Augenhalten in einer Zeile nur noch vier Fixationen benötigt, hat seine Lesegeschwindigkeit damit bereits nahezu verdoppelt.

Darüber hinaus besteht jedoch auch die Möglichkeit, die Dauer der einzelnen Augenhalte zu reduzieren. Erfahrungsgemäß benötigen die Teilnehmer in meinen Kursen zu Beginn für die Fixationen wenigstens eine Sekunde, obwohl physiologisch lediglich 0,25 Sekunden erforderlich sind. Wenn Sie es nun schaffen, die Fixationsdauer zumindest auf eine halbe Sekunde zu reduzieren, dann haben Sie nicht nur Ihr Gehirn besser ausgelastet, sondern zugleich die für das Lesen aufzuwendende Zeit halbiert.

Um ein Gespür für die Dauer der Fixationen zu bekommen, kann es hilfreich sein, ein Metronom, das heißt einen Taktgeber, wie Musiker ihn verwenden, einzusetzen. Wenn Sie ein solches Gerät zur Verfügung haben, sollten Sie sich eine Kassetten-Aufnahme von den Metronomschlägen anfertigen. Sie können dann die Lautstärke reduzieren, so dass der Takt nur noch ganz im Hintergrund zu hören ist. Und noch vorteilhafter ist es hierbei, wenn Sie bei der Aufnahme den Takt schrittweise erhöhen, um so bei Übungstexten im Leseverlauf immer etwas schneller zu werden.

Das Ganze geht aber natürlich auch ohne die Anschaffung eines Metronoms. Verwenden Sie einfach einen Stift, mit dem Sie den Takt vorschlagen, und eine Uhr mit Sekundenzeiger, so dass Sie die Schlagfrequenz kontinuierlich steigern können

Und schließlich sollten Sie sich einen Effekt zunutze machen, den Sie sicher vom Autofahren her kennen. Wenn Sie von 0 auf 50 km beschleunigen sollen, dann landen Sie wahrscheinlich nahe bei diesem Wert. Wenn Sie aber von 100 auf 50 km abbremsen sollen, dann werden Sie anschließend eher 70 oder gar 80 km fahren. Auf das Lesen übertragen bedeutet es, dass es hilfreich ist, die Fixationswechsel schrittweise schneller vorzugeben als es angenehm ist und anschließend wieder einen etwas langsameren Takt zu wählen. Sie landen damit auf jeden Fall auf einem höheren Niveau, als wenn Sie direkt diesen Takt gewählt hätten.

Regressionen

Eine weiterer Grund für zu langsames, aufwendiges Lesen sind die so genannten Regressionen. Darunter versteht man das ständige Zurückgehen der Augen zu Wörtern, Sätzen und Abschnitten, an denen sie schon einmal angehalten haben. Ursache für das Zurückgehen ist meistens Unkonzentriertheit und oft auch das Gefühl, man hätte etwas nicht oder nicht richtig verstanden.

Unterschieden werden kann zwischen den bewussten und den unbewussten Regressionen.

Bewusst sind die Regressionen dann, wenn man etwa mit den Augen über einen längeren Abschnitt gegangen ist und dann irgendwann feststellt, dass man den Text gar nicht aufgenommen hat, da die Gedanken mit ganz anderen Themen beschäftigt waren. Diese bewussten Regressionen sind zwar sehr zeitaufwändig, allerdings bieten sie zugleich die Chance, sich wieder neu zu konzentrieren und damit das weitere Zurückgehen der Augen zu vermeiden.

Schwieriger ist es dagegen mit dem unbewussten Zurückspringen der Augen, meistens innerhalb einer Zeile, wie bei der Echternacher Springprozession, das heißt drei Schritte vor und einen wieder zurück.

Mit diesen Regressionen erhöhen Sie die Anzahl der Fixationen und drosseln Ihr Lesetempo. Ausgehend von der Dauer einer Regression von einer Sekunde und einer Regression pro Zeile entsteht bei 40 Zeilen auf einer normalen Buchseite ein Zeitverlust von 40 Sekunden pro Seite. Bei einem Buch mit 300 Seiten ergibt sich somit ein Mehraufwand von letztlich 3 Stunden und 20 Minuten.

Neben diesem Mehraufwand erschweren Sie sich zudem auch noch das Verstehen des Textes. Ihr Gehirn bekommt bestimmte Stellen ja mehrmals angeboten, registriert diese Stellen als bekannt und schaltet kurzzeitig ab. Oftmals verpasst es dann aber die Stelle, wo es mit neuem Inhalt weitergeht, so dass hier die nächste Regression erforderlich wird oder bestimmte Informationen gar nicht aufgenommen werden.

Bei allem Negativen zur Frage der Regressionen gibt es aber auch eine gute Nachricht, nämlich die, dass Ihr Gehirn dieser Regressionen überhaupt nicht bedarf. Hierzu ein Beispiel aus der alltäglichen Kommunikation: Wenn Ihnen eine Frage gestellt wird, kommt es sicher immer wieder einmal vor, dass Sie den Eindruck haben, die Frage nicht verstanden zu haben. Sie antworten Ihrem Gesprächspartner also mit der Gegenfrage: „Wie bitte?" Wenn dieser seine Frage nicht unmittelbar wiederholt, sondern eine, vielleicht auch zwei Sekunden wartet, wird er die Frage vermutlich überhaupt nicht erneut stellen müssen. Denn in nahezu allen Fällen sind die übermittelten Informationen bei Ihnen angekommen (ausgenommen natürlich bei Verständnisproblemen z. B. aufgrund von zu lauten Umgebungsgeräuschen). Sie haben nur etwas länger als sonst üblich gebraucht, um im Gehirn verarbeitet zu werden.

Die gleichen Erfahrungen werden Sie machen, wenn Sie es sich zukünftig nicht mehr gestatten, Regressionen vorzunehmen. Hierzu können Sie über die bereits gelesenen Zeilen ein weiteres Blatt schieben, was ein Zurückgehen in die darüber liegenden Zeilen unmöglich macht. Sie können sich aber auch einen bestimmten Rhythmus vorgeben, mit dem Ihre Augen ausschließlich vorwärts durch den Text springen.

Vielleicht werden Sie ganz zu Beginn eine geringe Verschlechterung des Textverständnisses feststellen. Lassen Sie sich jedoch davon nicht entmutigen. Schon nach kurzer Zeit werden Sie belohnt durch ein besseres Leseverständnis und vor allem einen enormen Zeitgewinn.

Finger = Lesekrücke??

Zum Abschluss des Abschnitts über die Lesehemmnisse möchte ich noch die in vielen Büchern zu findenden sog. Lesekrücken erwähnen. Stellen Sie sich vor, Sie sitzen im Zug und beobachten einen Mitreisenden, der beim Lesen den Finger unter dem zu lesenden Text entlangführt. Sie werden mir sicher zustimmen, wenn ich behaupte, dass das wohl ein eher schlechter Leser ist, denn schon in der Grundschule haben wir ja gelernt, dass der Finger nicht mehr verwendet werden soll, da er eine „Lesekrücke" ist, die wir mit zunehmender Leseerfahrung nicht mehr benötigen.
Erste Zweifel an der Richtigkeit dieser Behauptung kommen aber auf, wenn wir daran denken, dass wir bei vielen Gelegenheiten ähnliche Hilfsmittel verwenden: Beim Suchen einer Telefonnummer, beim Aufaddieren von Zahlen oder auch beim Nachschlagen eines Wortes im Wörterbuch. Lediglich beim Lesen haben die

meisten Leserinnen und Leser sich diese Art der visuellen Hilfe abgewöhnt. Und das ganz zu Unrecht.

Unsere Augen sind nämlich dafür bestimmt, einer Bewegung zu folgen. Auf der Reizhierarchie steht die Bewegung an oberster Stelle, da sie es ist, die die Überlebensinformation liefert. Auf der nächsten Ebene folgen die Farben, dann die Formen und erst darunter liegen die Symbole, wozu die Buchstaben gehören.

Es hat sich gezeigt, dass Augen, die einer Lesehilfe folgen, wesentlich entspannter sind. Dabei sollten Sie allerdings statt des Fingers besser einen dünnen Gegenstand verwenden. Geeignet sind ein Bleistift – wenn Sie Anmerkungen im Text anbringen wollen – oder auch eine Stricknadel oder ein dünner Zeigestock. Diese Lesehilfe sollten Sie dann gleichmäßig unterhalb der Zeilen entlang führen, jedoch nicht von Zeilenanfang bis Zeilenende, sondern jeweils mit etwas Abstand zu den Rändern, da es nicht erforderlich ist, jedes einzelne Wort gesondert zu fixieren und einzeln aufzunehmen.

Zurück zu meinem Beispiel des beobachteten Zugmitreisenden muss es also heißen, dass Sie wohl einem besonders versierten Leser gegenübersitzen, der die Lesehilfe als ein einfaches Hilfsmittel zur Erhöhung seiner Konzentration und Aufmerksamkeit nutzt.

Nutzen Sie diese Erkenntnis vor allem im Umgang mit Kindern, denen immer noch erzählt wird, sie müssten den Finger weglassen.

Tempobremsen durch den Lesestoff

Zum Einstieg in den nächsten Abschnitt bitte ich Sie, den nachfolgenden Text möglichst zügig zu lesen und dafür Ihre Zeit zu stoppen. Die Ermittlung Ihrer Lesegeschwindigkeit ist dabei nicht erforderlich, da der Text[4] hierfür zu kurz ist. Er hat nur 96 Wörter.

> Ministerpräsident Beck hat Radio-Reportern von SWR3 gesagt: er ginge abends gerne mit Freunden (z. B. Landtagspräsident Mertes) ein Bier trinken.

---

[4] eigener fiktiver Text

Auch bummeln geht er gerne und sieht sich die Trierer Schaufenster an, wie bei seinem letzten Treffen mit Mertes in Trier. Das jedenfalls sagte er einmal im ZDF.
Dort wurde er auch gefragt, ob er Zeit für Weihnachtseinkäufe fände oder ob er jemand Anderes schicke. Beck sagte klar, er wolle auf den Großteil der Freude beim Schenken nicht verzichten – und der sei nun einmal: das Aussuchen und Einkaufen.
Daher geht unser Ministerpräsident vor Weihnachten selber einkaufen.

Es folgt nun ein weiterer Text zum gleichen Thema. Stoppen Sie auch hierfür die Zeit, die Sie benötigen, und achten Sie insbesondere darauf, was Sie an neuen Informationen aus diesem Text gegenüber dem soeben Gelesenen erhalten. Der nächste Text[5] hat übrigens 191 Wörter.

Der Ministerpräsident des Landes Rheinland-Pfalz, Kurt Beck, hat vor Reportern des dritten Hörfunkprogramms des Südwestrundfunks aus dem Nähkästchen geplaudert: Er träfe sich den einen oder anderen Abend gerne einmal zum geselligen Beisammensein mit Freunden, wie beispielsweise dem rheinlandpfälzischen Landtagspräsidenten Joachim Mertes.
Genauso ist er durchaus nicht abgeneigt, hin und wieder einmal durch die Straßen von Trier zu bummeln und sich die Auslagen der Schaufenster anzuschauen, wie er es auch bei seinem letzten Zusammentreffen mit Landtagspräsidenten Mertes in der schönen und alten Stadt getan hat. Das jedenfalls erklärte Herr Beck bei einer anderen Gelegenheit in einer Sendung des Zweiten Deutschen Fernsehens.
In diesem Zusammenhang antwortete er auch auf die Frage der Reporterin, ob er eigentlich vor Weihnachten Zeit fände, seine Weihnachtseinkäufe selber zu erledigen, oder ob das sein Staatssekretär oder seine Vorzimmerdame für ihn erledigen müsse. Worauf der Ministerpräsident unmissverständlich und mit Nachdruck zu verstehen gab, dass er nicht die Absicht habe, auf den größten Teil der Freude zu verzichten, die das Schenken bereite; und das Aussuchen und Einkaufen seien dabei nun einmal die Hauptsache.
Daher geht unser Ministerpräsident in der Vorweihnachtszeit selber los und erledigt seine Weihnachtseinkäufe höchstpersönlich.

---

5 eigener fiktiver Text

Ich gehe wohl zu Recht davon aus, dass Sie für den zweiten Text nicht doppelt so viel Zeit benötigt haben wie für den ersten Text, obwohl die Zahl der Wörter nahezu verdoppelt war. Außerdem werden Sie vermutlich nur wenige bis gar keine neuen Informationen aus dem längeren Text gewonnen haben.

Redundanzen

Da der längere Text mit der doppelten Anzahl von Wörtern nicht mehr aussagt als der kürzere Text, steht in diesem Text für uns Überflüssiges, sprich Redundantes.

Redundanz meint zuerst einmal Überreichlichkeit, Überfluss, Üppigkeit. Es ist darüber hinaus eine Bezeichnung für das Vorhandensein von weglassbaren Elementen in einer Nachricht, die keine zusätzlichen Informationen liefern, sondern lediglich die beabsichtigte Grundinformation stützen.

Wenn es darum geht, effektiv und effizient zu lesen, dann ist es wichtig, Redundanzen im Text zu erkennen – und sie gar nicht erst aufzunehmen. Zu beachten ist allerdings, dass Redundanzen sehr stark vom Lesenden und dessen Vorkenntnissen abhängen. Bei dem vorstehenden Beispiel der Texte über den Ministerpräsidenten Beck könnte es für einen Leser aus dem fremdsprachigen Ausland möglicherweise erforderlich sein, den längeren Text zu lesen, weil dieser Leser bestimmte Abkürzungen und Personen nicht kennt oder Zusammenhänge erst dadurch richtig versteht.

Was alles redundant sein kann, möchte ich Ihnen anhand von einigen Beispielen zeigen. Versuchen Sie bitte, sich den nachfolgenden Text zu erschließen, in dem Sie die dort fehlenden Vokale eintragen. Für jeden Vokal oder Umlaut ist jeweils genau ein Unterstrich vorhanden:

K_n_gsb_rg _nd Pr__ß_n[6]

_n d_r V_rst_ll_ng d_r m__st_n D__tsch_n s_nd B_rl_n _nd P_tsd_m d__ Syn_nym_ f_r Pr__ß_n, _n

W_hrh__t _b_r g_b_hrt K_n_gsb_rg _nd _stpr__ß_n d__s_ _hr_, d__ __g_ntl_ch_ G_b_rtsst_tt_ Pr__ß_ns z_ s__n. D_r D__tsch_ R_tt_r_rd_n w_r _s, d_r _m fr_h_n 13. J_hrh_nd_rt __f B_tt_ d_s p_ln_sch_n F_rst_n K_nr_d v_n M_s_w__n n_ch _st_n z_g, _m _hm _n d_n K_mpf_n g_g_n d__ __nh__m_sch_n Pr_zz_n b__z_st_h_n. D_r _b_rst_ M_rsch_ll d_s _rd_ns r_s_d__rt_ s__t 1312 _n K_n_gsb_rg, _nd 1457 v_rl_gt_ __ch d_r H_chm__st_r s__n_ R_s_d_nz v_n M_r__nb_rg _n d__ St_dt _m Pr_g_l. D_r l_tzt_ H_chm__st_r d_s _rd_ns w_r _lbr_cht v_n Br_nd_nb_rg __s d_r fr_nk_sch_n L_n__ d_r H_h_nz_ll_rn. __f _nr_t_n M_rt_n L_th_rs l_gt_ _r 1552 d_n _rd_nsm_nt_l _b, tr_t z_m Pr_t_st_nt_sm_s _b_r _nd v_rw_nd_lt_ d_n _rd_nsst__t _n __n w_ltl_ch_s H_rz_gt_m. _m d__ f_hl_nd_n B__mt_n _nd Th__l_g_n h_r_nz_b_ld_n, gr_nd_t_ _r 1544 d__ _n_v_rs_t_t _n K_n_gsb_rg. _ls d_r l_tzt_ d__s_r L_n__ 1618 _hn_ N_chk_mm_n st_rb, g_ng d_s H_rz_gt_m _n d__ Br_nd_nb_rg_r H_h_nz_ll_rn. D_r S_hn d_s Gr_ß_n K_rf_rst_n w_rd_ z_m _rst_n K_n_g v_n Pr__ß_n g_kr_nt; s__th_r w_r K_n_gsb_rg d_s Z_ntr_m d_r k_n_gl_ch_n Pr_v_nz _stpr__ß_n.

Sicher haben Sie den größten Teil des Textes entziffern können, auch wenn Ihnen einige Wörter voraussichtlich Probleme gemacht haben, so eventuell bei „Konrad von Masowien" oder den „einheimischen Pruzzen", Begriffe, die nicht oder nur sehr selten in der

---

6 aus DIE ZEIT, Nr. 3 / 1991 (dff)

üblichen Konversation vorkommen. Den genauen Wortlaut des Textes finden Sie im Anhang.

Wir könnten also auch im Deutschen, wie beispielsweise im Hebräischen, letztlich auf die Vokale verzichten, da durch das Aufnehmen von Wortbildern nicht mehr jeder einzelne Buchstabe registriert werden muss, um Texte zu verstehen.

Es folgt ein weiterer Text, der Ihnen sehr deutlich macht, dass Sie tatsächlich Wortbilder und nicht mehr einzelne Buchstaben erfassen und verarbeiten: Lesen Sie ihn möglichst sogar laut.

Reihenfolge der Buchstaben[7]

Gmäeß eneir Sutide eneir elgnihcesn Uvinisterät ist es nchit witihcg, in wlecehr Rneflogheie die Bstachhuebn in eneim Wort snid. Das ezniig Wcthigie ist, dsas der estre und der lzette Bstabchue an der ritihcegn Pstoiion snid. Der Rset knan ein ttoaelr Bsinöldn sein, und tedztrom knan man ihn onhe Pemoblre lseen. Das ist so, wiel wir ncith jeedn Babchustebn enzelin leesn, snderon das Wrot als gseatmes. Ehct ksras! Das ghet wicklrirh! Die Sracphukrsfrödnerug für Aslndeäur stlole deahr neu bdaceht wdreen.

Den genauen Wortlaut des Textabschnitts finden Sie wiederum im Anhang. Ich vermute aber wohl richtig, dass Sie den Text auch so verstehen und damit die Textaussage bestätigt finden konnten. Allerdings hat es weder die besagte Studie jemals gegeben noch funktioniert das im Text Behauptete bei längeren Wörtern, deren Buchstaben sämtlich (z. B. alphabetisch) umsortiert wurden, oder würden Sie bei dem Wort *Sacdefhknöprrrrsuug* das schon oben verwendete Wort „Sprachkursförderung" erkennen können?

Im nächsten Übungstext fehlen komplette Wörter. Bitte ergänzen Sie diese fehlenden Wörter, um so den ganzen Text lesen und verstehen zu können:

---

7   aus „AiD", Ausgabe 4/03

Landung auf Malta[8]

___ wir gerettet waren, erfuhren wir, ____ die Insel Malta hieß. Die Barbaren[1] erwiesen uns ungewöhnliche Freundlichkeit; sie _____ ein Feuer an und holten uns alle zu ____ her, weil __ __ regnen begann und kalt ___. Als Paulus einen Haufen Reisig zusammenraffte und auf das Feuer ____, fuhr infolge der Hitze eine Viper _____ und biss sich __ seiner Hand fest. ___ die Barbaren ___ Tier an seiner ____ hängen sahen, sagten sie zueinander: Dieser _____ ist gewiss ein Mörder; ___ Rachegöttin lässt ___ nicht leben, obwohl er dem Meer entkommen ___. Da erwarteten sie, er werde anschwellen oder plötzlich ___ umfallen. Als ___ ____ Zeitlang gewartet _____ und sahen, ____ ihm nichts Schlimmes geschehen ___, _____ sie ihre Meinung und sagten, er sei ein Gott.

---

[1] Barbaren ist der Ausdruck für _____, die nicht griechisch sprechen.

Auch hier werden Sie wohl festgestellt haben, dass Sie den Text aufnehmen können. Wahrscheinlich mussten Sie nicht einmal groß abbremsen bei den Textstellen, an denen Wörter zu ersetzen waren. Das Textverständnis ergab sich allein durch die Verbindung der vor und hinter den Lücken stehenden Textpassagen.

Zur Kontrolle können Sie aber auch den Text mit den erforderlichen Ergänzungen im Anhang durchlesen.

Bei den folgenden Sätzen fehlen nicht mehr nur einzelne Wörter, sondern ganze Satzteile. Auch hier geht es nun darum, den Text

---

8 aus: Neues Testament, Apostelgeschichte 28, 1-6

dennoch möglichst rasch zu erfassen und dabei die fehlenden Buchstaben und Wörter zu ergänzen:

Dann hängte er die Fußballschuhe an ___ _____.

Ich bitte Sie, darüber Stillschweigen __ _____.

Wer A sagt, muss ____ _ _____.

Das Argument ist ja wohl an den _____ _____!

Bei dem Einbruch wurden 3.000 € _____.

Damit wollen wir unsere Dankbarkeit zum _____ _____.

Was lange währt, ____ _____ ___.

Langes Fädchen, _____ _____.

Mal doch nicht gleich den _____ __ ___ ____.

Besser der Spatz in der Hand als ___ _____ ___ ___ ____.

Auch das dürfte kein großes Problem gewesen sein. Die Sätze mit Ergänzungen finden Sie übrigens wieder im Anhang. Hilfreich war es bei dieser Übung, wenn Sie sich mit Sprichwörtern auskennen. Den Anfang zu lesen reichte dann oft schon aus, um den Text zu verstehen, ohne dass Sie noch den zweiten Halbsatz aufnehmen mussten.

Ähnlich ergeht es Ihnen möglicherweise auch mit Ihren normalen Lesetexten. Wer wie ich regelmäßig mit Urteilen aus bestimmten Fachgebieten zu tun hat, wird nach einer gewissen Zeit herausgefunden haben, dass bestimmte Passagen, z. B. aus Entscheidungen der höchsten Gerichte, immer wieder in gleicher Weise zitiert werden. Hier reicht es in der Regel aus, diese Passagen einmal gründlich aufgenommen und verarbeitet zu haben, um sie bei erneutem Auftreten in anderen Urteilen schnell überfliegen zu können.

Dies gilt aber sicher nicht nur für Urteile, sondern auch für verschiedene weitere Fachtexte, in denen aus Vorlagen anderer Autoren zitiert wird. Wenn Sie an solche Stellen im Text kommen, ist es ratsam, Ihre Lesegeschwindigkeit zu erhöhen, um dann wieder langsamer zu werden, wo etwas für Sie Neues kommt.

Wenn Sie es schaffen, das für Sie (momentan) Unwichtige, Redundante, schnell zu überfliegen, können Sie sehr viel Zeit gewinnen.

Fehler in Texten

Wie stark unser Lesetempo von der Wortbilderkennung abhängt und wie störend dabei Fehler sind, möchte ich Ihnen anhand des nächsten Textes aufzeigen. Versuchen Sie, diesen Text so schnell wie möglich zu erfassen. Stoppen Sie daher die benötigte Zeit, und vergleichen Sie dann Ihre Lesegeschwindigkeit mit der beim Einstufungstest. Der Text hat 182 Wörter:

Druckfehlerteufel[9]

An Keznontartionsschiewrikgeiten kan auch phsiechische Settigeng betielgt sien. Sei trit vor aldem dan ien, wehn Du zu länge an ien unt demslebne Lrenstoph sidzd. Deise Riezmonnotonny vormienderd din Wackhietsgrad dre Groshyrnrnide unt damyd auch dei Uffmirksamkiet. Vurentwörtlich dafier sit ein netzforimges Nerfenkepilte im Hirnsdahm unp Ruggenmarg, daß in die meticinissen Fagksprache auphsdeikende Formatio Reticularis genehnt wirt.

---

9 nach: Der Lernknigge (Seite 73) von Gustav Keller, Verlag K.H. Bock, Bad Honnef, 1994

Uaf ale nöuen Reitze, dei yber die senßorisse Nerphenbann dsa retikuläre Siesdem paszieren, reakiert deiser Bewusztsienswegker mit Imbulzen, die das Gepiet dre Grozhirnrinde agtifieren. Drot wirt der fier kontsentrihrte Geiztestaetikgeit nohtfendige Wachheidskrad herkesdeld. Werden die Reitzkekepenheiden zu monodon, nemmen die Weggtätikgeit der Formatio Reticularis unt somed uach die Koncendrathion ap. Du tarwst deisen Mekhanismuz jetock nickt dahinkehent mizferstehen, das die Rietzkegepenheiden ztändik kevechselt werden müzzen. Den zu häuviger Reizvecksel bevirgt eine Üperagtifierung der Grozhirnrinte, die dre Konsendradion epenso schated wei Unteragtifierunk.

Ein fernünwtiker Lernsdowfecksel sit die bezde Metisin geken phieychisse Säddikung. Bekehe biesbielsveise nigt den Feller, Vremdbprachen oter Naturfizzenschavten hinderienanter zu lernnen. Daturch köhnen nicht nur Änlichgeitshehmungen endsdehen, sontern uach die open bessripbenen Kontzendrationsminteruken. Reie die Vächer bei den Hausauvkapen so, das geine zu änlichen Vächer nepeneinanter lieken.

Ich liege wohl nicht falsch, wenn ich behaupte, dass Sie hier ein gutes Stück langsamer waren als zuvor. Die vielen Fehler haben Sie beim schnellen Lesen immer wieder gebremst. Sie sollten daher bei selbsterstellten Texten, schon um des Verständnisses willen, darauf achten, möglichst fehlerfrei zu schreiben, da Fehler die Konzentration auf das Leseverständnis stören können. Beim eigenen Lesen wiederum sollten Sie so schnell sein, dass Ihnen Rechtschreib- und Kommata-Fehler überhaupt nicht mehr auffallen.

Beim Druckfehlerteufel-Text werden Sie aber wohl festgestellt haben, dass Sie den Inhalt trotz teilweise sinnentstellender Fehler bei einzelnen Wörtern aus dem Zusammenhang heraus aufnehmen und verstehen konnten. Überprüfen können Sie das mit Hilfe des im Anhang abgedruckten genauen Wortlaut des Textes. Unser Gehirn ist letztendlich zu enormen Verknüpfungs- und Analyseleistungen in der Lage, die wir stärker beim Lesen einsetzen sollten.

Erweiterung der Blickspannweite

Ich hatte bereits bei den Lesehemmnissen ausgeführt, dass es für die Lesebeschleunigung wichtig ist, möglichst viele Wörter auf einen Blick aufzunehmen. Je mehr Wörter Sie gleichzeitig aufnehmen, desto geringer wird die Zahl der erforderlichen Augenhalte innerhalb einer Zeile. Maßgeblich hierfür ist die Blickspannweite. Damit ist der Bereich innerhalb eines Textes gemeint, den Sie mit einem Blick aufnehmen und auch verarbeiten können.

Blitzkartentechnik

Diese Blickspannweite lässt sich durch Training erweitern. Ernst Ott[10] spricht auch vom „Normalisieren der Blickspannweite". Dazu wird die so genannte Blitzkartentechnik eingesetzt. Ich habe, anders als andere Autoren, darauf verzichtet, Ihnen einen Karton in dieses Buch einlegen zu lassen, denn für die Übung kann auch eine ganz normale Karte aus einem Kartenspiel eingesetzt werden.

Aufgabe ist es, bei dem folgenden Übungsmaterial die Zahlen- und Buchstaben-Reihen bzw. die Wörter auf einen Blick zu erkennen. Um zu vermeiden, dass die Augen mehr als einmal auf das Material schauen können, wird die Blitzkarte eingesetzt.

Bitte nehmen Sie die Karte zwischen Daumen und Zeigefinger der Nicht-Schreibhand (Linkshänder bitte rechte Spalte verwenden) und halten Sie sie, leicht nach oben gebogen, etwa einen Zentimeter über das Papier. Das erste Wort bzw. die erste Zahlen- oder Buchstabenkombination soll dabei gerade noch von der Oberkante der Karte abgedeckt sein.

Wenn Sie den Zeigefinger kurz Richtung Daumen bewegen, wird sich die Karte noch etwas weiter nach oben biegen und das erste Wort für einen kurzen Zeitraum sichtbar, bevor die Karte wieder in die Ausgangsstellung zurückspringt.

Schreiben Sie jetzt das, was Sie gesehen haben, in die Zeile neben das noch abgedeckte Wort und gehen dann eine Zeile tiefer.

---

10 Ernst Ott, „Optimales Lesen..." siehe Literaturliste im Anhang

Lesestoff erkennen und verstehen

Die erste Übung übt das Erkennen von Zahlenreihen und ist vor allem für diejenigen hilfreich, die häufig Texte mit manchmal auch sehr großen Zahlen zu lesen haben:

....
231
690
785
427
021
345
4680
7521
9356
5437
4317
6725
1369
3570
5084
8563
3241
90807
34217
10389
64932
73210
57217
64320

Lesestoff erkennen und verstehen

Bei der nächsten Übung geht es um die Erkennung von Buchstabenreihen. Diese Übung eignet sich sehr gut zur Konzentrationssteigerung und zum Training des genauen Hinsehens insbesondere bei Texten mit Fremdwörtern:

....
fghb
itnd
rswq
ztnp
orml
ntgi
yfch
wshl
lgzy
hglw
jrgbn
mbotr
dfbpe
krvlö
swqpt
nfotx
shtnc
afuiq
öfper
hvkri
cxyög
lpswv
ögpsd
krbvy

Lesestoff erkennen und verstehen 64

Die letzte Übung schließlich beschäftigt sich mit sinnvollen Wörtern, Wörterreihen und kurzen Sätzen, die es zu erfassen gilt (für Linkshänder ist die nächste Seite vorgesehen):

	....	_____
2	zu	_____
4	Bank	_____
6	es ist	_____
8	mag sein	_____
10	so war das	_____
12	am alten Tor	_____
14	wie es so geht	_____
16	damals und heute	_____
18	schon so lange her	_____
20	gut ich werde es tun	_____
22	wann ist das geschehen	_____
24	ein umfangreiches Wissen	_____
26	das ist nicht mehr möglich	_____
28	sie hüllte sich in Schweigen	_____
30	er gab eine ablehnende Antwort	_____
32	sie ist auf dem Gebiet bewandert	_____
30	unter diesen Bedingungen nicht	_____
28	der Vortrag gestern fiel aus	_____
26	im achtzehnten Jahrhundert	_____
24	er sprang von der Brücke	_____
22	sie zeigte Anteilnahme	_____
20	ein ungebetener Gast	_____
18	das ist richtig so	_____
16	irgendetwas sein	_____
14	ich schwöre es	_____
12	heute morgen	_____
10	es regnete	_____
8	am Abend	_____
6	ja gut	_____
4	dort	_____
2	du	_____

Lesestoff erkennen und verstehen

Die gleiche Übung wie auf der vorangegangenen Seite, nur dieses Mal für Linkshänder. Versuchen Sie, die Wörter, Wörterreihen und kurzen Sätzen auf einen Blick zu erfassen:

	....
2	zu
4	Bank
6	es ist
8	mag sein
10	so war das
12	am alten Tor
14	wie es so geht
16	damals und heute
18	schon so lange her
20	gut ich werde es tun
22	wann ist das geschehen
24	ein umfangreiches Wissen
26	das ist nicht mehr möglich
28	sie hüllte sich in Schweigen
30	er gab eine ablehnende Antwort
32	sie ist auf dem Gebiet bewandert
30	unter diesen Bedingungen nicht
28	der Vortrag gestern fiel aus
26	im achtzehnten Jahrhundert
24	er sprang von der Brücke
22	sie zeigte Anteilnahme
20	ein ungebetener Gast
18	das ist richtig so
16	irgendetwas sein
14	ich schwöre es
12	heute morgen
10	es regnete
8	am Abend
6	ja gut
4	dort
2	du

Die schwierigste Übung dürfte diejenige zur Erkennung von Buchstabenreihen gewesen sein, da diese Ihnen in dieser Form nur selten begegnen, während Sie im Umgang mit Zahlen schon eine mehr oder weniger gute Routine haben dürften. Wenn Sie sich aber anschauen, wie viele Zeichen sie bei den Wörtern und Satzteilen auf eine Blick aufnehmen konnten, werden Sie feststellen, dass Sie hier die besten Erkennungsraten hatten.

Sofern Sie bei den Blitzkartenübungen Schwierigkeiten beim Erkennen festgestellt haben, sollten Sie noch weitere Übungen einbauen. Einfach geht das beim so genannten sinnlosen Material, da Sie sich Übungsblätter mit Zahlen- und Buchstabenreihen gut selber erstellen können, ohne Gefahr zu laufen, das Aufgeschriebene bereits zu kennen.

Das Erstellen von sinnvollem Material wiederum funktioniert nur, wenn Sie sich wechselseitig mit einer anderen Person entsprechende Listen anfertigen, da ansonsten der Trainingseffekt aufgrund von Vorkenntnissen bei selber erstellter Listen sehr viel schlechter ist.

Schließlich könnten Sie sich ein spezielles Übungsbuch zum Blickspannweitetraining anschaffen, so beispielsweise das Buch „Optimales Lesen" von Ernst Ott[11].

Fixierung innerhalb der Zeile

Je mehr Wörter Sie auf einen Blick aufnehmen, desto wichtiger ist es, an welcher vertikalen Stelle innerhalb der Zeile Ihre Fixation erfolgt, um dem Gehirn möglichst gute Informationen über den zu verarbeitenden Text anzubieten. Dazu bitte ich Sie, den nachfolgenden Satz zu lesen.

Von den Oberlängen erhalten die Worte eines Textes ihre charakteristische Form

---

11 siehe Literaturliste im Anhang

Das dürfte nicht so schwer gewesen sein. Die Lösung hierzu finden Sie im Anhang zum Buch.

Versuchen Sie sich jetzt bitte an dem folgenden Satz:

Texte, bei denen die Oberlängen fehlen, sind freilich sehr viel schwerer zu lesen.

Das war jetzt sicher schon schwieriger. Da die Oberlängen den Buchstaben und damit den Wörtern ihre charakteristische Form geben, ist es für das rationelle Lesen sehr hilfreich, wenn Sie jeweils etwas oberhalb der Wortmitte fixieren. Die Wortbilderkennung wird dadurch wesentlich erleichtert.

Wortschatzerweiterung

Da Sie beim Lesen Wortbilder aufnehmen, ist es vorteilhaft, einen großen passiven Wortschatz zu haben, damit Sie alle oder zumindest möglichst viele Wörter eines zu lesenden Textes unmittelbar erkennen.

Wenn Sie auf ein unbekanntes Wort treffen, besteht nämlich die Gefahr, dass Sie wieder in das Buchstabieren zurückverfallen und Ihre Konzentration dabei sehr stark absinkt.

Sie sollten insoweit der Erweiterung Ihres Wortschatzes insbesondere dann einen großen Raum zumessen, wenn Sie sich in ein neues Arbeitsgebiet oder eine neue Fachmaterie einarbeiten müssen.

Vorgehensweise bei Fremdwörtern

Wenn Sie Texte lesen und auf Fremdwörter stoßen, dann sollten Sie diese nicht sofort nachschlagen, sondern sie zuerst nur markieren. Oft werden Sie die Wörter bereits dadurch verstehen, dass Sie den Text weiterlesen. Vielleicht sind sie sogar anschließend näher erläutert. Oder aber sie spielen im Folgenden überhaupt keine Rolle mehr und sind insoweit für Sie überflüssig.

Wenn Sie nach dem ersten Textstudium feststellen, dass die Fremdwörter für das Verständnis des Textes von Bedeutung sind, dann sollten Sie sie in einem Durchgang nachschlagen und die Bedeutung möglichst neben das Fremdwort schreiben.

Selbsterklärung

Noch besser ist es aber, wenn Sie es schaffen, sich das Wort selbst zu erklären. Hilfreich dafür sind die nachfolgenden Listen der Wortanfänge (Präfixe), der Wortendungen (Suffixe) und der Wortwurzeln.

Wortpräfixe – die Kraft der Wortanfänge –

(Ursprung: g = griechisch, l = lateinisch, e = englisch)

Präfix	Bedeutung	Beispiel
a-, an- (g)	nicht, ohne	Anormal
ab- (l)	von, her, weg	Absonderlich
ac-, ad-, af- (l)	zu, bis zu, hin zu	Addition, Affekt
aer-, aeris (l)	Luft	Aeroflot, Aeroklub
ambi- (g)	beide, um herum	Ambiente
amphi- (g)	beide, um herum	Amphibien
ana- (g)	gegen	Anachronismus
ante- (l)	vor	ante mortem
anti- (l)	gegen	Antipathie
apo- (g)	weg von	Apophyse
auto- (g)	selbst	Autoaggression, Autobiograph
bene- (l)	gut	Benefiz
bei	hinzugefügt	Beilage, Beiboot
bi- (g)	zwei	Biathlet
by- (e)	zusätzlich	Bypass
cata- (g)	nieder	Katakombe, Katalog
cent- (l)	einhundert	Zentiliter
circum- (l)	um herum	Zirkus, Zirkulation
co-, col-, com-, cor-, con- (l)	gemeinsam, mit	Koautor, Kollekte, Kompagnon, Korolla, Konspiration
contra- (l)	gegen, dagegen	Kontrast, Kontrahent

Präfix	Bedeutung	Beispiel
de- (l)	nieder, weg	deplaziert
deca-, deci- (g)	zehn	Dekalog, Dekaeder
dia- (g)	durch, zwischen	Dialyse, Diapositiv
dis- (l)	nicht, entgegen	Dissens
duo- (g)	zwei	dual, Duplikat
dys- (g)	schlecht, hart	Dyskalkulie
e-, ex- (l)	aus, heraus	Exekutive, Export
equi- (l)	gleich	equivalent
epi- (g)	auf, zu, zusätzlich	Epibolie, Epilog
extra- (l)	besonders	extravagant
hemi- (g)	halb	Hemiparese
hepta- (g)	sieben	Heptateuch
hexa- (g)	sechs	Hexagramm
hypo- (g)	unter, darunter	hypoton
hyper- (g)	über, über hinaus	Hyperbel, Hypertonie
il-, in-, im- (l)	nicht	Illlquid, inhuman, immateriell
inter- (l)	unter, zwischen	Interaktion, Internet
intra-, intro- (l)	innerhalb, innen	Intranet, introversiv
iso- (g)	gleich	isochron
mal- (l)	schlecht, falsch	maligne
meta- (g)	nach, darüber hinaus	Metamorphose
mis- (g)	falsch	Missverständnis
mono- (g)	einzig, einfach	monofil, Monogamie
multi- (l)	viele	Multiplikator
non- (l)	nicht	Nonstopflug
ob-, oc-, of-, op (l)	vor, entgegen	obsessiv, Opposition
octa-, octo- (g)	acht	Oktant, Oktopus
para- (g)	seitwärts, darüber	Parallele, Parameter
penta- (g)	fünf	Pentan, Pentagon
per- (l)	durch	permeabel
peri- (g)	um herum	Peripherie
poly- (g)	viele	Polyamid, Polygamie
post- (l)	nach	posthum Postscript

Präfix	Bedeutung	Beispiel
pre-, prä- (l)	vor	Premiere, Präambel
prim- (l)	der erste / wichtigste	Primarstufe, Primat
pro- (l)	vor, für	Proband, Procedere
quadr- (l)	vier	Quadrat
re- (l)	wieder, zurück	Reaktion, reversibel
retro- (l)	zurück	retroaktiv
se-	abseits, zur Seite	Sediment
semi- (g)	halb	semipermeabel
sub- (l)	unter	Subordination
super- (l)	über	supranational
syl-	mit, zusammen	Syllabus
sym-, syn- (g)	zusammen	Symphonie, Synalgie
tele- (g)	in der Ferne	Telefon, Telearbeit
tetra- (g)	vier	Tetraparese, Tetrapack
trans- (l)	über, durch	transponieren
tri, (l, g)	drei	Trio, Triathlon
ultra- (l)	über	Ultrakurzwelle
un- (im) (l)	nicht	unnahbar, unnütz
uni- (l)	ein	Unikat
vice- (l)	anstelle	Vizemeister

Wortsuffixe – die Macht der Wortendungen –

Suffix	Bedeutung	Beispiel
-abel (l)	Verhalten oder Geschehen ist möglich	akzeptabel, operabel, variabel
-al, -ial	bezugnehmend	formal, kordial
-al,	Nomenbildung	Potenzial
-arium	örtlich gebraucht	Terrarium
-ation	Ergebnis eines Tuns	Gratulation, Isolation
-bar	Ausdruck der Möglichkeiten	denkbar, vorstellbar
-fix (fixere)	verknüpfen, verbinden	Suffix, Präfix

Suffix	Bedeutung	Beispiel
-haft	Qualität, Beschaffenheit	zauberhaft, lebhaft
-heit	Nomenbildung	Offenheit, Gewandtheit
-ierung	Handlung, Tätigkeit	Isolierung
-ig	Adjektivbildung	windig, neugierig
-in	feminine Endung	Beamtin, Lehrerin
-isch	Adjektivbildung	regnerisch, optimistisch
-ismus	Strömung, Tendenz, Geisteshaltung	Alpinismus, Tourismus
-ition	Bedingung	Addition
-itis	Krankheiten	Rachitis
-ist	jemand, der handelt	Chronist, Aktionist
-istik	Verweis auf übergeordnete Ebene	Touristik, Publizistik
-iv (anders als -orisch)	(nicht zwingend beabsichtigte) Eigenschaft	informativ, innovativ
-keit	Nomenbildung	Neuigkeit, Herzlichkeit
-ling	Nomenbildung	Feigling, Sonderling
-lich	Eigenschaft	herzlich, freundlich
-los	Eigenschaft, verneint	furchtlos, gesichtslos
-meter	Maßangaben, Messgeräte	Kilometer, Tachometer
-nis	Nomenbildung	Kenntnis, Ereignis, Erzeugnis
-or,	Nomenbildung	Organisator, Mentor
-orisch (anders als -iv)	(bewusst gewollte) Eigenschaft	informatorisch, innovatorisch
-orium	örtlich gebraucht	Oratorium
-sam	Eigenschaft	heilsam
-schaft	Nomenbildung	Mitgliedschaft
-tum	Nomenbildung	Reichtum, Besitztum
-tät	Nomenbildung	Neutralität

Suffix	Bedeutung	Beispiel
-ung	Nomenbildung	Öffnung, Teilung
-voll	Eigenschaft	liebevoll
-wärts	Richtungsangabe	aufwärts, abwärts

Wortwurzeln – die Herkunft der Wörter –

Wurzel	Bedeutung	Beispiel
aer	Luft	anaerob, Aerodrom
am (amare)	lieben	Amigo, amoroso
ann (annus)	Jahr	Annalen, Annuarium
aqua- (l)	Wasser	Aquarium
aud (audire)	hören	Audienz, Audimax
bio	Leben	Biologie, Biogas
cap (capire)	nehmen	Kapazität, kapern
cap (caput)	Kopf	Käppi, Kapuze
chron	Zeit	Chronologie, Chronik
cor	Herz	koronar
corp (corpus)	Körper	Korporal, korpulent
dei (deus)	Gott	Deismus, deifizieren
dic (dicere)	sagen	Diktion, Diktator
duc (ducere)	führen	Viadukt
ego	ich	Egozentriker
equi	gleich	Equalizer
fac, fic (facere)	machen	Faktur, infizieren
foto	Licht	Fotoapparat
frater	Bruder	Fraternität
geo	Erde	Geothermik
graf (graphein)	schreiben	Fotograf, Geograph,
loc (locus)	Ort	Lokal, Lokativ
loqu (loquil)	sprechen	eloquent
luc (lux)	Licht	luminös

Wurzel	Bedeutung	Beispiel
man (manus)	Hand	Manufaktur, manuell
mit, miss (mittere)	senden	Mission, Missionar
mort (mors)	Tod	Mortalität, immortal
omni	all-	omnipräsent, Omnivore
pater	Vater	Paternität, Patriot
path	leidend, fühlend	Antipathie, Pathos
ped (pes)	Fuß	Pediment, Pedometer
phobia, phobe	Angst	Klaustrophobie
pneum	Luft, Atem	Pneumograph
pos, posit	Platz	Posemuckel, Position
pot, poss (ponere)	fähig sein	potent, Possibilität
quaerere	fragen, verlangen, (unter-)suchen	requirieren, antiquieren
rog (rogare)	fragen	Rogation
rup (rupere)	unterbrechen	Interruption, Ruptur
scrib, scrip (scribere)	schreiben	Subskription, Skriptorium, Skribent,
sent, sens (sentire)	fühlen	Nonsens, Sensibilität
sol	Sonne	Solarzelle, Solarium
sol	alleine	Sologesang, Isolation
soph	weise	Sophia, Anthroposoph
spect (spicere)	sehen	retrospektiv, Inspektion
spir (spirare)	atmen	aspirieren, Spiritus
therm	warm	Thermalbad
ten	strecken	Tender, tendieren
utilis	nützlich	Utilitarist
ven (venire)	kommen	Konvent
vert, vers	drehen	vertikal, versatil
via	Weg	Viadukt
vid, vis (videre)	sehen	Video, Visagist

Wenn Sie sich mit Hilfe der vorstehenden Wortpräfixe, -suffixe und -wurzeln zukünftig einen Großteil der beim Lesen auftauchenden Fremdwörter selbst erklären, wird Ihr Wortschatz beständig besser, und Sie werden immer weniger gestört in Ihrer Konzentration durch noch nicht Bekanntes.

Hinweise zur Wortschatz-Erweiterung

Wenn Ihnen das aber noch nicht ausreicht, möchte ich Ihnen im Folgenden einige Hinweise zur Erweiterung Ihres Wortschatzes geben:

1. Suchen Sie in einem guten (Fremd-)Wörterbuch nach den verschiedenen Arten der von Ihnen gelernten Präfixe, Suffixe und Wurzeln. Legen Sie sich zudem eine Liste an mit den Wörtern, die Sie für besonders sinnvoll und beachtenswert halten.
2. Versuchen Sie, jeden Tag wenigstens ein neues Wort zu lernen. Damit Sie dieses Wort auch tatsächlich behalten, sollten Sie es mehrmals wiederholen, am Besten durch häufigeres Anwenden des Wortes.
3. Achten Sie in Gesprächen (und natürlich auch in Texten) auf neue, interessante Wörter. Fragen Sie den Gesprächspartner nach deren Bedeutung oder schlagen Sie diese anschließend im Wörterbuch nach.
4. Erwerben Sie ein Buch zum Aufbau des Wortschatzes.

Bei der Erweiterung Ihres Wortschatzes sollten Sie allerdings Ihr Ziel nicht aus dem Blick verlieren. Es geht nämlich vor allem darum, Ihr Verstehen von Texten zu verbessern, in dem Sie immer seltener auf unbekannte Wörter treffen, demnach also um die Erweiterung Ihres passiven Wortschatzes. Ihr wachsendes Wissen sollten Sie allerdings nur sparsam in Ihrer aktiven Kommunikation, sei es schriftlich oder mündlich, einsetzen. Bei selbst erstellten Texten würden Sie durch das Verwenden vieler Fremdwörter ansonsten das Verständnis der Textinhalte für den nicht so geübten Leser unnötig erschweren.

Zusammenfassung

In diesem Kapitel habe ich die Aspekte des Lesens, genauer gesagt des rationellen Lesens, behandelt und erläutert, was Lesen ist. Ich habe die sinnvollen Grenzen von schnellem und langsamem Lesen aufgezeigt und Beispiele für besonders schnelle Leser aufgelistet.

Sie haben die Hauptthemmnisse für rationelles Lesen und die Methoden, die gegen diese Hauptthemmnisse helfen, kennen gelernt. Sie haben festgestellt, welche Redundanzen in Texten vorkommen können, und wissen um die zeitverzögernden Auswirkungen von Fehlern in Texten.

Sie haben erste Übungen zur Erweiterung Ihrer Blickspannweite gemacht, um zukünftig weniger oft innerhalb der Lesetexte fixieren zu müssen. Und schließlich haben Sie erfahren, wie wichtig ein möglichst großer passiver Wortschatz für das schnelle Erkennen von Wortbildern und damit letztendlich für Ihre Lesegeschwindigkeit ist und wie Sie mit Fremdwörtern im Text umgehen sollten.

Im vierten Kapitel werden Sie nun Lesetechniken erlernen, die Ihnen eine wesentliche Beschleunigung Ihres Lesetempos ermöglichen, während ich Ihnen zuvor im dritten Kapitel einige Übungen aufzeigen werde, die der Augenentspannung dienen.

Ihre Notizen zum Kapitel

_____

_____

_____

_____

_____

_____

_____

3. Übung zur Augenentspannung

Bevor Sie sich an die neuen Lesetechniken machen, sollten sie sich bewusst machen, dass Lesen Arbeit bedeutet, und zwar insbesondere für Ihre Augen. Daher sollten Sie Ihren Augen zwischendurch immer mal wieder eine Entspannung gönnen. Im Folgenden möchte ich Ihnen einige Möglichkeiten hierfür zeigen:

Palmieren

Beim Palmieren werden die Hände so lange aneinander gerieben, bis sie schön warm sind. Legen Sie dann die Hände über die Augen, so dass diese möglichst ganz verdeckt sind. Das erreichen Sie am besten, wenn Sie die Hände über dem Nasenrücken in Höhe des Ansatzes des kleinen Fingers kreuzen.

Während die Augen verdeckt sind, können Sie sich zudem noch in Gedanken an einen Ort begeben, an dem Sie sehr gerne sein würden. Versuchen Sie sich zu erinnern, welche Geräusche, Gerüche und Empfindungen Sie mit diesem Ort verbinden.

Bevor Sie die Augen wieder öffnen, sollten Sie sich zuerst von Ihrem schönen Traumort verabschieden. Dann beginnen Sie, die Finger etwas zu spreizen, so dass nach und nach mehr Licht an Ihre Augen kommt, bis Sie schließlich die Hände von den Augen nehmen können.

Was bewirkt nun dieses Palmieren? Zum einen tun dem Auge die Wärme und die Dunkelheit (= Reizarmut) gut, um zu entspannen. Mit der zusätzlichen Traumreise gönnen Sie zum anderen auch Ihrem Gehirn eine kurze Auszeit, in der es sich mit angenehmeren Dingen als dem Verarbeiten des Gelesenen beschäftigen darf.

Schnelle Fokuswechsel

Beim Lesen halten wir in der Regel einen gleichmäßigen Abstand der Augen zum Text, das heißt der Fokus verändert sich nicht und damit auch nicht die Größe der Augenlinse. Dies führt mit der Zeit zu einer Ermüdung der Augen. Daher sollten Sie zwischendurch öfters den Blick bewusst vom Papier abwenden und mehrmals abwechselnd nahe und ferne Objekte fixieren. Dies gilt insbesondere, wenn Sie viel und lange Texte am PC lesen müssen. Die schnellen Fokuswechsel helfen den Augen, sich wieder besser auf das Aufnehmen der Textzeilen einzustellen.

Suchaufgaben für die Augen

Schließlich können Sie Ihren Augen etwas Gutes tun, wenn Sie sie Suchaufgaben durchführen lassen. Das kann das Finden von Abweichungen in sich ähnelnden Bildern sein oder auch das Verfolgen von Linien in einem Linienknäuel.

Zu Letzterem ein Beispiel. Bitte verfolgen Sie in der folgenden Abbildung 7 die Linien, beginnend links bei den Buchstaben, und finden Sie heraus, in welcher Zahl sie jeweils enden. Verwenden Sie dabei jedoch keine Hilfsmittel, und bewegen Sie nur Ihre Augen, nicht aber den Kopf.

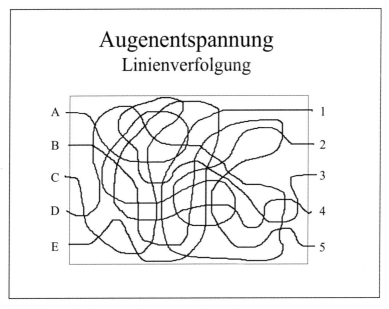

Abbildung 7 „Augenentspannungsübung"

Progressive Muskelentspannung

Eine weitere Entspannungsübung basiert auf der progressiven Muskelentspannung nach Jacobson. Dazu kneifen Sie Ihre Augen zunächst einige Sekunden lang fest zusammen. Anschließend reduzieren Sie Schritt für Schritt die Muskelanspannung, bis diese völlig locker sind. Halten Sie die Augen gleichwohl noch geschlossen.

Sowohl bei der Anspannungs- als auch bei der Entspannungsphase sollten Sie bewusst auf die einzelnen Muskeln bzw. Muskelgruppen achten. Dadurch wird Ihnen, insbesondere wenn Sie die Übungen mehrmals hintereinander durchführen, immer bewusster, wie angespannt Ihre Augen derzeit sind.

Die Übungen können Sie vor dem Lesen absolvieren, vor allem aber nach einer längeren und intensiven Lesephase. Nutzen Sie sie beispielsweise auch in der Pause zwischen zwei unterschiedlichen Lesestoffthemen.

Mikropausen für die Augen

Im Buch „Micropausen-Programm[12]" gibt es einen eigenen Abschnitt zum Thema Mikropausen für die Augen. Dort werden folgende Tipps gegeben:
- Palmieren (siehe vorstehend);
- Blinzeln, um die Augen zu reinigen und zu befeuchten; durch das Absenken der Oberlider wird das Blinzeln gefördert;
- Achterbahn fahren der Augäpfel bei geschlossenen Lidern (sechsmal in die eine und in die andere Richtung);
- Daumenfokus und Blick in die Ferne (wie der schnelle Fokuswechsel);
- Stiftfokus, bei der ein Stift mit den Augen zu verfolgen ist, während er langsam vom Auge weg- und anschließend wieder bis zur Nasenspitze herangeführt wird.

Wichtig bei den vorgestellten Übungen, die gut hintereinander absolviert werden können, ist das gleichzeitige Zur-Ruhe-Kommen, was durch gleichmäßige Atmung erleichtert werden kann.

---

[12] von Ole Petersen und Patrick Stäuble (siehe Literaturverzeichnis)

Acht kostbare Augenblicke für Ihre Sehfähigkeit

Vom Institut für Sehtraining in Bad Vilbel (www.Institut-fuer-Sehtraining.de) schließlich stammt ein achtstufiges Übungsprogramm zur Vermeidung einseitiger Belastungen der Sehfähigkeit, welches speziell geeignet ist für Menschen, die viel am Bildschirm arbeiten müssen. Dieses Programm beinhaltet teilweise die vorgenannten Übungen und beansprucht nur wenige Minuten:

1. Augenblick: Bei sich ankommen

Nehmen Sie eine bequeme Position im Sitzen oder Stehen ein. Ihre Sehhilfe benötigen Sie für die Übungen nicht. Öffnen Sie nach Möglichkeit ein Fenster und atmen Sie einige Male tief durch.
Dann schließen Sie Ihre Augen. Ihre Füße stehen flach auf dem Boden.

Belasten Sie abwechselnd den rechten und den linken Fuß, die Zehen und Fersen sowie die Innen- und Außenseiten der Füße.
Stellen Sie sich vor, Sie stehen barfüßig am Strand und Ihre Füße sinken in den warmen Sand ein.
Sie fühlen den Boden unter Ihren Füßen und fühlen sich sicher.

2. Augenblick: Die Augen begrüßen und auflockern

Sie halten Ihre Augen immer noch geschlossen. Mit den Fingerkuppen beklopfen Sie behutsam die Region rings um die Augen herum: Die Augenbrauen, die Schläfen, die Kieferknochen und den Nasenrücken. Dann massieren Sie kreisend die Schläfen, recken und strecken sich wie nach einem Schläfchen, öffnen die Augen und blicken dabei in die Ferne.

Sie spüren, wie belastet und angestrengt Ihre Augen wirklich sind und wie sie sich durch die Klopfmassage etwas gelockert haben.

3. Augenblick: Blinzeln und Blick schweifen lassen

Bewegen Sie langsam Ihren Kopf von einer Seite zur anderen und zurück. Lassen Sie die Schultern locker hängen bei leicht geöffnetem Mund. Öffnen und schließen Sie dann die Augenlider schnell und leicht hintereinander, wie Flügelschläge eines Schmetterlings. Lassen Sie dabei alle Seheindrücke an sich vorbeiziehen und spüren Sie, wie Ihre Augen feuchter werden.

4. Augenblick: Sich Raum schaffen, Blickfeld weiten

Führen Sie die rechte Hand von unten nach oben über den Kopf. Schauen Sie Ihrer Hand nach. Wiederholen Sie das mit der linken Hand.

Danach strecken Sie beide Arme nach vorne aus, blicken nach vorn aus dem Fenster beziehungsweise in den Raum hinein und greifen mit den Armen weit um sich.

Nehmen Sie Ihre Schultermuskulatur wahr, und genießen Sie ein herzhaftes Gähnen.

5. Augenblick: Blickstafette

Legen Sie zwischen sich und dem Horizont fünf Stationen fest:
Die Erste könnte ein vor die Nasenspitze gehaltener Finger sein, die Letzte der Horizont oder der am weitesten entfernte Gegenstand.

Erlauben Sie Ihren Augen, bewusst und ohne Eile von Station zu Station zu wandern, einige Male vor und zurück.

Spüren Sie Ihre Augenmuskeln.

6. Augenblick: Gehirnhälften aktivieren

Stellen Sie sich vor, an Ihrer Nasenspitze befände sich ein Taktstock. „Zeichnen" Sie mit diesem imaginären Taktstock lauter kleine und große liegende Achten in den Raum. Beginnen Sie die Bewegung nach links oben.

Hierdurch lockert sich Ihr Nacken, das Gehirn wird besser durchblutet, und Ihre Augenbewegungen werden harmonischer.

7. Augenblick: Farbenbad

Lassen Sie Ihren Blick auf einer schönen farbigen Fläche, zum Beispiel einem Stück Wiese, Wald, dem Himmel, einer Zimmerpflanze oder einem Bild, zur Ruhe kommen. Beim Einatmen weiten Sie den Blick und nehmen die Farbe mit den Augen auf, beim Ausatmen versenken Sie den Blick tief in die Farbe hinein. Machen Sie acht Atemzüge.

Erleben Sie dabei die Kraft und Schönheit der Farben.

8. Augenblick: Ruhen

Sie reiben Ihre Handflächen aneinander und legen die gewölbten Hände über Ihre geschlossenen Augen. Ihre Ellbogen sind auf die Tischplatte abgestützt. Entspannen Sie sich insgesamt – seufzen erlaubt – und genießen Sie die Dunkelheit. Lassen Sie die Hände acht Atemzüge lang auf den Augen liegen.

Nehmen Sie wahr, wie Ihre Augen zur Ruhe kommen, und genießen Sie die Entspannung. Entdecken Sie anschließend Ihre visuelle Umgebung neu.

Ihre Notizen zum Kapitel

_____

_____

_____

_____

_____

_____

_____

_____

4. Beschleunigung des Lesetempos

Das nächste Ziel ist es, und das ist Hauptthema dieses Abschnitts, Ihre Lesegeschwindigkeit zu steigern. Hierzu ist es erforderlich, dass Ihre Augen dazu in der Lage sind, möglichst schnell von einem zum nächsten Fixationspunkt zu springen und zwar in der Art und Weise, wie Sie es dem Auge bewusst vorgeben.

Als Einstimmung auf diese neue Art des Lesens bitte ich Sie, folgende Übung zu machen. Suchen Sie mit Ihren Augen die Zahlen von 1 bis 27 auf, ohne dabei allerdings eine Lesehilfe zu verwenden. Achten Sie auch darauf, dass Sie nur die Augen, nicht jedoch den Kopf oder den übrigen Körper, bewegen.

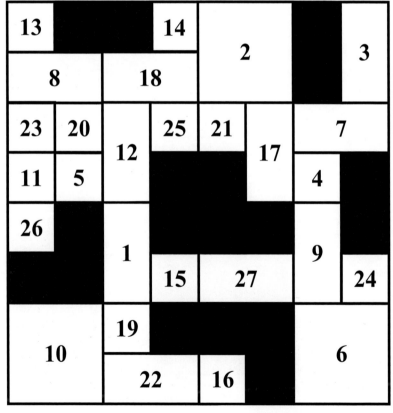

Abbildung 8 „Zahlensuche Teil 1"

Wie Sie bereits im ersten Abschnitt erfahren haben, ist es zur Vermeidung von Regressionen, insbesondere des unbewussten Zurückspringens der Augen innerhalb einer Zeile, hilfreich, einen bestimmten Rhythmus bei den Augenhalten, den Fixationen, einzuhalten.

Für die Lesegeschwindigkeit ebenfalls von großer Bedeutung ist die Anzahl der Fixationen in einer Textzeile. Vermutlich wissen Sie jedoch gar nicht, wie oft Ihre Augen tatsächlich anhalten, um Informationen aufzunehmen. Dadurch entsteht die Gefahr, dass Sie zu viele Fixationen vornehmen.

Fixationstechnik

Beide soeben erwähnten Aspekte berücksichtigt die so genannte Fixationstechnik, bei der Sie sich vorgeben, wie oft Sie innerhalb einer Textzeile fixieren wollen.

Im nächsten Übungstext sind hierzu in jeder Textspalte senkrechte Linien eingezeichnet. Ihre Augen sollen jeweils einmal zwischen Zeilenanfang und Strich sowie danach zwischen Strich und Zeilenende anhalten, um dabei alle Informationen in diesem Bereich aufzunehmen. Halten Sie einen gleichen, möglichst schnellen Rhythmus bei den Fixationssprüngen ein. Stoppen Sie bitte auch die Zeit, die Sie benötigen, um den Text mit seinen insgesamt 513 Wörtern aufzunehmen, und ermitteln Sie dann darauf basierend Ihre Lesegeschwindigkeit.

Fixationsübung 1 „Ausschluss aus der Hierarchie"[13]

Nun möchte ich eine Erscheinung zur Debatte stellen, die vielen ungeschulten Beobachtern besonders merkwürdig erscheint: den Fall des brillanten, fleißigen Mitarbeiters, der nicht nur bei der Beförderung übersehen wird, sondern häufig auch noch seine Stellung verliert. Ich möchte erst einige Beispiele anführen und sie dann erklären. In der Stadt Excelsior hat jeder junge Lehrer ein

---

13 aus: Peter&Hull, Das Peter-Prinzip, rororo Sachbuch, 1990

Jahr Probezeit. K. Buchmann war ein blendender Anglistik-Student. In seinem Probejahr als Englisch-Lehrer gelang es ihm, die Schüler mit Begeisterung für klassische und moderne Literatur anzustecken. Einige von ihnen besorgten sich Lesekarten für die öffentliche Bücherei von Excelsior, andere waren ständig in den Buchhandlungen und Antiquariaten der Stadt zu finden. Ihr Interesse war so stark, daß sie auch viele Bücher lasen, die nicht auf der Liste der von der Schulbehörde empfohlenen Literatur standen.

Es dauerte nicht lange, bis sich wütende Väter und Mütter sowie Abordnungen zweier strenger Sekten beim Schuldirektor meldeten, um sich darüber zu beklagen, daß ihre Kinder sich mit „unerwünschter" Literatur beschäftigten. Buchmann wurde mitgeteilt, daß seine Dienste im folgenden Jahr nicht mehr benötigt würden.

Dem Probelehrer C. Cleary wurde als erster Lehrauftrag eine Klasse geistig behinderter Kinder zugeteilt. Obgleich er gewarnt worden war, daß er mit diesen Kindern nicht viel erreichen würde, versuchte er ihnen so viel wie möglich beizubringen. Am Ende des Jahres schnitten viele von Clearys zurückgebliebenen Kindern bei Leseund Rechentests besser ab als Kinder in den normalen Klassen.

Als Cleary seinen Entlassungsbescheid erhielt, wurde ihm mitgeteilt, dass er in gröbster Weise alle beschäftigungstherapeutischen Arbeiten, wie Perlen aufreihen und Sandkastenspiele, vernachlässigt habe, die für zurückgebliebene Kinder empfohlen werden. Er hatte auch keinen angemessenen Gebrauch von Ton zum Modellieren, von Nagelbrettern und Farbkästen gemacht, die von der Hilfsschüler-Sonderabteilung der städtischen Schulbehörde bereitgestellt worden waren.

Miss E. Beaver, eine Probelehrerin an der Volksschule, war ungewöhnlich begabt für ihren Beruf. Weil sie noch keine einschlägigen Erfahrungen besaß, hielt sie sich an das, was sie auf der Universität gelernt hatte, und bemühte sich darum, jedes Kind entsprechend seinen individuellen Fähigkeiten zu fördern. Der Erfolg war, dass ihre begabtesten Schüler das Pensum von zwei oder drei Jahren in einem Jahr bewältigten.

Der Direktor gab sich außerordentlich verbindlich, als er Miss Beaver erklärte, dass sie leider nicht für eine feste Anstellung vorgeschlagen werden könne. Aber sie werde sicher einsehen, dass sie den Schulbetrieb gestört habe. Sie habe sich nicht an

den Stundenplan gehalten und den Kindern Schwierigkeiten bereitet, weil der Unterricht des folgenden Jahres nicht mehr ihren Bedürfnissen entspräche. Sie hätte sich nicht an die geltenden Regeln und den üblichen Gebrauch der Lehrbücher gehalten und dem Lehrer, der nun im nächsten Jahr mit den Kindern arbeiten müsse, die ihr Pensum längst beherrschten, große Sorgen bereitet.
Die Erklärung des Paradoxons
Diese Fälle zeigen, dass in den meisten Hierarchien *Super-Kompetenz* anstößiger ist als *Inkompetenz*.

Gewöhnliche Inkompetenz ist noch lange kein Grund, entlassen zu werden. Sie ist lediglich eine Schranke für den weiteren Aufstieg. Super-Kompetenz dagegen führt häufig zur Entlassung, weil sie die Hierarchie gefährdet. Sie verletzt dadurch das oberste Gebot des hierarchischen Lebens: *Die Hierarchie muss erhalten bleiben.*

Sie werden sicher jetzt wesentlich schneller gewesen sein als bei Ihrem ersten Lesetext. Möglicherweise jedoch hat Ihr Textverständnis dabei ein wenig gelitten. Dieser Effekt ist ganz normal, da Sie dem Gehirn beim Durchgehen durch den vorstehenden Text wahrscheinlich mehr an Informationen angeboten haben, als es normalerweise zu verarbeiten hat. Die Anwendung dieser Technik bedarf daher auch noch der weiteren Übung.

Ich habe aber bewusst darauf verzichtet, in diesem Buch weitere Übungstexte aufzuführen, denn Sie werden mit Sicherheit über genügend Lesestoff verfügen, der noch von Ihnen zu bewältigen ist. Nehmen Sie sich diesen Lesestoff zur Hand und üben Sie hieran die Fixationstechnik. Sie können dabei sowohl in den Text einen senkrechten Strich einzeichnen als auch eine Folie über den Text legen, auf der dieser Strich schon aufgetragen ist.

Texte, die breiter sind als eine Zeitungsspalte, sollten Sie in mehr als zwei Bereiche unterteilen, da ansonsten die aufzunehmenden Textpassagen zu groß werden. Bei DIN A4-Seiten haben sich für die Anfangsphase zwischen drei und fünf Fixationsblöcken (unterteilt durch zwei bis vier einzuzeichnenden Striche) bewährt.

Ein Beispiel für einen Text mit lediglich drei Fixationsblöcken habe ich Ihnen im Folgenden noch abgedruckt. Versuchen Sie auch hier, einen gleichmäßigen Rhythmus einzuhalten bei drei Fixationen pro Zeile. Achten Sie bitte auch darauf, wie lange Ihre Fixationen dauern. Ziel sollte es nämlich sein, dass Sie für den einzelnen Augenhalt nur noch eine halbe Sekunde benötigen. Das würde dann beim folgenden Text mit 439 Wörtern bei 134 Fixationspunkten bedeuten, dass Sie für den Text unter 70 Sekunden benötigen würden.

Fixationsübung 2 „Emilias Brief an ihre Eltern"

Liebe Mutter, lieber Papa,

seit meinem Weggang von zu Hause und dem Beginn der College-Zeit habe ich das Schreiben von Briefen an euch sehr stark vernachlässigt. Es tut mir leid, dass ich so säumig war und mich nicht schon vorher bei euch gemeldet habe. Ich habe mir daher vorgenommen, euch mit diesem Brief alle Neuigkeiten mitzuteilen. Nehmt euch aber bitte zuvor einen Stuhl und lest bitte nicht weiter, bevor ihr euch nicht gesetzt habt, einverstanden?
Zunächst bin ich mittlerweile wieder einigermaßen genesen. Ich musste nur für vier Wochen ins Krankenhaus, nachdem ich mir bei einem Sprung aus dem Fenster mehrere Rippenbrüche und eine Gehirnerschütterung zugezogen hatte. Ich kann schon wieder einigermaßen schmerzfrei atmen und habe nur noch etwa ein bis zweimal pro Tag diese schlimmen Kopfschmerzen.
Letztendlich hatte ich aber Glück im Unglück, denn der Hilfsarbeiter der Gebäudereinigungsfirma, der dem Wohnheim gegenüber wohnt, hatte gesehen, dass ich versehentlich mit einer Kerze die Vorhänge meines Zimmers in Brand gesetzt hatte und mich nur durch einen Sprung aus dem Fenster hatte retten können. Er hat sowohl die Feuerwehr als auch den Krankenwagen gerufen.
Da das gesamte Wohnheim abgebrannt war und ich keine andere Bleibe gefunden habe, hat er mir bei einem seiner letzten Besuche im Krankenhaus netterweise angeboten, dass ich bei ihm wohnen könne. Eigentlich hat er ja nur einen zum Wohnraum umgebauten Kellerraum, und die Toilette ist auf der anderen Seite vom Hof, aber ich finde es dennoch recht gemütlich.
In den paar Wochen, wo wir jetzt zusammenleben, haben wir

gemerkt, dass wir uns sehr lieben, und deshalb wollen wir auch bald heiraten. Den genauen Termin wissen wir noch nicht, aber es soll so früh sein, dass man noch nichts von meiner Schwangerschaft sieht.
Eigentlich würden wir ja gerne sofort heiraten, aber mein Freund hat eine leichte Infektion, die bei ihm zu Pusteln im gesamten Gesicht geführt hat, und da ich etwas unachtsam war, habe ich mich bei ihm angesteckt. Ich denke mir aber, dass nach 4 bis 5 Blutwäschen das Problem einigermaßen behoben sein dürfte.
Ja, liebe Mama und lieber Papa, ich bin tatsächlich schwanger. Ich weiß, wie sehr ihr froh darüber seid, bald Oma und Opa zu sein. Und ich weiß auch, dass ihr sicher gerne viel Zeit mit eurem Enkelkind verbringen wollt, zumal ich selbst in der Firma, wo mein Freund beschäftigt ist, mitarbeiten möchte.
Ich weiß, ihr werdet meinen Freund mit offenen Armen in unsere Familie aufnehmen. Er ist strebsam und freundlich, wenn auch nicht besonders gebildet. Da ich eure große Toleranz oftmals erleben durfte, wird es euch sicher auch nicht stören, dass er eine andere Hautfarbe, eine andere Religion und ein anderes Sauberkeitsverständnis als wir hat.
Jetzt, nachdem ihr alle Neuigkeiten wisst, möchte ich euch mitteilen, dass das Wohnheim immer noch steht, weil es keinen Brand gab, ich keine Gehirnerschütterung oder Rippenbrüche hatte, nicht im Krankenhaus war, nicht schwanger bin, nicht verlobt bin, mich auch nicht angesteckt habe und es auch keinen Freund gibt. Allerdings bekomme ich eine „Vier" in Pädagogik und eine „Fünf" in Psychologie, und ich möchte, dass ihr diese Noten in der richtigen Relation seht.

Eure Tochter
Emilia

Obwohl Sie hier breitere Passagen aufnehmen mussten als bei der ersten Anwendung der Fixationstechnik, werden Sie hier mehr vom Inhalt aufgenommen haben (außerdem enthält ja eigentlich nur der letzte Satz die wichtigen Informationen). Das hängt sicher auch mit dem eingängigeren Inhalt des Textes zusammen, aber auch damit, dass die Fixationstechnik ihre Vorzüge besonders gut bei einspaltigen Texten über die ganze Seite ausspielen kann. Noch besser wird es gehen bei Texten, die über eine ganze DIN A4-Seite gehen.

Fixationstechnik beim Überfliegen

Hervorragend geeignet ist die Fixationstechnik, wenn Sie einen Text daraufhin überfliegen, ob und ggf. an welchen Stellen in diesem Text die für Sie relevanten Informationen stehen, oder wenn es darum geht, einen Überblick über den Textinhalt zu bekommen. Dazu sollten Ihre Augen bei einem einspaltigen DIN A4-Seitentext nur zwei-, höchstens aber dreimal pro Zeile anhalten, um nicht zu viel Zeit aufzuwenden.

Fixationsübung 3 „Misserfolgsserien beenden"

Bitte überfliegen Sie den nachfolgenden Text mit nur noch zwei Fixationen pro Zeile. Anschließend lesen Sie den Text bitte etwas gründlicher (z. B. mit drei Fixationen pro Zeile), wobei Sie darauf achten sollten, was Ihnen vom ersten Überfliegen schon bekannt ist. Überlegen Sie sich zugleich für jeden Absatz ein Wort, mit welchem dieser überschrieben werden könnte. Stoppen Sie bitte die Zeit, die Sie für beide Lesedurchgänge zusammen benötigt haben, und ermitteln Sie dann Ihre Lesegeschwindigkeit, basierend auf 424 Wörtern.

Misserfolgsserien beenden [14]

Häufig liegt die Ursache schulischen Versagens nicht in mangelnder Fähigkeit oder Begabung, sondern in einer Motivationshemmung, die im Gefolge von Misserfolgsserien entsteht. Sie hängt eng zusammen mit einem falschen Selbstbild, das sich der Schüler aufgrund seiner schlechten Noten macht.
Obwohl seine Misserfolgsserie das Resultat privater Probleme, Stimmungstiefs, fehlender Lernlust oder falscher Lernmethodik ist, glaubt er, bessere Leistungen seien wegen vermeintlicher Begabungsmängel nicht mehr möglich. Leider wird ein solches negatives Selbstbild nicht selten durch unglückliche Kommentare von Lehrern, Eltern oder Klassenkameraden verstärkt.
Hat sich ein solches Selbstbild im Kopf des Schülers eingenistet, wird eine sich immer wieder selbsterfüllende Prophezeiung in Gang gesetzt. Weil der Schüler an seinen Begabungsmangel, an seine Unfähigkeit zu glauben beginnt, drosselt und

---

14 nach: Der Lernknigge (Seite 21) von Gustav Keller, Verlag K.H. Bock; Bad Honnef, 1994

hemmt er auch seine Motivation. Und als Folge davon wird die nächste Klassenarbeit nur noch mit halber Kraft vorbereitet. Prompt fällt sie auch wieder schlecht aus. Das Selbstbild und die Prophezeiung werden erneut bestätigt. Die Misserfolgsserie setzt sich fort. Der Teufelskreis ist geschlossen.
Falls Du in einem oder mehreren Fächern in eine Misserfolgsserie geraten bist, so überlege einmal, ob ihr nicht das eben beschriebene Entstehungsmuster zugrunde liegt. Wenn dem so ist, versuche den Teufelskreis aufzubrechen. Ein erster Schritt in diese Richtung ist eine Fehleranalyse im Misserfolgsfach.
Nimm die zuletzt geschriebenen Klassenarbeiten zur Hand und werte aus, welche Fehler am häufigsten vorgekommen sind. Du wirst dabei feststellen, dass Du nicht total schlecht bist, sondern der Misserfolg in ein paar Fehlerschwerpunkten gründet.
Betrachte diese als Ansatzpunkte für ein Wiederholungsprogamm. Konkret heißt dies, dass Du in den kommenden Wochen in kleinen Tagesportionen (15-20 Minuten) lückenhaft vorhandenen Lernstoff auffrischst und übst (Grammatik, unregelmäßige Verben, Matheformeln, physikalische Gesetze). Benütze das Blatt, auf dem Du Deine Fehlerschwerpunkte festgehalten hast, als Wiederholungsplan. Mache immer, wenn Du sie bearbeitet hast, Häkchen dahinter. Dies fördert die Lernmotivation und die Selbstkontrolle.
Das Lückenschließen kann durch Lernhilfebücher wesentlich erleichtert werden. Die gibt's in Buchhandlungen und für alle wichtigen Unterrichtsfächer. Sie sind nach Fehlerschwerpunkten aufgebaut, verständlich geschrieben und enthalten viele Übungsaufgaben, samt Lösungen und Lösungswegen. Du wirst zu Deinem eigenen Nachhilfelehrer. Gemessen an den Kosten, die Nachhilfeunterricht normalerweise verursacht, sind Lernhilfebücher sehr preisgünstig.
Das Wiederholungsprogramm kannst Du auch mit Klassenkameraden durchziehen, denen es schulisch ebenfalls nicht gut geht. Ihr bildet eine Lerngruppe und versucht Euch zu helfen, indem ihr Schwieriges einander erklärt und Wissen gegenseitig kontrolliert. Das Lernen in der Gruppe will allerdings gelernt sein! Es klappt nicht von heute auf morgen.
Als konkrete Übung empfehle ich dir, in einem schwachen Fach an Hand der zuletzt geschriebenen Klassenarbeit eine Fehleranalyse durchzuführen. Baue die Fehler-Schwerpunkte durch Wiederholungslernen ab.

Wenn sich Ihre Lesegeschwindigkeit gegenüber der Bestandsaufnahme zu Beginn nicht wesentlich verlangsamt hat, dann ist das schon ein sehr gutes Zeichen, denn den vorstehenden Text haben Sie nicht nur einmal, sondern zweimal durchgearbeitet, und Sie haben sich zudem Wörter überlegt, mit denen die Absätze überschrieben werden könnten. Auf diese Weise wird Ihnen ein solcher Text besser in Erinnerung bleiben, als wenn Sie ihn nur einmal mit Ihrer normalen Lesegeschwindigkeit gelesen hätten.

Die von mir gewählten Absatzüberschriften finden Sie übrigens im Anhang des Buches.

Lesen in Sinneinheiten

Die Fixationstechnik ist eine gute Hilfe, um sich bewusst zu machen, wie man liest und vor allem, wie oft die Augen innerhalb der Textzeilen anhalten. Wenn dabei am Anfang das Textverständnis etwas absinkt, dann kann das zwar auch daran liegen, dass die aufgenommenen Textblöcke noch etwas zu groß für Ihre eigene Blickspanne sind.

Wahrscheinlicher ist jedoch ein anderer Grund. Gerade durch das Einzeichnen von Strichen in einen Text besteht die Gefahr der zu starken Reglementierung der Augenhalte auf fest vorgegebene Bereiche. Möglicherweise stehen aber gerade in einem so bestimmten Block überhaupt keine relevanten Informationen, während Sie bei einer anderen Passage eher zweimal hinschauen wollen, weil dort wichtige Schlüsselinformationen stehen.

Für das Gehirn ist die Informationsverarbeitung einfacher, wenn die Augen sinnvolle Blöcke aufnehmen. Daher sollte es das Ziel sein, sich zwar ggf. vorzugeben, innerhalb einer Zeile viermal zu fixieren, sich bei den Fixationsstellen allerdings nicht genau festzulegen, sondern darauf zu vertrauen, dass das Gehirn die Augen an genau den richtigen Stellen anhalten lassen wird, und damit letztlich in Sinneinheiten zu lesen.

Richtungswörter

Den Inhalt eines Textes können Sie sich vorstellen als einen Gedankenfluss. Da gibt es Passagen, wo nicht viel passiert, der Fluss einen ruhigen Verlauf hat. Dann wiederum taucht eine Flussbiegung auf, die Gedanken fließen also in eine ganz andere Richtung.

Um einen Text schnell lesen und auch verstehen zu können, ist es hilfreich, wenn Sie diesen Gedankenfluss erkennen und möglicherweise sogar vorwegnehmen können. Dabei unterstützt Sie das Wissen um die so genannten Richtungswörter, die unterteilt werden können in Geradeaus- und Andere-Richtung-Wörter.

Geradeaus-Wörter

Bei den Geradeaus-Wörtern gibt es drei Untergruppen:

Keine Veränderung der gedanklichen Richtung

Der Gedankenfluss wird sich im Folgenden nicht ändern, wenn
- Wörter nahezu gleicher Bedeutung miteinander verbunden werden (*und*),
- etwas zum selben Thema hinzugefügt wird (*mehr, darüber hinaus, mehr als das, außerdem*) oder
- ähnliche Ideen miteinander verbunden werden (*auch, in derselben Weise*).

Das Lesen kann also mit hoher Geschwindigkeit fortgesetzt werden.

Weiterführung mit Beginn einer noch wichtigeren Idee

Wenn Wörter wie
so, auf diese Weise, deshalb, folglich, demgemäß oder *demnach*
im Text auftauchen, dann wird zwar der Gedankengang fortgesetzt, es folgt jedoch der Beginn einer noch wichtigeren Idee. Hier ist also erhöhte Aufmerksamkeit vonnöten.

Beibehaltung des Gedankengangs, aber Schlusspunkt

Außerdem gibt es Geradeaus-Wörter, die zwar den Gedankengang beibehalten, aber auf einen Schlusspunkt hindeuten. Hier steht in der Regel eine Zusammenfassung oder eine Schlussfolgerung. Achten Sie hierfür auf die Wörter wie *als Ergebnis, schließlich, im Abschluss* oder *abschließend.*

Andere-Richtung-Wörter

Im Gegensatz zu den Geradeaus-Wörtern signalisieren die Andere-Richtung-Wörter, dass der Gedankenfluss in eine andere Richtung geht. Das gebräuchlichste Wort dieser Art ist „aber". Es ist ein so bedeutsamer Richtungsweiser des Gedankenflusses, dass allein die Beachtung seiner Funktion dazu führt, dass mit höherer Geschwindigkeit und größerem Verständnis gelesen werden kann.
Weitere Andere-Richtung-Wörter sind:
doch, nichtsdestoweniger, sonst, obwohl, trotz, trotzdem, im Gegenteil, im Gegensatz, dennoch, vielmehr und *nicht.*
Wenn Sie eines dieser Wörter im Text antreffen, dann sollten Sie sich sogleich auf die Änderung der Gedankenrichtung einstellen. Möglicherweise müssen Sie neue Kenntnisse mobilisieren, um den Stoff zu verstehen. Vielleicht muss die Lesegeschwindigkeit verändert werden, um sie dem neuen Schwierigkeitsgrad des Textes anzupassen. Lesen Sie deshalb an diesen Andere-Richtung-Wörter nicht vorbei.

Konjunktionen

Neben der Unterscheidung nach Richtungswörtern ist es auch von Vorteil, die Konjunktionen in den Blick zu nehmen, die teilweise gleichzeitig Richtungswörter darstellen.

Wortbedeutung und Auffinden

Konjunktionen sind Wörter oder Ausdrücke, die – anders als die Schlüsselwörter – keine Gedanken ausdrücken. Vielmehr stellen Sie Beziehungen zwischen den verschiedenen Textteilen dar und organisieren damit die anderen Wörter. Dank dieser Hilfsmittel können Sie erkennen, ob der Autor etwas entwickelt, vergleicht, ableitet oder schlussfolgert.

Das Auffinden der Konjunktionen wird regelmäßig durch ihre Stellung erleichtert, denn sie befinden sich häufig am Anfang von Sätzen oder Abschnitten. Sie können daher schnell und problemlos erkannt werden. Manchmal übernimmt auch die Interpunktion die Funktion von logischen Konjunktionen. Zum Beispiel kündigt der Doppelpunkt eine Erklärung oder Erläuterung an.

Funktion

Im Folgenden habe ich einige Funktionen von Konjunktionen mit Beispielwörtern aufgeführt. Wenn Sie diese Konjunktionen im Text finden, könnten Sie sie ggf. mit einem andersfarbigen Textmarker oder aber in Form mathematischer Zeichen markieren:

Funktion	Konjunktionen	Zeichen
Gedanken erläutern	auch, und, danach, andererseits, ebenso, ebenfalls, außerdem, überdies, darüber hinaus, was … betrifft	Additionszeichen +
Gedanken präzisieren oder veranschaulichen	gleichfalls, das heißt, nehmen wir …, zum Beispiel, insbesondere	Additionszeichen +
Folgerungen einleiten	also, daher, deshalb, was zur Folge hat, schon, folglich, so, aus diesem Grund	Pfeil →
Grund angeben, Argumente liefern	weil, nämlich, denn, aus diesem Grund, da	Pfeil in andere Richtung ←
Gegenüberstellen (Gegenteil) oder Abschwächen	jedoch, indessen, dennoch, trotzdem, aber, gleichwohl, unglücklicherweise, gleichwohl	Zeichen „ist nicht gleich" ≠
Schlussfolgerung einleiten	so, also, schließlich, zusammenfassend, mit einem Wort, um zum Schluss zu kommen, letztlich	Doppelpfeil ⟹

Beachten Sie bitte, dass einige der Konjunktionen unterschiedliche Funktionen übernehmen (z. B. *so* und *also*). Die aktuelle Funktion können Sie aber aus dem jeweiligen Zusammenhang entnehmen.

Erkennen wesentlicher Informationen

Wenn wir lesen, dann wollen wir die wesentlichen Informationen innerhalb eines Textes, die Schlüsselwörter, aufnehmen.

Schlüsselwörter

Im Deutschen haben wir gegenüber anderen Sprachen dabei einen nicht zu unterschätzenden Vorteil, denn ein Großteil der Schlüsselwörter sind die Hauptwörter, die im Deutschen großgeschriebenen sog. Nomen. Ein ganz wichtiges Schlüsselwort allerdings, das Wort „nicht", ist auch im Deutschen kleingeschrieben.

Leserabhängigkeit

Welche Informationen innerhalb eines Textes wesentlich sind, hängt sehr stark vom Lesehintergrund ab. Dabei sind sowohl die Vorkenntnisse der Lesenden als auch die jeweilige Leseabsicht von entscheidender Bedeutung. Ein Text, der für Sie ganz neue Informationen bietet, ist für eine andere Person schon Schnee von gestern, da sie sich in der Materie sehr gut auskennt. Genauso kann ein Text, der Sie heute nicht sonderlich interessiert, schon morgen eine ganz andere Wichtigkeit erlangen, etwa weil Sie in einen anderen Arbeitsbereich wechseln sollen.

Absatzanalyse

Um einen Text gut zu verstehen, sollten Sie dessen Struktur zu erkennen versuchen, denn ein Text ist normalerweise keine willkürliche Anhäufung einzelner Sätze. Vielmehr können Sie davon ausgehen, dass pro Absatz eine Gedankeneinheit oder auch ein Thema behandelt wird.

Wenn Sie diese Hauptideen erfasst haben, wird der Aufbau des Textes unmittelbar deutlich. Außerdem können Sie die Einzelheiten, die sich um diese Hauptidee gruppieren, einfacher und gründlicher aufnehmen. Manchmal benötigen Sie ja auch nur die Hauptideen und sind dann sehr schnell mit dem Lesen fertig.

Für das Verstehen der Textstruktur förderlich ist es, wenn Sie die unterschiedlichen Absatzarten kennen. Es gibt erklärende, beschreibende und verbindende Absätze.

Erklärende Absätze

In den erklärenden Absätzen wird ein bestimmtes Konzept oder Gesichtspunkt erläutert. Diese Absätze sind in der Regel leicht zu erkennen und zu verstehen. Der erste bzw. die ersten beiden Sätze beinhalten eine allgemeine Vorstellung des zu Erklärenden. Der letzte oder aber die letzten beiden Sätze enthalten das Ergebnis oder die Schlussfolgerung. In der Mitte sind jeweils die Details zu finden.

In Zeitungsartikeln sind diese erklärenden Absätze zumeist am Anfang und am Schluss zu finden.

Beschreibende Absätze

Die beschreibenden Absätze bauen die Handlung auf oder erweitern bereits eingeführte Ideen. Sie haben oft ausschmückenden Charakter und sind deshalb meistens weniger wichtig.

Sie verdienen allerdings ausnahmsweise dann eine besondere Beachtung, wenn die Beschreibung von Menschen oder Dingen für Ihre Leseabsicht von Bedeutung ist, etwa weil Sie eine Laudatio auf die betreffende Person verfassen wollen.

Verbindende Absätze

Die verbindenden Absätze tendieren zu Zusammenfassungen des Vorstehenden oder des noch Folgenden. Sie enthalten daher oftmals Schlüsselinformationen zum Text. Insoweit sind sie nützliche Führer sowohl bei der Vorschau als auch bei der Wiederholung von Texten.

Unterschiedliche Lesegeschwindigkeiten

Auf eines möchte ich an dieser Stelle noch hinweisen. So wie der Sportwagenfahrer nicht auf allen Straßen mit der größtmöglichen Geschwindigkeit seines Autos fahren kann – spätestens im Stadtverkehr wird auch er nur noch 50 Stundenkilometer schnell sein -, so sollten auch Sie nicht jeden Text mit Ihrer maximalen Lesegeschwindigkeit lesen.

Innerhalb von Texten gibt es Passagen, die entweder besonders schwierig oder außergewöhnlich wichtig sind. An diesen Stellen sollten Sie dann langsamer lesen und sofort wieder beschleunigen, wenn es unwichtiger oder einfacher wird.

Für dieses Beschleunigen oder Abbremsen haben Sie mit der Fixationstechnik eine unkomplizierte Steuerungsmöglichkeit. Sie können entweder die Dauer der jeweiligen Fixationen oder aber die Anzahl der Fixationen innerhalb der Zeilen, ggf. auch beides gleichzeitig, erhöhen oder reduzieren. Dadurch, dass Sie diese Änderungen des Lesetempos ganz bewusst machen und die Art und Weise des Tempowechsels kontrollieren können, erhalten Sie die Gewissheit, dass Sie auch tatsächlich alle Informationen aufnehmen, die Sie aus einem Text benötigen.

Zusammenfassung

Im vorstehenden Kapitel haben Sie die Fixationstechnik kennen gelernt, mit der Sie Ihr Lesetempo sehr gut steuern können. Zwei Parameter sind dafür maßgeblich, nämlich die Dauer der Fixation, die Sie möglichst auf eine halbe Sekunde oder noch weniger reduzieren sollten, sowie die Anzahl der Fixationen in einer Zeile.

Sie haben erfahren, dass sich die Fixationstechnik, bei weiterer Reduktion der Fixationen innerhalb einer Zeile, sehr gut für das Überfliegen eignet.

Ziel auch bei Einsatz der Fixationstechnik ist es allerdings, in Sinneinheiten zu lesen. Daher sollten Sie die Technik nicht formalistisch einsetzen, sondern sich nur grob die Anzahl der Fixationen in einer Zeile überlegen, dann aber dem Gehirn die Entscheidung überlassen, an welchen Stellen genau es die Augen anhalten lässt.

Für das Lesen in Sinneinheiten hilfreich ist die Kenntnis der Richtungswörter, um so den Gedankenfluss im Text besser nachvollziehen oder gar voraussagen zu können, und die Kenntnis über die (leserabhängigen) Schlüsselwörter, die es zuvorderst aufzunehmen gilt. Das Textverständnis wird zudem durch die Analyse der Absätze und die daraus erkennbare Struktur des Textes erleichtert.

Schließlich haben Sie erfahren, dass es nicht darum geht, zukünftig jeden Text mit Ihrer maximal möglichen Lesegeschwindigkeit zu lesen. Sie sollten stattdessen mit den beiden variablen Größen – Fixationsdauer und -anzahl – Ihr Lesetempo auch innerhalb eines Textes dem Schwierigkeitsgrad und der Bedeutung des Inhaltes entsprechend anpassen.

Ihre Notizen zum Kapitel

5. Lesestoffselektion

Das nächste Kapitel beschäftigt sich mit dem heutzutage wohl wichtigsten Aspekt des Lesens, nämlich mit der Lesestoffselektion. Allein die täglich neu im Internet hinzukommenden Seiten kann ein einzelner Mensch nicht mehr aufnehmen, selbst wenn er 24 Stunden lang an allen Tagen seines Lebens lesen würde. Daher wird das Auswählen des zu lesenden Materials immer dringender.

Um Ihre Konzentration zu steigern und Sie auf das Folgende besser einzustimmen, bitte ich Sie, in der nachfolgenden Abbildung die Zahlen zwischen 1 und 38 mit den Augen, ohne Verwendung einer Lesehilfe und ohne Bewegung von Kopf und Körper, aufzusuchen.

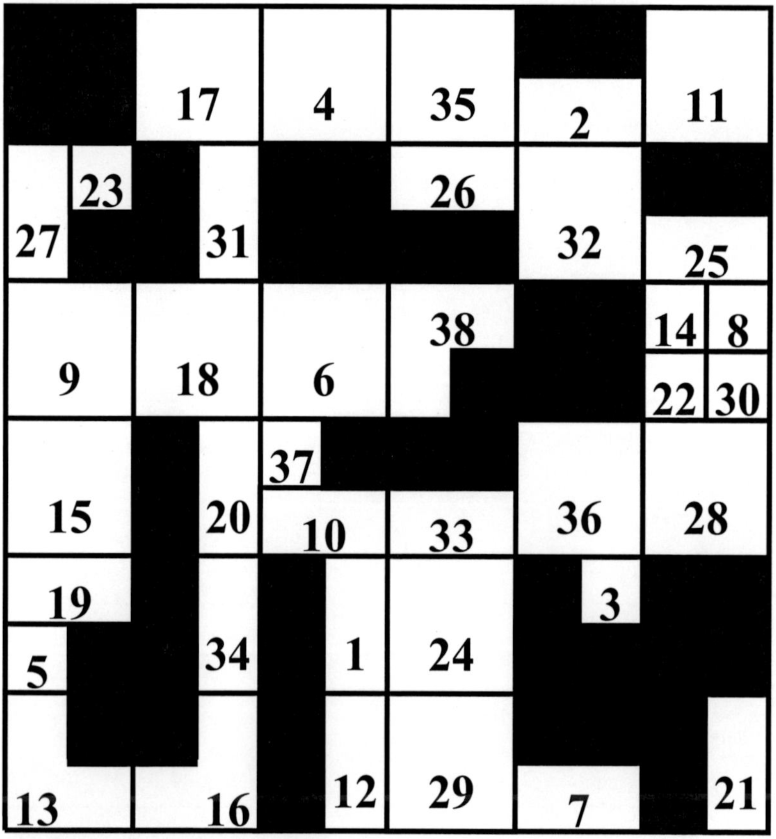

Abbildung 9 „Zahlensuche Teil 2"

Sie haben es sicher schon bei der ersten Zahlensuchübung festgestellt. Das Suchergebnis ist schneller erreicht, wenn Sie sich möglichst viele Fundstellen von Zahlen, die erst nach der aktuell aufzusuchenden Zahl kommen, gemerkt haben.

Auch eine solche Übung zwischendurch kann Ihnen helfen, eine Entspannung der Augen durch die andersartige Beschäftigung zu bewirken und gleichzeitig Ihre Konzentration zu steigern.

Arbeiten unter Zeitdruck

Gerade diese Konzentration ist für die nächste Übung sehr wichtig. Der Text, den Sie auf der nächsten Seite finden, wurde zumindest zu meiner Ausbildungszeit sehr gerne in Einstellungstests verwendet, um zu erkunden, wie die Bewerber unter absolutem Zeitdruck Aufgaben zu bewältigen in der Lage sind. Versuchen Sie, sich ein wenig in diese Situation hineinzuversetzen, um ein realistisches Bild von Ihren eigenen Fähigkeiten zu erlangen.

Für die Erledigung der insgesamt zehn Aufgaben des Tests stehen den Bewerbern regelmäßig lediglich 40 Sekunden zur Verfügung. Wenn Sie also eine Stoppuhr zur Hand haben, die es Ihnen ermöglicht, nach 40 Sekunden ein Signal über die abgelaufene Zeit zu erhalten, ist das vorteilhaft. Ansonsten stoppen Sie einfach so die Zeit mit, die Sie für die Aufgabenerledigung benötigen.

Einen letzten Hinweis möchte ich Ihnen noch geben: Hier kommt es darauf an, genau zu lesen, und zwar insbesondere am Anfang des Textes:

Führen Sie die unten stehenden Anweisungen so schnell wie möglich aus. Befolgen Sie bitte die Anweisungen sorgfältig.

Und nun bitte TEMPO !!!

1. Lesen Sie zunächst alle Anweisungen durch, bevor Sie anfangen.

2. Schreiben Sie Ihren Namen in die rechte obere Ecke dieses Blattes.

3. Malen Sie ein Quadrat in die linke untere Ecke dieses Blattes.

4. Schreiben Sie das Ergebnis von „27 mal 3" in dieses Quadrat.

5. Malen Sie ein Kreuz in die rechte untere Ecke des Blattes.

6. Stehen Sie auf und rufen Sie laut Ihren Namen (danach wieder hinsetzen).

7. Malen Sie einen Kringel um das Kreuz.

8. Verbinden Sie nun Kringel und Quadrat durch eine Linie.

9. Rufen Sie: „Ich bin gleich fertig – habe alle Aufgaben gelöst."

10. Führen Sie nur die zweite Anweisung durch – alle anderen sind unwichtig.

Vermutlich ist es Ihnen wie den meisten Probanden bei dem Aufgabenblock ergangen. Sie haben nicht lediglich in die obere rechte Ecke Ihren Namen geschrieben, wie nach Anweisung 10 in Verbindung mit Anweisung 2 als Einziges erforderlich war, sondern haben wahrscheinlich gerechnet, Kreuz und Quadrat gemalt etc. Mir ist es damals nicht anders ergangen.

Arbeitsplanung

Gerade unter Zeitdruck ist die Versuchung groß, direkt mit der Arbeit anzufangen. Damit vergrößern Sie jedoch Ihren Stress und vergeuden wertvolle Zeit durch unnütze Tätigkeiten.

Bei der vorangegangenen Übung hätte es sich gerade nach der ersten Anweisung angeboten, die restlichen neun Anweisungen zumindest einmal zu überfliegen. Das hätte bei zwei Fixationen pro Sekunde und pro Zeile für die noch verbleibenden 21 Fixationspunkte lediglich zwölf Sekunden erfordert. So hätten Sie sehr schnell feststellen können, dass Sie nur die zweite Anweisung ausführen mussten.

Aus dieser Übung sollten Sie daher mitnehmen, dass Sie sich vor Beginn einer Arbeit zuerst einmal einen Überblick verschaffen sollten. Das gilt insbesondere auch für Ihre Lesearbeit.

Leseabsicht

Bei den meisten Tätigkeiten, die wir verrichten, wissen wir genau, aus welchem Grund wir sie tun. Wir essen beispielsweise, um unseren Körper mit der erforderlichen Energie zu versorgen.

Beim Lesen sieht das aber oft ganz anders aus. Wir wissen zwar, dass wir den vor uns liegenden Text aufnehmen und ggf. auch verarbeiten sollen, machen uns aber wenig Gedanken zu dem genauen, konkreten Ziel unseres Lesens, unserer Leseabsicht. Wenn uns aber dieses Ziel fehlt, kann das Lesen nicht effektiv werden. Daher sollte vor der Beschäftigung mit jedem Text zu Beginn die Bestimmung Ihrer momentanen Leseabsicht stehen.

Hilfreiche Fragestellungen

Für die Leseabsicht-Bestimmung sind folgende Fragen hilfreich:
- Will oder muss ich den Text überhaupt lesen?
- Aus welchem Grund lese ich den Text?
- Was verspreche ich mir von diesem Text konkret?
- Suche ich spezielle Einzelheiten?
- Welche Teilaspekte interessieren mich besonders?
- Benötige ich vielleicht nur einen Eindruck von den Hauptideen des Textes?
- Will oder muss ich den gesamten Text lesen oder eventuell nur Teile davon?
- Zu welchem Zeitpunkt lese ich den Text?
- Welche Priorität hat dieser Text gegenüber dem sonstigen Lesestoff oder auch der sonstigen Arbeit?
- Wie viel Zeit werde ich voraussichtlich benötigen?
- Ist der Text so gegliedert oder verständlich, dass ich das Lesen zwischenzeitlich unterbrechen kann, oder sollte ich ihn besser ohne Unterbrechung lesen?
- Mit welcher Leseart lese ich den Text?
- Will ich ihn schnell durchgehen, oder muss ich ihn sehr gründlich erfassen?
- Welche Lesetechnik will ich einsetzen?
- Muss ich vielleicht innerhalb des Textes mit unterschiedlichen Techniken lesen und das Tempo variieren?
- Welche Fragen möchte ich vom Autor beantwortet haben?
- Benötige ich die Informationen des Textes kurzfristig?
- Oder handelt es sich um strategische Informationen, deren Aufnahme ich zeitlich planen kann?
- Welche Kenntnisse zur Thematik habe ich bereits?
- Inwieweit erwarte ich vom Text Objektivität bzw. in welchem Maße ist Subjektivität für mich hinnehmbar? (Wenn ich die Einstellung des Autors kenne, ist sicher mehr Subjektivität zulässig.)

Je detaillierter Sie die oben stehenden Fragen beantworten, desto leichter wird Ihnen das Aufnehmen der Informationen aus dem Text fallen. Außerdem werden Sie sehr viel genauer wissen, was Sie alles nicht aufnehmen müssen, und das spart Ihnen die meiste Zeit.

Textselektion

Das nachfolgende Flussdiagramm zeigt, wie Sie sinnvollerweise an normale Texte herangehen.

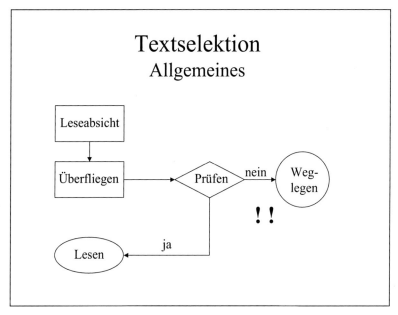

Abbildung 10 „Textselektion"

Nach der Bestimmung der Leseabsicht sollten Sie als erstes den Text überfliegen. Im nächsten Schritt erfolgt dann die Prüfung, ob das, was Sie beim Überfliegen aus dem Text bereits aufgenommen haben, mit Ihrer Leseabsicht übereinstimmt.

Wenn Sie diese Frage bejahen, dann werden Sie diesen Text, möglicherweise jedoch auch nur auszugsweise an den für Sie relevanten Stellen, lesen.

Wenn Sie aber feststellen, dass der Text nicht zu Ihrer Leseabsicht passt, dann sollten Sie ihn weglegen oder sogar wegwerfen.

Die beiden Ausrufezeichen in der Grafik repräsentieren dabei zwei sehr wichtige Aspekte beim Selektieren von Lesestoffen. Das erste Ausrufezeichen steht für die (deutsche) Gründlichkeit, alles das zu lesen und zu erfassen, was auf dem Schreibtisch landet. Das zweite

Rufzeichen dagegen soll Sie auf die Notwendigkeit hinweisen, alles das nicht zu lesen, was mit Ihrer Leseabsicht nicht übereinstimmt.

Übung an konkretem Text

Um Ihnen zu zeigen, was an Zeitersparnis möglich ist, wenn Sie nach dem vorstehenden Schema vorgehen, habe ich den folgenden Lesetext vorgesehen. Die Leseabsicht gebe ich Ihnen dabei vor:

Sie haben die Aufgabe, einen Artikel zu schreiben über die Entstehung der lateinischen Schriftzeichen. Sie haben im Vorfeld viele Dokumente und Schriftstücke, die möglicherweise für den Vortrag wichtige Informationen beinhalten könnten, zusammengetragen und wollen nun den großen Stapel sichten. Sie haben sich ausgerechnet, dass Sie nur dann mit der vorgegebenen Zeit auskommen, wenn Sie sich bei der Sichtung der Unterlagen für eine DIN A4-Seite (so lang ist besagter Text) lediglich 20 Sekunden Zeit nehmen.

Überfliegen Sie also bitte den Text mit der (zum Thema passenden) Überschrift und entscheiden Sie nach Ablauf der 20 Sekunden, ob Sie diesen Text auf den Stapel der auszuwertenden oder der nicht zu verwendenden Informationen legen werden:

Die Entstehung der Schriftzeichen

Begonnen hat die Aufzeichnung von Notizen in Ägypten etwa ab 3.000 v. Chr. als Notationssystem zur Abrechnung von Steuerzahlungen. Das so genannte ägyptische Hieroglyphensystem wurde mit steigendem Bedürfnis an die zu kommunizierenden Inhalte weiter entwickelt zu einer Komposition von einzelnen Buchstaben, Bildern und vollständigen Silben. Durch die Verbindung von Lautbildern konnte man eine grobe Form jedes Wortes herstellen. Das System erwies sich auch ohne den Versuch, Vokale abzubilden, als erfolgreich. So wurde die Hieroglyphenschrift, wenn auch mit immer weiter abnehmendem Bildcharakter, länger verwendet wurde als jedes andere System auf der Erde.
Durch die Islamisierung des Landes seit etwa dem 10. Jahrhundert n. Chr. wurden jedoch das Altägyptische und sein hie-

roglyphisches Schriftsystem vom Arabischen verdrängt. Für mehr als tausend Jahre gerieten die Hieroglyphen in Vergessenheit. Lediglich für Liturgie-Zwecke der koptischen Kirche, einer christlichen Religion, die heute noch von ihren Gläubigen ägyptischer Herkunft praktiziert wird, deren Vorfahren die Eroberung durch die Moslems überlebten, fand die Sprache weiterhin Verwendung. Aber schon in dieser Zeit wurden nur noch wenige Hieroglyphen benutzt, denn die koptische Schrift gebrauchte bereits vorrangig griechische Buchstaben.

Bis etwa 1800 ging man in Europa zumeist davon aus, dass die Hieroglyphen, die auf den Wänden von Tempeln und Grabmälern, Obelisken, Mumienschreinen und Papyrusblättern zu finden waren, nur Dekorationen seien. Gleichwohl versuchten Ägyptologen zu diesem Zeitpunkt bereits, die Hieroglyphen zu entziffern, weil sie darin Bilder oder gar Schrift vermuteten.

Mit der Eroberung Ägypten durch Napoleons Armee kamen eine große Anzahl von Wissenschaftlern und Archäologen nach Ägypten. Deren größtes Interesse bestand an den Hieroglyphen, auch wenn sie noch nicht in der Lage waren, eine Verbindung zu irgendeiner anderen Sprache zu entdecken.

Ein großer Schritt zur Erforschung der Kultur des alten Ägypten gelang allerdings, als ein französischer Offizier namens Pierre François Xavier am 15. Juli 1799 den Stein von Rosette, eine Stele aus schwarzem Granit, fand. Darin eingemeißelt ist ein Dekret der ägyptischen Priester aus einer Zeit nach der griechischen Eroberung Ägyptens durch Alexander den Großen, in der sowohl Griechisch als auch Ägyptisch bei öffentlichen Verkündigungen verwendet wurden.

Die Inschrift auf dem Stein von Rosette war in drei Schriften abgefasst. Neben der griechischen Schrift befanden sich noch zwei Varianten der altägyptischen Schrift auf dem Stein, und zwar die hieroglyphische und die demotische Schrift. Letztere stellte eine vereinfachte Form des Ägyptischen dar, verwendete weniger Bilder und fand vor allem im alltäglichen und wirtschaftlichen Leben Verwendung.

Der leicht lesbare griechische Text endete mit der Anweisung, das Dekret in drei Schriften einzumeißeln. Daher mussten die Texte identisch sein. Allerdings wusste zunächst niemand, wo die jeweiligen Texte anfingen und welche Passagen dementsprechend zueinander gehörten, da der Stein an beiden Enden Absplitterungen aufwies.

Der entscheidende Durchbruch gelang im Jahr 1822 dem jungen französischen Linguisten und Archäologen Jean-François Champollin. Als erstes entzifferte er die demotische Schrift und anschließend die Hieroglyphen. Dabei konzentrierte er sich zunächst auf die Bedeutung bestimmter, eingekreister Hieroglyphen, von denen er annahm, dass es sich dabei um wohlbekannte Namen handelte. Diese Annahme erwies sich in der Folge als richtig. Der erste entzifferte Name war „Cleopatra", bevor er als zweites den Namen „Ptolemäus" zuordnen konnte.

Sie werden sicher zum Ergebnis gekommen sein, dass Sie diesen Text nicht auswerten werden, da er sich überhaupt nicht mit der Entstehung der lateinischen, sondern nur der ägyptischen Schriftzeichen befasst. Sie haben also in 20 Sekunden einen Text mit 511 Wörtern erfasst, was einer Lesegeschwindigkeit von 1.533 Wörtern entspräche.

Aber freuen Sie sich nicht zu früh. Denn Sie werden den Text vermutlich nur sehr bruchstückhaft aufgenommen haben. Von Lesen konnte da noch keine Rede sein. Etwas anderes haben Sie allerdings erreicht, denn Sie haben sehr viel Zeit gespart. Wer zu Anfang mit der durchschnittlichen Lesegeschwindigkeit von 170 Wörtern pro Minute gelesen hatte, der hätte hier fast drei Minuten, d. h. die neunfache Zeit benötigt. Und selbst schnellere Leserinnen und Leser mit einer Geschwindigkeit von 250 Wörtern pro Minute hätte noch zwei Minuten gebraucht, mithin das Sechsfache dessen, was das Überfliegen an Zeit benötigt hat. Die Erkenntnis wäre jedoch dieselbe gewesen, nämlich dass Sie den Text für Ihren Vortrag nicht benötigen.

Dieses Beispiel macht deutlich, wie wichtig die Leseabsicht-Bestimmung und das anschließende Überfliegen eines Textes sind. So schnell Sie auch werden beim Aufnehmen von Informationen, so werden Sie doch die größte Effizienz dadurch erzielen, dass Sie Texte als gar nicht mehr (detailliert) zu lesen ausselektieren.

Buchselektion

Bei Büchern können Sie für die Selektion ähnlich vorgehen wie bei normalen Texten. Allerdings gibt es noch einige Besonderheiten, die ich anhand des nachfolgenden Flussdiagramms erläutern möchte. Teilweise lassen sich diese Hinweise auch übertragen auf längere Texte, die mit Zusatzinformationen wie Inhalts- oder Schlagwortverzeichnis versehen sind:

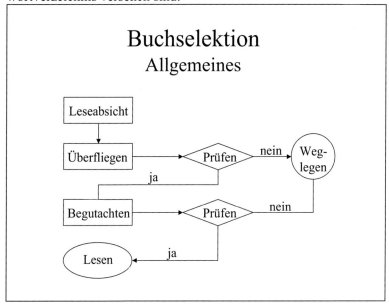

Abbildung 11 „Buchselektion"

Auch bei der Buchselektion steht die Leseabsicht-Bestimmung an erster Stelle. Danach erfolgt ein Überfliegen, das jedoch teilweise abweicht vom Überfliegen bei Texten.

Informationen aus den Umschlagsseiten

Aus den Umschlagsseiten können Sie bereits folgende Informationen herauslesen:

– Passen Titel und Untertitel des Buches zur Ihrer Leseabsicht?
– Was sagt Ihnen der Autor? Ist er bekannt oder gar renommiert? Handelt es sich hier um ein Standardwerk? Was wissen Sie zur Einstellung oder Sichtweise des Autors?
– Zu den Mitwirkenden eines Buches können Sie sich die gleichen Fragen stellen wie zum Autor selbst.
– Wann ist das Buch erschienen? Wie aktuell ist es noch (was natürlich sehr stark vom Thema abhängt, denn Bücher im

EDV-Bereich haben regelmäßig eine wesentlich kürzere Halbwertzeit als Bücher etwa zur griechischen Antike)?
- Handelt es sich um ein Original, einen Nachdruck oder eine Kürzung? Ist es die Übersetzung eines Buches, das in einer Sprache geschrieben wurde, die Sie gut beherrschen, dann sollte Sie es besser in der Originalsprache lesen, um Übersetzungsfehler zu vermeiden.
- Wie hoch ist die Auflage des Buches? Auch hier gilt es natürlich zu beachten, wie groß der potenzielle Adressatenkreis eines Buches ist.
- Was wissen Sie über den Verlag? Ist er bekannt für gute Bücher zum Sie interessierenden Thema?
- Ist das Buch vielleicht Teil einer Buchreihe und kennen Sie schon andere (gute oder weniger gute) Bücher dieser Reihe?
- Stimmen die Informationen über den Inhalt des Buches auf dessen Rückseite mit Ihrer Leseabsicht überein?

Diese vielen anfänglichen Fragen, die Sie sich zu einem Buch stellen können, bevor es überhaupt ausgepackt werden muss, werden bei der konkreten Buchselektion vermutlich nur wenige Sekunden in Anspruch nehmen. Dennoch sollten Sie die einzelnen Aspekte im Hinterkopf behalten.

Überblick über das Buchinnere

Wenn Sie das Buch dann aufschlagen, können Sie beim Begutachten noch folgende Informationen versuchen zu gewinnen:
- Welche Zusatzinformationen geben die Klappentexte und passen diese zu Ihrer Leseabsicht?
- Schauen Sie sich das Inhaltsverzeichnis an. Wo liegen die thematischen Schwerpunkte?
- Aus dem Quellenverzeichnis können Sie erkennen, auf welcher Grundlage der Text aufgebaut ist und ob der Autor verschiedene Sichtweisen berücksichtigt oder eher einseitig vorgeht.
- Im Schlagwortverzeichnis finden Sie die Schlüsselwörter des Buches. Bücher, die vorrangig als Nachschlagewerke verwendet werden, sollten über ein möglichst ausführliches Verzeichnis verfügen.

- Geben Ihnen die Vor- und Nachworte für Ihre Leseabsicht wichtige Informationen?
- Existieren Geleitworte, möglicherweise sogar von Koryphäen auf dem Gebiet, so kann das ein Indiz für die gute Qualität des Buches sein.
- Schauen Sie schließlich nach einer Rezension, einer kritischen Betrachtung des Buches. Solche finden Sie vor allem in Fachzeitschriften und neuerdings auch im Internet. Hier gilt allerdings zu beachten, dass Sie sich bei einer solchen Rezension auch mit dem Verfasser derselben auseinander setzen müssen. Insbesondere bei Beurteilungen im Internet durch einzelne Leser stimmen deren subjektive Eindrücke nicht unbedingt mit Ihren eigenen Anforderungen überein.

Im nächsten Schritt prüfen Sie, ob eine Übereinstimmung mit Ihrer Leseabsicht besteht. Wenn Sie diese verneinen, werden Sie das Buch weglegen bzw. nicht kaufen.

Nähere Begutachtung einzelner Passagen

Sollten Sie aber zum Ergebnis kommen, dass das Buch für Sie und Ihre Leseabsicht interessante Informationen beinhaltet, dann sollten Sie das Buch näher begutachten.
- Schauen Sie sich Kapitelanfänge und Enden an. Möglicherweise finden Sie ja hier gute Einführungen und hilfreiche Zwischenbilanzen.
- Überfliegen Sie einige Passagen des Buches, am besten in den Bereichen, in denen Sie sich bereits auskennen, um prüfen zu können, ob die Buchaussagen auch fundiert sind.
- Achten Sie auf Übersichtlichkeit bei der Inhaltsvermittlung.
- Wenn Sie eine Wahlmöglichkeit zwischen verschiedenen Büchern ähnlichen Inhalts haben, dann achten Sie auf einen gut lesbaren Schriftsatz, gute Ordnungshilfen, Seitenüberschriften etc.
- Diagramme, Tabellen und Schaubilder sollten wertvolle Zusatzinformationen beinhalten und nicht lediglich Lückenfüller sein. Wenn sie gut gestaltet sind, geben sie Ihnen ein einprägsames und lebhaftes Bild des Inhalts und erlauben ein schnelleres Verständnis des behandelten Stoffes.

Der vorletzte Schritt ist die erneute Prüfung der Übereinstimmung mit Ihrer Leseabsicht. Auch hier gilt es, das Buch wegzulegen, sofern Ihre Leseabsicht nicht erfüllt wird.

Wenn Sie auch nach dem zweiten Prüfungsschritt zum Ergebnis kommen, dass das Buch Ihrer Leseabsicht entspricht, dann können Sie es ruhigen Gewissens lesen oder für die weitere Selektion der zu lesenden Passagen durchschauen.

Selektion bei Artikeln in Zeitschriften

Die meisten Zeitschriften verfügen über ein gutes Inhaltsverzeichnis, anhand dessen Sie sich einen guten Überblick darüber verschaffen können, was Sie, ausgehend von Ihrer konkreten, momentanen Leseabsicht, interessieren könnte. Markieren Sie sich diese Artikel, und schauen Sie dann auch nur auf den entsprechenden Seiten nach! Damit umgehen Sie die Gefahr, sich aufgrund von Eye-Catchern, den Augenfängern, bei Artikel festzulesen, die Sie niemals gelesen hätten, wenn Sie anhand der Überschrift ausgewählt hätten. Die Zeitschriften leben ja letztendlich auch davon, dass potenzieller Leser sie durchblättern und sich wegen genau dieser Eye-Catcher für den Kauf entscheiden.

Legen Sie für die von Ihnen markierten Artikel eine Prioritätenreihenfolge an, und lesen Sie diese dann auch in dieser Reihenfolge.

Gerade bei Fachzeitschriften ist es dabei wichtig, sich mit deren Aufbau auseinanderzusetzen. Teilweise sind die Inhaltsverzeichnisse so untergliedert, dass Sie auf der ersten Seite nur eine einzige Zeile zu einem Thema („Urteile") vorfinden, auf der nächsten Seite dann aber zu dieser Zeile noch viele Einträge folgen.

Wenn Sie sich mit dem Aufbau vertraut gemacht haben, dann werden Sie möglicherweise bei der einen oder anderen Zeitschrift feststellen, dass meine vorgenannten Hinweise nicht angewandt werden dürfen. Aus dem EDV-Bereich kenne ich zumindest eine Zeitschrift, bei der ich die Artikel nicht mittels des Inhaltsverzeichnisses selektieren kann. Unabhängig davon, dass dieses Inhaltsverzeichnis verteilt ist in verschiedenen Blöcken und zudem auf der Umschlagseite und der zweiten Innenseite, finden sich darüber hinaus in der Zeitschrift noch weitere Artikel, die im Inhaltsverzeichnis überhaupt keine Erwähnung gefunden haben. Wenn Sie so etwas feststellen, dann bleibt Ihnen nichts anderes übrig, als nach dem Durchschauen des Inhaltsverzeichnisses doch noch einmal kurz die Zeitschrift durchzublättern. Oder aber Sie entscheiden sich für den Bezug einer anderen Fachzeitschrift, die eine bessere Struktur vorweist.

Zusammenfassung

Das Kapitel über die Lesestoffselektion ist eines der Wichtigsten in diesem Buch. Die Lesestoffmenge wächst täglich in einem Umfang, dass die richtige Auswahl des zu Lesenden unabdingbar ist.

Machen Sie sich bewusst, dass gerade unter Zeitdruck die Arbeits- und auch die Leseplanung nicht zu kurz kommen dürfen.

Fangen Sie nicht einfach mit dem Lesen an, sondern überlegen Sie sich, was Sie von dem Text erwarten, was Ihre Leseabsicht ist. Seien Sie dabei so konkret und genau wie möglich, um festzustellen, ob der Text Ihren Erwartungen entspricht.

Machen Sie sich Gedanken dazu, wie Sie an Ihre verschiedenen Lesestoffen (Texte, Bücher, Artikel in Fachzeitschriften) herangehen wollen, und prägen Sie sich dazu möglichst auch die Kriterien zur Begutachtung der Relevanz der Texte für Sie ein.

Ihre Notizen zum Kapitel

6. Fortgeschrittene Lesetechniken

In diesem Kapitel möchte ich Ihnen einen Überblick über die fortgeschrittenen Lesetechniken geben und auf zwei davon näher eingehen. Alle diese Lesetechniken erfordern den Einsatz der Gedächtnisfunktion zur schnelleren Aufnahme von Informationen. Gleichzeitig nutzen Sie bei diesen Techniken in verstärktem Maße Ihr peripheres Sehvermögen.

Insellesen

Das Insellesen eignet sich, gerade zu Beginn der Übung, gut bei etwas breiteren Spalten. Über den Text werden Inseln – liegende Ovale – gelegt, und Sie nehmen das auf, was als Text innerhalb der Inseln geschrieben steht.

Durch die Insel wird ein mehrzeiliger Bereich erfasst, der bis zu fünf, teilweise auch acht Zeilen umfassen kann. Interessant wird die Technik dadurch, dass zwei (ggf. auch noch drei) Inseln nebeneinander liegen. Sie nehmen also zuerst den vorderen Teil von mehreren Zeilen und dann erst den hinteren Teil der gleichen Zeilen auf.

Um den Text verstehen zu können, benötigen Sie die Gedächtnisfunktion des Gehirns, das heißt bei der zweiten Fixation ist die erste noch im Gedächtnis vorhanden, und beide werden vom Gehirn zu einer sinnvollen Information zusammengesetzt.

Erfahrungsgemäß ist es hilfreich, wenn die Fixationsschritte innerhalb einer Sekunde, möglichst sogar innerhalb einer halben Sekunden aufeinander folgen. Dann kann das Gehirn die Informationen leichter zusammensetzen.

Beim Üben des Insellesens ist zu empfehlen, die Texte dreimal durchzugehen. Die ersten beiden, raschen Durchgänge stellen zu

Übungsbeginn nicht mehr als ein grobes Überfliegen dar. Gleichwohl aber werden Sie vermutlich schon sehr bald feststellen, dass auch bei diesem schnellen Überfliegen mehr an Informationen hängen bleibt, als Sie zunächst vermutet hatten.

Gleich folgt ein Übungstext, in dem die schon erwähnten liegen Ellipsen (=Inseln) eingezeichnet sind. Bitte gehen Sie diesen Text zuerst dreizeilig mit zwei Augenhalten in der Textbreite durch und versuchen dabei, den gesamten Text in der Insel aufzunehmen. Danach fixieren Sie nur noch in jeder zweiten Zeile, bis Sie im dritten Durchgang den Text gründlich aufnehmen, indem Sie wieder zeilenweise und vorzugsweise mit zwei Fixationen pro Zeile von Augenhalt zu Augenhalt springen.

Als hilfreich hat es sich – insbesondere für den ersten, dreizeiligen Durchgang – erwiesen, wenn Sie beim Versuch, den Inhalt einer gesamten Insel von mehreren Zeilen aufzunehmen, nicht den Mittelpunkt der Insel „scharfstellen", sondern – wie Sie es vielleicht noch von den 3-D-Bildern her kennen – so verfahren, als würden Sie einen Punkt wenige Zentimeter hinter dem Blatt fixieren wollen. Auf diese Weise entsteht ein so genannter „weicher Blick", der es ermöglicht, dass sich der Blick weitet für die Aufnahme der gesamten Textinformationen der Insel. Diese Blickmethode ist auch zu empfehlen bei den sonstigen fortgeschrittenen Lesetechniken.

Ziel sollte es bei der folgenden Übung sein, den ersten Durchgang in ca. 40 Sekunden abzuschließen, beim zweiten Durchgang nur eine Minute zu benötigen und beim letzten Lesedurchgang unterhalb von zwei Minuten zu bleiben. Der Text selbst hat 114 Zeilen mit insgesamt 78 Inseln, so dass Sie diese Zeitvorgaben bei 2 Fixationen pro Sekunde einhalten könnten.

Wichtiger als ein gutes Textverständnis ist bei den ersten beiden Durchgängen auf jeden Fall ein schnelles Voranschreiten der Fixationen. Der dritte Durchgang wird Ihnen dann ein gutes Textverständnis vermitteln und stellt, weil evtl. doch schon durch die ersten beiden Durchgänge rudimentäre Informationen aufgenommen wurden, zugleich eine Wiederholung dar, die eine längere Speicherung im Gehirn bewirkt (Näheres dazu im neunten Kapitel „Lesestoff behalten und abrufen").

Insellesen-Übungstext „Wie kann ein Osterhase Schokoeier legen?"[15]

Schon als Kind haben mich Tiere sehr interessiert. Als mir der Osterhase zahlreiche Eier – in bunten Nestchen zu suchen – in den Hamburger Stadtpark brachte, stellte ich daher einige Fragen an meine Eltern:
Wieso können die Hasen, die in Form von Kaninchen überall herumflitzen, derartig unterschiedliche Eier legen? Dabei unterschied ich kompakte Zuckereier, die in ihrer Größe echten Kaninchenknüddelchen recht nahe kamen, von großen hohlen Schokoladeneiern, die wohl selbst einem Huhn den Popo gesprengt hätten. Folgende Erklärung wurde mir angeboten: Nur zu Ostern legten die Osterhasen vorübergehend Zuckereier. Sie beschafften sich aber auch Eier aus Fremdproduktionen, wofür eine Tragekiepe benötigt wurde. Damit war von meinen genervten Eltern auch dieser Punkt gleich mit abgehandelt.
Allerdings gelang es ihnen nie, mir ein Kaninchen mit Kiepe in natura vorzuführen, auch nicht in Hagenbecks Tierpark, wo sonst alle meine Wünsche befriedigt wurden. Nur in einer Tier-Wanderausstellung konnte ich zumindest einen ausgestopften Hasen mit Trage entdecken – ein schwacher Ersatz für das lebende Original!
Zwar stellte ich den Osterhasen nie ernsthaft in Frage, wollte aber unbedingt wissen, was ihn denn zu diesem kinderfreundlichen Tun angetrieben hatte. Nun, ich wusste ja bereits, dass Kaninchen sich wie die Kaninchen fortpflanzten, nämlich sehr freudig und zahlreich. Deshalb – so die Erklärung – hatte man sie symbolisch als Repräsentanten des fruchtbaren Frühjahrs gewählt. „Was ist ein Symbol?"
Nun ja, irgendetwas, was zu irgendetwas gut passt – zum Frühjahr eben. Das leuchtete mir ein, weil ich ebenfalls im Frühjahr zur Welt gekommen war.
„Gibt es nur Osterhasen, oder betätigen sich auch andere Tiere in dieser freundlichen Weise?" Ja, in Tirol ehrt man die Osterhenne – sehr nahe liegend! In Schleswig-Holstein aber den Osterhahn, was meinen Widerspruch herausforderte, Das wurde aber mit „Dafür bist du noch zu klein!" abgeblockt. In der Schweiz bringt der Kuckuck die Eier, in Thüringen der Osterstorch. Das leuchtete mir mehr ein als der Osterhase, denn ein Storch konnte ja ein erheblich umfangreicheres Größenspektrum abdecken. Jedenfalls mehr als der Osterfuchs, von dem in Sachsen und einigen Teilen Westfalens die Rede war. Völlig unverständlich wurden für meine Vorstellungen die weitverbreiteten Osterglocken, die angeblich bis nach Rom flogen und dort Eier und Geschenke vom Himmel fallen ließen. Mit derart technokra-

---

15 aus: Mainzer Rheinzeitung vom 29.3.1998 mit 114 Zeilen und 78 Inseln

tischen Konstruktionen wollte ich nichts zu tun haben. Mir lagen die Osterhasen eben mehr. Allerdings musste ich unbedingt noch wissen, wieso man diese freundlichen und nützlichen Tiere nun unbedingt zum Osterfest schlachtete und als Braten auf den Tisch brachte. Die hilflose Erklärung der Erwachsenen: Durch das Legen der vielen Eier wären sie so erschöpft, dass sie das Fest ohnehin nicht überlebt hätten! Da regte sich in mir der künftige Lebensmittelhygieniker: „Wenn sie kurz vor dem Sterben sind, darf man sie doch nicht schlachten und aufessen! Sie gehören doch allenfalls ins Tierkrankenhaus!" Die schwache Antwort: „Wenn du erst Tierarzt bist, kannst du das ja ändern!" Einige Jahre später war ich dann Tierarzt und habe auch zahlreiche kranke Kaninchen behandelt. Echte Osterhasen waren aber nicht dabei. Es bleibt also die Frage offen, wann und wie lange ein normales Kaninchen oder auch ein Feldhase zum Zuckereierleger mutiert. Vielleicht können Sie diese wichtige Frage ja anlässlich des bevorstehenden Osterfestes mit Ihren Kindern klären und mir das Ergebnis zukommen lassen! Originelle Antworten will ich gern zu gegebener Zeit veröffentlichen.

Vermutlich machte Ihnen der zweite Lesedurchgang die meisten Probleme. Das liegt daran, dass die Inseln im Text das Finden der Fixationspunkte beim zweizeiligen Durchgehen erschwerte. Außerdem werden Sie wohl beim ersten und zweiten Lesedurchgang nicht viel vom Inhalt aufgenommen haben. Ursache hierfür ist, dass Sie das Insellesen erst eine Zeit lang (erfahrungsgemäß ca. drei bis sechs Monate für zehn Minuten pro Tag) üben müssen, bis es von einer reinen Übung zu einer Lesetechnik werden kann.

Aber vielleicht stellen Sie ja auch schon nach wesentlich kürzerer Übungszeit fest, dass Sie bereits im ersten, dreizeiligen Durchgang zumindest die Grobstruktur des Textes aufgenommen haben und das Insellesen damit zum orientierenden Überfliegen einsetzen können (näheres hierzu im Kapitel 7 „Rationelles Überfliegen").

Wenn sich trotz regelmäßigem Üben das Textverständnis beim drei- oder zweizeiligen Durchgehen durch den Text nicht verbessert, kann es im Übrigen auch daran liegen, dass Sie für die Fixationen zu viel Zeit benötigt haben. Dann sollten Sie versuchen, die Fixationsdauer zu reduzieren. Und denken Sie auch an den Einsatz des „weichen Blicks" zur Erweiterung Ihres Blickfeldes.

Überblick über die Schnelllesetechniken

Im Folgenden will ich Ihnen einen Kurzüberblick über die Schnelllesetechniken geben, die sich in den verschieden Büchern zum Thema finden lassen:

Querlesen

Wenn Sie jemanden fragen, wie er denn seine Texte schnell liest oder überfliegt, und er antwortet Ihnen, er lese „quer", dann würde das im wörtlichen Sinne bedeuten, dass er wie nebenstehend mit einer Lesehilfe durch den Text durchgehen würde.

Wenn es ihm gelänge, so zu lesen, dann würde er drei- bis viermal auf dem eingezeichneten Pfeile fixieren, dabei auch die Inhalte rechts oben und links unten aufnehmen, wäre innerhalb von etwa zwei Sekunden mit einer Seite fertig und würde über ein enormes Lesetempo verfügen.

Wenn Sie sich dann erkundigen, was der Leser tatsächlich tut, werden Sie vermutlich feststellen, dass er eine der nachfolgend dargestellten Techniken anwendet.

Zwei-Zeilen-Schwung

Beim Zwei-Zeilenschwung führen Sie Ihre Lesehilfe, wie es der Name der Technik bereits aussagt, jede zweite Zeile entlang, und zwar von links nach rechts. Während des Durchgehens durch den Text nehmen Sie jeweils zwei Zeilen auf. Insoweit entspricht diese Art des Lesens dem oben schon erwähnten Insellesen. Auf dem für die Lesehilfebewegung eingezeichneten Pfeil können Sie entweder einmal fixieren – das wäre dann ein senkrechtes Lesen mit zweizeiliger Insel – oder aber Sie fixieren zwei- oder dreimal, so dass Ihr Gehirn die zweizeiligen Insel wieder zu einem sinnvollen Ganzen zusammenfügen muss.

Der Zwei-Zeilenschwung ist gut dafür geeignet, um das Gehirn darauf zu trainieren, sowohl sein vertikales als auch sein horizontales Sehvermögen zu nutzen.

Variabler Zeilenschwung

Der variable Zeilenschwung ist dem Zwei-Zeilenschwung sehr ähnlich. Auch hier gehen Sie mit Ihrer Lesehilfe nicht jede Zeile entlang, sondern, in Abhängigkeit von der Textschwere sowie auch der Bedeutung des Textes für Ihre Leseabsicht, mal dreizeilig, mal fünfzeilig, dann wiederum ggf. auch tatsächlich einmal einzeilig.

Ziel ist es dabei, möglichst viele, aber auch nur so viele Zeilen gleichzeitig aufzunehmen, dass das dabei erzielte Textverständnis noch der Leseabsicht entspricht.

Rückwärtsschwung

Der Rückwärtsschwung wird teilweise auch mit „Rückwärts"-Lesen bezeichnet. In Reinform würde das bedeuten, dass Sie die Informationen nur von rechts nach links aufnehmen. Im Deutschen, anders als etwa im Arabischen oder Hebräischen, sind allerdings unsere Texte von links nach rechts geschrieben.

Daher ist es wichtig festzuhalten, dass Sie nicht tatsächlich von rechts nach links lesen, wenn Sie ihre Lesehilfe in entsprechender Weise durch den Text durchführen. Vielmehr bieten Sie dem Gehirn, das bei mehrzeiligem Durchgehen durch einen Text ohnehin die Informationen zu einem sinnvollen Ganzen zusammensetzen muss, lediglich die Textblöcke in umgekehrter Reihenfolge an.

Der Rückwärtsschwung bietet zwar für sich allein keine Vorteile gegenüber dem variablen Zeilenschwung und ist sogar eher nachteilig für die Informationsaufnahme. In Kombination mit anderen Techniken jedoch ermöglicht er einen nicht zu verachtenden Tempogewinn, da Sie die Zeit sparen, die Sie ansonsten benötigen würden, um wieder an den Zeilenanfang zu springen. Diese Zeit können Sie sinnvoll nutzen, in dem Sie beim Zurückgehen weitere Informationen aufnehmen (wie etwa bei der nächsten Methode).

„S"-Methode

Die so genannte „S"-Methode hat ihren Namen daher, dass die Lesehilfe in Form einer S-Bewegung durch den Text geführt wird. Hierbei wird der Vorwärts- mit dem Rückwärtsschwung kombiniert.

Die „S"-Methode kann ausgeführt werden als Ein-Zeilenschwung, als Zwei-Zeilenschwung oder auch als variable Bewegung, abhängig von der Textschwere und -bedeutung.

Slalomlesen/Zick-Zack-Methode

Beim Slalomlesen oder auch der Zick-Zack-Methode handelt es sich um eine sehr fortgeschrittene Lesetechnik, die darauf abzielt, Ihr peripheres Sehvermögen möglichst gut auszunutzen. Ihre Lesehilfe führen Sie, beginnend am Anfang einer Zeile, jeweils diagonal zum Ende der folgenden Zeile und von dort aus wieder zum Anfang der nächsten Zeile, wobei Sie immer etwas überlappend Informationen aufnehmen.

Soweit der Text für Sie nicht so schwierig oder so wichtig ist, können Sie dabei auch am Anfang der ersten, dann am Ende der dritten und wieder am Anfang der fünften Zeile fixieren. Zudem können Sie variieren, ob Sie ihre Lesehilfe ganz bis zum Textrand oder aber eher im mittleren Teil des Textes entlang führen.

Gut geeignet ist diese Technik vor allem für Spaltentexte (wie in Zeitungen: ein ideales Übungsfeld), die noch etwas zu breit sind, als dass Sie sie mit einer Fixation in der Mitte aufnehmen könnten.

Schleife

Die Schleife ähnelt dem Slalomlesen. Allerdings wird statt der Fixation am Zeilenanfang und -ende bei dieser Technik die Lesehilfe an den jeweiligen Rändern in Form einer großen Schleife durch den Text geführt. Diese Stellen werden dabei mit einer oder auch zwei bis drei leichten, konzentrischen Fixationen aufgenommen.

Die Schleifen-Technik ist aufgrund der sehr rhythmischen Bewegung bei Schnelllesern außerordentlich beliebt.

Vertikale Wellenbewegung

Wenn jemand die vertikale Wellenbewegung einsetzt, dann entsteht für Beobachtende der Eindruck, der Leser würde in der Mitte der Seite hinablesen. Tatsächlich allerdings bewegen sich die Augen in gleichmäßigen Wellen links und rechts vom Mittelteil der Textseite hinunter.

Da auch hierbei Vorwärts- und Rückwärtslesen miteinander kombiniert werden und sowohl das vertikale als auch das horizontale Sehvermögen in größtmöglichem Ausmaß genutzt werden können, ist es eine ausgezeichnete Technik zum beschleunigten Erfassen der Textinformationen.

Beidseitige Lesehilfe

Die Anwendung dieser Technik erfordert die Verwendung von zwei Lesehilfen, wobei eine Ihre normale Lesehilfe darstellen könnte, während Sie zudem Daumen oder Zeigefinger der anderen Hand benutzen. Die beiden Lesehilfen werden gemeinsam und gleichmäßig die Seitenränder hinunterbewegt, während Ihre Augen die dazwischen liegenden Informationen aufnehmen.

Bei dieser Technik kann Ihr Gehirn in idealer Weise die Bewegungsrichtung Ihrer Augen bestimmen und sie an den Stellen anhalten lassen, die für Sie und Ihre Leseabsicht von Bedeutung sind. Eine spezielle Konzentration Ihrer Augen auf bestimmte, vorher festgelegte Flächen, ist bei dieser Technik nicht mehr erforderlich.

Durch variable Geschwindigkeit der Abwärtsbewegung Ihrer Lesehilfen können Sie dabei zugleich ihre Lesegeschwindigkeit, in Abhängigkeit von Textschwere und -bedeutung für Sie, sehr gut und differenziert steuern.

Langsames „S"

Das langsame „S" verbindet die Elemente der grundlegenden „S"-Methode, des Slalomlesens sowie der vertikalen Wellenbewegung. Es kann insoweit auch als deren erweiterte Form angesehen werden.

Normalerweise erfolgen fünf horizontale Bewegungen über eine Seite. Wenn Sie dabei pro Seitwärtsbewegung zweimal fixieren und es zugleich schaffen, die Fixationsdauer auf eine halbe Sekunde zu reduzieren, brauchen Sie für eine DIN A4-Seite lediglich noch fünf Sekunden.

Spirallesen

Das Spirallesen schließlich habe ich der Vollständigkeit halber hier aufgeführt, obwohl es tatsächlich gar kein Lesen darstellt. Es kommt vor als äußeres oder als inneres Spirallesen, je nachdem, ob Sie die Spiralbewegung Ihrer Lesehilfe von außen nach innen oder aber von innen nach außen führen.

Lesen kann dabei nicht funktionieren, weil das Gehirn die auf den Lesehilfestrecken liegenden Informationen nicht mehr zu einem sinnvollen Ganzen zusammensetzen kann. Diesen Effekt können Sie aber sogar ganz bewusst und zu Ihrem eigenen Vorteil nutzen. Die Technik eignet sich nämlich besonders gut als Überfliegetechnik, wenn Sie die Relevanz eines Textes anhand von bestimmten Schlüsselwörtern prüfen wollen. Bei dem Text über die Entstehung der Schriftzeichen hätten Sie das Schlüsselwort „Lateinisch" mittels eines spiralförmigen, systematischen Abwanderns der gesamten Seite mit Ihren Augen suchen können und wären gar nicht in die Gefahr gekommen, sich an für die Leseabsicht unwichtigen Textpassagen festzulesen.

Zunächst Überfliege- dann Lesetechniken

Es erfordert einen längeren Übungszeitraum, bis aus fortgeschrittenen Lesetechniken tatsächlich Lesetechniken werden. Dieser Aufwand variiert von Technik zu Technik, wobei grundsätzlich gilt, dass der Aufwand umso größer ist, je schneller die Technik ist. Zu Beginn des Übens werden Sie die Techniken daher auch eher zum Überfliegen einsetzen. Im Laufe der Zeit werden Sie dann merken, dass beim Überfliegen mehr und mehr an Inhalt und Detailinformationen von Ihnen aufgenommen werden und Sie irgendwann sogar auf ein kontrollierendes Nachlesen verzichten können.

Slalomlesen

Nachdem Sie nunmehr einen ersten Überblick über die fortgeschrittenen Lesetechniken gewonnen haben, möchte ich Ihnen im Folgenden eine weitere dieser Techniken näher vorstellen und zwar das Slalomlesen.

Augenübung zur Einstimmung

Da auch bei dieser Technik von den Augen ungewohnte Sprünge erwartet werden, sollten Sie die nachfolgende Übung absolvieren. Bitte verfolgen Sie in der Abbildung 12 die Linien insgesamt fünfmal hin und wieder zurück zwischen dem weißen Quadrat (links) und der schwarzen Raute (unten rechts). Bewegen Sie dabei nur die Augen, nicht aber den Kopf oder gar den gesamten Oberkörper. Verwenden Sie bitte auch keine Lesehilfe.

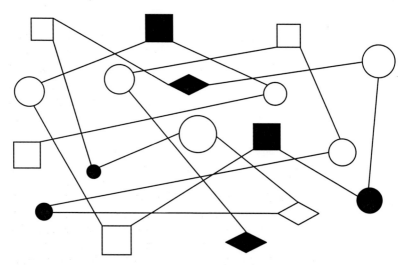

Abbildung 12 „Augenübung zum Slalomlesen-Beginn"

Die gerade von Ihnen absolvierte Übung (und natürlich ähnlich aufgebaute Augenverfolgungsbilder) eignet sich übrigens auch sehr gut dazu, um eine Augenentspannung zu bewirken, wenn Sie über einen längeren Zeitraum angestrengt lesen mussten.

Slalomleseübung 1 „Gibt es den Weihnachtsmann"

Im folgenden Text sind Kreise eingezeichnet, die jeweils mit Linien verbunden sind. Wie bei der Einstimmungsübung sollen Ihre Augen jeweils beim Kreis anhalten, um von dort zum nächsten Kreis zu springen. Sie fixieren also am Anfang der ersten Zeile, am Ende der zweiten Zeile und wieder am Anfang der dritten Zeile. Stoppen Sie bitte Ihre Zeit und ermitteln Sie Ihre Lesegeschwindigkeit. Der Text hat 561 Wörter mit 133 Fixationspunkten.

Gibt es den Weihnachtsmann?[16]

1) Keine bekannte Spezies der Gattung Rentier kann fliegen. ABER es gibt 300.000 Spezies von lebenden Organismen, die noch klassifiziert werden müssen, und obwohl es sich dabei hauptsächlich um Insekten und Bakterien handelt, schließt dies nicht mit letzter Sicherheit fliegende Rentiere aus, die nur der Weihnachtsmann bisher gesehen hat.

2) Es gibt zwei Milliarden Kinder (Menschen unter 18) auf der Welt. ABER da der Weihnachtsmann (scheinbar) keine Moslems, Hindus, Juden und Buddhisten beliefert, reduziert sich seine Arbeit auf etwa 15 % der Gesamtzahl – 378 Millionen Kinder (laut Volkszählungsbüro). Bei einer durchschnittlichen Kinderzahl von 3,5 pro Haushalt ergibt das 91,8 Millionen Häuser. Wir nehmen an, dass in jedem Haus mindestens ein braves Kind lebt.

3) Der Weihnachtsmann hat einen 31-Stunden-Weihnachtstag, bedingt durch die verschiedenen Zeitzonen, wenn er von Osten nach Westen reist (was logisch erscheint). Damit ergeben sich 822,6 Besuche pro Sekunde. Somit hat der Weihnachtsmann für jeden christlichen Haushalt mit braven Kindern 1/1000 Sekunde Zeit für seine Arbeit: Parken, aus dem Schlitten springen, den Schornstein runterklettern, die Socken füllen, die übrigen Geschenke unter dem Weihnachtsbaum verteilen, alle übrig gebliebenen Reste des Weihnachtsessens vertilgen, den Schornstein wieder raufklettern und zum nächsten Haus fliegen. Angenommen, dass jeder dieser 91,8 Millionen Stopps gleichmäßig auf die ganze Erde verteilt sind (was natürlich, wie wir wissen, nicht stimmt, aber als Berechnungsgrundlage akzeptieren wir dies), erhalten wir

---

16 aus Internetseite http://www.prima.ruhr.de/home/sedlacek/ im April 1998

nunmehr 1,3 km Entfernung von Haushalt zu Haushalt, eine Gesamtentfernung von 120,8 Millionen km, nicht mitgerechnet die Unterbrechungen für das, was jeder von uns mindestens einmal in 31 Stunden tun muss, plus Essen usw.

Das bedeutet, dass der Schlitten des Weihnachtsmannes mit 1040 km pro Sekunde fliegt, also der 3.000-fachen Schallgeschwindigkeit. Zum Vergleich: das schnellste von Menschen gebaute Fahrzeug auf der Erde, der Ulysses Space Probe, fährt mit lächerlichen 43,8 km pro Sekunde. Ein gewöhnliches Rentier schafft höchstens 24 km pro STUNDE.

4) Die Ladung des Schlittens führt zu einem weiteren interessanten Effekt. Angenommen, jedes Kind bekommt nicht mehr als ein mittelgroßes Lego-Set (etwa 1 kg), dann hat der Schlitten ein Gewicht von 378.000 Tonnen geladen, nicht gerechnet den Weihnachtsmann, der übereinstimmend als übergewichtig beschrieben wird. Ein gewöhnliches Rentier kann nicht mehr als 175 kg ziehen. Selbst bei der Annahme, dass ein „fliegendes Rentier" (siehe Punkt 1) das ZEHNFACHE normale Gewicht ziehen kann, braucht man für den Schlitten nicht acht oder vielleicht neun Rentiere. Man braucht 216.000 Rentiere. Das erhöht das Gewicht – den Schlitten selbst noch nicht einmal eingerechnet – auf 410.400 Tonnen. Nochmals zum Vergleich: das ist mehr als das vierfache Gewicht der Queen Elizabeth.

5) 410.400 Tonnen bei einer Geschwindigkeit von 1040 km/s erzeugt einen ungeheuren Luftwiderstand – dadurch werden die Rentiere aufgeheizt, genauso wie ein Raumschiff, das wieder in die Erdatmosphäre eintritt. Das vorderste Paar Rentiere muss dadurch 16,6 TRILLIONEN Joule Energie absorbieren. Pro Sekunde. Jedes. Anders ausgedrückt: sie werden praktisch augenblicklich in Flammen aufgehen, das nächste Paar Rentiere wird dem Luftwiderstand preisgegeben, und es wird ein ohrenbetäubender Knall erzeugt.

Das gesamte Team von Rentieren wird innerhalb von fünf Tausendstel Sekunden vaporisiert. Der Weihnachtsmann wird währenddessen einer Beschleunigung von der Größe der 17.500-fachen Erdbeschleunigung ausgesetzt. Ein 120 kg schwerer Weihnachtsmann (was der Beschreibung nach lächerlich wenig sein muss) würde an das Ende seines Schlittens genagelt – mit einer Kraft von 20,6 Millionen Newton.

Damit kommen wir zu dem Schluss: WENN der Weihnachtsmann irgendwann einmal die Geschenke gebracht hat, ist er heute tot.

Zuerst eine Bitte an Sie: Sollten Sie Kinder haben, die noch an den Weihnachtsmann glauben, dann sollten Sie ihnen diesen Text nicht vorlesen. Ich möchte nicht dafür verantwortlich sein, ihnen diesen Glauben zu nehmen.

Ansonsten sind beim Durchgehen durch den Text möglicherweise Verständnisschwierigkeiten entstanden, da Sie nicht mehr Zeile für Zeile aufgenommen, sondern Textpassagen übersprungen haben.

Slalomleseübung 2 „Altautos müssen verwertet werden"

Um die Technik weiter zu üben und eingängiger zu machen, folgt ein weiterer Text, bei dem der Abstand zwischen den Fixationen allerdings größer ist, denn hier sollen Sie am Anfang der ersten, am Ende der dritten und wieder am Anfang der fünften Zeile Ihre Augen anhalten lassen, jeweils immer am eingezeichneten Kreis. Stoppen Sie bitte auch hier Ihre Zeit und ermitteln Ihr Lesetempo. Der Text hat 369 Wörter und 56 Fixationspunkte.

Altautos müssen verwertet werden[17]

Ohne Nachweis keine Abmeldung – Neue Arbeitsplätze erwartet

Bonn – Ab 1. April kann ohne Verwertungsnachweis kein Altauto mehr bei der Kfz-Zulassungsstelle abgemeldet werden. Bundesumweltministerin Angela Merkel wies am Dienstag in Bonn darauf hin, dass es künftig zwei Wege gibt, seinen Wagen zu entsorgen. Entweder gibt man das Altauto bei einer anerkannten Annahmestelle ab oder überlässt es einem anerkannten Verwertungsbetrieb.
Derzeit gebe es bundesweit rund 2.800 Annahmestellen – bis zum Jahresende sollen es 10.000 werden – und etwa 250 zertifizierte Verwerter, teilte Merkel mit. Ob der Letztbesitzer für den Wagen Geld bekommt oder bezahlen muss, hängt vom Zustand des Wagens ab und ist Verhandlungssache. Die Branche bezifferte den Durchschnittspreis für ein mehr als zwölf Jahre altes Auto auf 250 Mark.
Die SPD-Bundestagsabgeordnete Marion Caspers-Merk erklärte, der Letztbesitzer müsse mit Verwaltungskosten für die Rücknahme von etwa 600 Mark rechnen. Das Bundesumwelt-

---

17 aus Mainzer Rheinzeitung im Internet vom 2. April 1998 von AP

ministerium wies darauf hin, dass die endgültige Stilllegung eines Altautos „mit Vorlage des Verwertungsnachweises" zehn Mark zusätzlich zu den üblichen Abmeldegebühren des Straßenverkehrsamtes" kostet. Merkel betonte, mit der Altautoverordnung trete auch die freiwillige Selbstverpflichtung der Automobilindustrie und weiterer 15 Wirtschaftsverbände vom Februar 1996 in Kraft. Darin verpflichten sich die Autobauer, generell Altautos ihrer Marke zu marktüblichen Konditionen über jeweils benannte Stellen zurückzunehmen. Fahrzeuge, die nach April 1998 in Verkehr gebracht wurden, werden mindestens bis zum Alter von zwölf Jahren kostenlos zurückgenommen. Mit Verordnung und Selbstverpflichtung soll die Verwertungsquote von heute rund 75 Prozent auf 95 Prozent im Jahr 2015 gesteigert werden.

Der Kampf gegen die illegale Entsorgung von Schrottautos soll in Mecklenburg-Vorpommern zum wirtschaftlichen Aufschwung beitragen. Schwerins Umweltministerin Bärbel Kleedehn erklärte, sie sehe in der Altautoverordnung die Tür zu einem wachsenden Markt, der wichtige Arbeitsplätze für das Land bereithalte.

Mecklenburg-Vorpommern besitzt nach Ansicht der CDU-Politikerin in der weiter wachsenden Branche der Autoverwertung noch deutliche Reserven. Mehr als 200 Annahmestellen für Altautos stünden derzeit in Mecklenburg-Vorpommern zur Verfügung. Zudem seien zwölf Verwertungsbetriebe im Land angesiedelt. Etwa jedes 15. stillgelegte Auto in Mecklenburg-Vorpommern wird nach Angaben der Ministerin illegal entsorgt. Dies bedeute, dass jährlich weit über 5.000 „Rostlauben" einfach in der Landschaft abgestellt oder in Gewässern versenkt würden. Bezogen auf die Zahl der anfallenden Altautos sind das im Ost-West-Vergleich negative Spitzenwerte, wie ein Sprecher des Bundesumweltministeriums bestätigte.

Wenn Sie beim ersten Slalomlesetext möglicherweise noch ein recht gutes Textverständnis gehabt haben, dürfte dieses bei dem zweiten Text schlechter gewesen sein. Neben der neuen Leseart, an die sich Ihr Auge und vor allem Ihr Gehirn zuerst einmal gewöhnen müssen, liegt ein gewichtiger Grund jedoch darin, dass Sie gar nicht wussten, warum Sie die Texte lesen, was also Ihre Leseabsicht ist.

Slalomleseübung 3 „Gedächtnishemmung und Lernwege"

Daher sollen Sie den nächsten Slalomlesetext auch mit einem konkreten Suchauftrag absolvieren. Sie sollen im Text nämlich nach Antworten auf die beiden nachfolgenden Fragen durchsuchen:
- Bei welchem Lernen kommt die Ähnlichkeitshemmung am häufigsten vor?
- Was sollte ein Schüler deshalb beim Hausaufgabenmachen tun?

Nehmen Sie sich bitte für das Slalomlesen, trotz der 747 Wörter, nur eine Minute Zeit. Das müsste möglich sein, da der Text insgesamt lediglich 105 Fixationspunkte beinhaltet.

Gedächtnishemmungen und Lernwege[18]

Bevor Dir erklärt wird, was Du gegen Gedächtnishemmungen tun kannst, sollst Du kurz erfahren, wie Lernstoff ins Gedächtnis gelangt. Wenn Du Daten, Vokabeln oder Regeln speichern möchtest, gelangen diese zunächst ins Sinnesgedächtnis.
Dort erzeugen sie elektrische Schwingungen, die nach 10-20 Sekunden wieder abklingen. Bist Du konzentriert genug, gehen die Sinnesinformationen ins Kurzzeitgedächtnis über. Dort werden sie mit bereits gespeichertem Wissen sinngemäß verbunden (assoziiert) oder gegliedert (strukturiert). Biochemisch läuft dies in den Nervenzellen der Großhirnrinde wahrscheinlich so ab, dass der neue Lernstoff durch die Herstellung von Nukleinsäuren-Ketten (RNA) gespeichert wird.
Die Speicherdauer beläuft sich auf 20-30 Minuten. Wird der Lernstoff genügend wiederholt, werden von der RNA Kopien in Form von Eiweißmolekülen angefertigt und im so genannten Langzeitgedächtnis archiviert. Erlöschen können sie eigentlich nicht mehr, außer dass das Gehirn schlecht durchblutet wird und Gehirnzellen zerstört werden. Sie können aber durch andere Informationen überlagert oder blockiert werden.
Auf dem Weg vom Sinnesgedächtnis ins Langzeitgedächtnis und umgekehrt können sich verschiedenartige Gedächtnishemmungen ereignen. Es werden nun solche vorgestellt, die Schülern besonderen Kummer bereiten. Gleichzeitig wird Dir auch gesagt, wie Du sie abbauen kannst. Ganz vermeiden lassen sie sich nicht, weil das

---

18 nach: Der Lernknigge (Seite 46) von Gustav Keller, Verlag K.H. Bock, Bad Honnef, 1994

Fassungsvermögen des Kurzzeitgedächtnisses, im Gegensatz zum Langzeitgedächtnis, eng begrenzt ist.

Sehr häufig wird der Gedächtnisprozess durch vorauswirkende und rückwirkende Hemmungen gestört. Diese treten auf, wenn zuviel auf einmal gelernt wird. Entweder blockieren zuerst aufgenommene Informationen nachfolgende (= vorauswirkende Hemmung) oder umgekehrt (= rückwirkende Hemmungen).

Da die Hauptursache im zu geringen zeitlichen Abstand der einzelnen Lernvorgänge liegt, spricht man auch von der Gedächtnishemmung durch zeitliche Nähe. Ein Abbau ist nur möglich, wenn man den Lernstoff in kleine Etappen einteilt und dazwischen immer wieder kleine Pausen einlegt. So solltest Du 40 Vokabeln nicht an einem Stück lernen, sondern in vier Zehnerblöcken.

Eine andere Art der Gedächtnishemmung ist die Ähnlichkeitshemmung. Sie ereignet sich, wenn inhaltlich sehr ähnliche Lernstoffe aufeinander folgen. Beim fremdsprachlichen Lernen kommt sie am häufigsten vor. Angenommen, Du lernst zuerst englische und hinterher französische Vokabeln, kann so manches falsch archiviert werden.

he pays   er bezahlt
le pays   das Land
Reihe deshalb beim Hausaufgabenmachen die Fächer so, dass sie inhaltlich nicht miteinander ins Gehege kommen. Schiebe zwischen die erste und die zweite Fremdsprache ein mathematisch-naturwissenschaftliches Fach.

Die Gleichzeitigkeitshemmung ist an nächster Stelle zu nennen. Sie entsteht, wenn Du Deine Aufmerksamkeit teilen möchtest. Mit den Augen einen Lerntext lesen und mit den Ohren einer Radiosendung lauschen wollen bewirkt, dass sich die Informationen im relativ engen Bewusstseinskanal gegenseitig blockieren und somit nicht ins Langzeitgedächtnis gelangen. Gestalte deshalb Deine Lernumwelt so, dass Du dem Lernstoff möglichst ungeteilte Aufmerksamkeit schenken kannst.

Nicht zu unterschätzen sind auch die Erinnerungs- oder Wiedergabehemmungen. Sie entstehen, wenn kurz vor dem Abruf bereits gespeicherten Lernstoffes Neues ins Gedächtnis aufgenommen wird. Auch hier ist die Hauptursache in der Enge des Bewusstseinskanals zu sehen. Aufnahme- und Abruf-Informationen kollidieren miteinander. Hast Du Dich auf eine Klassenarbeit oder Prüfung langfristig und gründlich vorbereitet, eigne Dir kurz vorher keinen neuen Lernstoff mehr an. Das Gelernte reicht in der Regel aus. Steigere Dich auch nicht in Angstgedanken. Denn diese können

den Abruf alten Wissens ebenfalls blockieren.
Lernstoff sollte außerdem über mehrere Sinneskanäle zu den Speicherplätzen der Großhirnrinde gelangen. Je mehr Sinneskanäle beim Lernen benutzt werden, desto mehr Großhirnregionen werden in den Gedächtnisprozess einbezogen. Wenn Du Dir Vokabeln lediglich übers Durchlesen zu merken versuchst, wird nur eine Region an der Speicherung beteiligt. Lernst Du sie nicht nur lesend, sondern auch sprechend, hörend und schreibend, sind es insgesamt vier Regionen. Dadurch wird das Behalten wesentlich sicherer gemacht.
Benutze beim Lernen also möglichst viele Sinneskanäle. Anders als in manchen Lerntechnikbüchern gehören die meisten Schüler dem so genannten Lern-Mischtyp an. Sie haben zwar einen „starken" Lernweg, dieser ist aber auf die Unterstützung zusätzlicher Lernwege angewiesen. Wenn Du beispielsweise ein Sehtyp bist, solltest Du Dir Mathematikstoff nicht nur übers Anschauen aneignen, sondern darüber hinaus skizzieren und rechnen.

Der Gebrauch mehrerer Lernwege ist umso notwendiger, als im Unterricht der Lernweg Hören überbetont wird. Dieser Lernweg ist einerseits sehr bequem, weil Du dabei ziemlich passiv bleiben kannst. Andererseits sind aber die Hörinformationen nicht anschaulich genug und werden sehr rasch vergessen. Unbedingt hinzukommen muss das Mitnotieren. Dadurch werden sowohl optische als auch motorische Hirnregionen am Lernprozess beteiligt. Bringst Du Dich durch Diskussionsbeiträge und Fragen ein, erweitert sich das Netzwerk der Lerninformationen.
Wiederholst und vertiefst Du den Lernstoff zu Hause durch die Anfertigung von Textauszügen und -strukturen oder durch das Lösen von Übungsaufgaben, wird er so gut verankert und vernetzt, dass die nächste Klassenarbeit bereits zu einem gut Teil vorbereitet ist.

Hat Ihnen die Zeit von einer Minute gereicht, um die Fragen zu beantworten? Wenn nicht, dann lesen Sie den Text bitte nochmals durch, mit eigenem Tempo und selbst gewählter Methode (vorher aber auf jeden Fall fertig überfliegen). Bedenken Sie auch, dass Sie beim Slalomlesedurchgang vielleicht schon die Stellen lokalisiert

haben, an denen die relevanten Informationen stehen. Hier nochmals die beiden Fragen, die Sie beantworten sollen:
- Bei welchem Lernen kommt die Ähnlichkeitshemmung am häufigsten vor?
- Was sollte ein Schüler deshalb beim Hausaufgabenmachen tun?

Stoppen Sie bitte für den zweiten Lesedurchgang die benötigte Zeit, addieren diese zu der einen Minute des ersten Lesedurchgangs und ermitteln auf der Basis dieser Gesamtzeit Ihre Lesegeschwindigkeit.

Die Antworten auf die beiden Fragen finden Sie im Anhang zum Buch.

Sollte Ihre für die beiden Lesedurchgänge ermittelte Geschwindigkeit nicht oder nur unwesentlich langsamer sein als zu Beginn dieses Buches, so ist das schon ein großer Fortschritt. Sie sind den Text nämlich bereits zweimal durchgegangen, was das Verständnis und auch das Behalten des Inhalts erheblich erleichtert.

Zusammenfassung

Alle fortgeschrittenen Lesetechniken basieren darauf, dass dem Gehirn die Informationen aus einem Text nicht mehr in der Reihenfolge angeboten werden, wie sie im Text stehen und wie das Gehirn sie bisher erwartet hat. Vielmehr wird die Gedächtnisfunktion des Gehirns benötigt, damit aus den aufgenommenen Textteilen wieder eine sinnvolle Information wird.

Damit Sie so lesen können, müssen Sie die vorgestellten Techniken üben. Je besser Sie die Techniken beherrschen wollen, desto größer ist der Übungsaufwand.

Allerdings eignen sich einige Techniken bereits relativ am Anfang schon dazu, Texte zu überfliegen, auch wenn dabei noch kein detailliertes Textverständnis erzielt wird. Dazu müssen Sie jedoch zuvor Ihre Leseabsicht bestimmen, die Sie dann beim schnellen Durchgehen durch den Text wie ein Filter die für Sie wichtigen Stellen finden lässt.

Nicht alle Techniken eignen sich für alle Zwecke. Die Slalomlesetechnik etwa ist gut zu verwenden, wenn Sie Spaltentexte zu lesen haben, die etwas zu breit sind für eine Fixation in der Mitte der Spalte.

Das Spirallesen wiederum können Sie einsetzen, wenn Sie die Relevanz eines Textes anhand bestimmter Schlüsselwörter, die im Text vorkommen müssten, überprüfen wollen, ohne in die Gefahr zu kommen, sich an interessanten Stellen festzulesen.

Ihre Notizen zum Kapitel

7. Rationelles Überfliegen

Ich hatte schon ausgeführt, dass es ratsam ist, jeden Text erst einmal zu überfliegen, weil man dabei möglicherweise bereits feststellt, dass ein genaues Lesen überhaupt nicht erforderlich ist. Im folgenden Abschnitt möchte ich noch einige weitere Anmerkungen zum Überfliegen machen.

Hauptformen des Überfliegens

Beim Überfliegen unterscheidet man zwischen zwei Hauptformen, nämlich dem orientierenden und dem selektiven Überfliegen.

Orientierendes Überfliegen

Beim orientierenden Überfliegen geht es darum, die Hauptideen eines Textes aufzunehmen. Einzelheiten oder Details sind nur von untergeordneter Bedeutung. Ziel ist es vielmehr, einen Eindruck von der Struktur und dem groben Inhalt zu bekommen, ohne dabei den roten Faden zu verlieren.

Zum orientierenden Überfliegen eignen sich sehr gut das Insellesen oder auch die Slalomtechnik.

Selektives Überfliegen

Beim selektiven Überfliegen dagegen geht es darum, die Relevanz eines Textes daran zu überprüfen, ob in ihm bestimmte Begriffe vorkommen, die Sie zuvor bei der Leseabsicht-Bestimmung festgelegt hatten. Alle Texte, die die gewünschten Textpassagen oder Wörter nicht beinhalten, werden ignoriert. Die Textstruktur und deren Analyse sind dabei für Sie nicht von Bedeutung.

Im Vorfeld eines selektiven Überfliegens sollten Sie sich vielmehr die zu suchende Passage möglichst plastisch vorstellen. Zu Anfang kann es sogar hilfreich sein, sich den oder die zu suchenden Begriffe speziell aufzuschreiben. Die Vorstellung des Wortes im Gehirn und die dabei entstehende Konzentration wirken wie ein Filter, der nur das Gewünschte zurückhält. Alles andere aber läuft an Ihnen vorbei, ohne dass es Ihre Gedanken belastet.

Gut geeignet für das selektive Überfliegen ist beispielsweise das Spirallesen, weil es zum einen ein systematisches Durchsuchen der Textseiten ermöglicht, zugleich aber auch verhindert, dass Sie sich durch das Festlesen an vermeintlich interessanten Passagen von Ihrer konzentrierten Suche abbringen lassen.

Überfliegen mit Schlüsselwörtern

Für das Überfliegen hilfreich ist auch die Nutzung von Schlüsselwörtern. Bei dieser Herangehensweise werden die unwichtigen Wörter des Textes übersprungen. Die Aufmerksamkeit beim Lesen konzentriert sich auf die wichtigen Wörter des Textes – die Schlüsselwörter. Das sind im Deutschen regelmäßig die (großgeschriebenen) Hauptwörter. Ein bedeutendes Schlüsselwort allerdings, das auch im Deutschen kleingeschrieben wird, ist das Wort „nicht", weil es den Satzinhalt ins Gegenteil verkehrt. Beispiele für Wörter, denen im Allgemeinen hingegen eine relativ geringe Bedeutung zukommt, sind: *der, die, das, ein, einer, eine, du, dein, mein, wir, unser, es, sie, denen, in, von, mit, zu, bei, für, über, unter.*

Anwendungsgebiete für Überfliegetechniken

Überfliegetechniken können genutzt werden bei der Vorschau, beim Auswahllesen, beim Lokalisieren spezieller Informationen sowie bei der Textwiederholung

Vorschau

Bei der Vorschau lässt sich durch das Überfliegen feststellen,
– ob ein Textstudium überhaupt sinnvoll erscheint,
– ob nach Hauptideen oder Einzelheiten gelesen werden soll,
– in welcher Reihenfolge bestimmte Texte zu lesen sind,
– welche Lesemethode und -geschwindigkeit am besten geeignet ist und
– ob eventuell Wiederholungen erforderlich sein werden.

Auswahllesen

Beim Auswahllesen geht es darum, nur die (momentan) für Sie relevanten Textpassagen zu lesen. Das Überfliegen dient also dazu, bei nicht bedeutsamen Stellen schnell voranzuschreiten, um dann bei den wichtigen Stellen konzentriert die dort stehenden Informationen aufzunehmen. Sobald es dann weniger wichtig wird, sollten Sie Ihr Überfliegetempo erneut steigern.

Auch beim Auswahllesen ist es äußerst hilfreich, durch eine möglichst detaillierte Leseabsichtbestimmung im Vorfeld Assoziationen zu erzeugen zwischen bestimmten Wörtern oder Wortkomplexen und der Bedeutsamkeit von Passagen, in denen diese Wörter vorkommen.

Lokalisierung spezieller Informationen

Das Überfliegen zum Lokalisieren spezieller Informationen ähnelt sehr dem Auswahllesen. Auch hier geht es darum, aufgrund von Verbindungen der gesuchten Informationen mit bestimmten Wörtern, die in enger Beziehung hierzu stehen, die richtigen Stellen schnell und effektiv zu finden. Wenn sie im Text nicht vorkommen, ist der Text für Sie irrelevant und muss dementsprechend auch nicht mehr kontrollierend nachgelesen werden.

Anwendungsfelder finden sich vor allem beim Suchen von Informationen in Nachschlagewerken oder Kommentaren anlässlich konkreter Problemstellungen.

Textwiederholung

Schließlich können Überfliegetechniken gut eingesetzt werden bei der wiederholten Aufnahme von Texten. Oft werden Texte beim ersten Lesen nicht richtig oder nicht vollständig verstanden. Durch das Überfliegen werden die entsprechenden Passagen lokalisiert.

Zudem ist ein genaues Lesen des gesamten Textes vielfach nicht mehr erforderlich, wenn Sie in Lernphasen Wiederholungen in kurzen Intervallen vornehmen. Das Überfliegen bietet Ihnen insofern eine schnellere Wiederholungsmöglichkeit der Passagen, bei denen noch Wissenslücken bestehen.

Überfliegen an konkreten Beispielen

Nach der Theorie zum Überfliegen folgen jetzt zwei Übungstexte.

Überfliegeübung 1 „Hinterbank und Sommerloch"

Der erste Übungstext beinhaltet insgesamt 1.419 Wörter. Diesen Text sollen Sie mit zwei Fixationen pro Zeile überfliegen. Dazu sollen Sie sich allerdings nur 2 ½ Minuten Zeit nehmen. Bei 180 Zeilen, davon 31 Zeilen, die mit nur einer Fixation erfasst werden können, müssten Sie, um den ganzen Text in der vorgegebenen Zeit überfliegen zu können, etwas mehr als zwei Fixationen pro Sekunde vornehmen.

Nach dem Lesen des Textes sollen Sie die folgenden Fragen beantworten:
- Welche – nie realisierten – Vorschläge gab es, um Hinterbänkler aus den hinteren Reihen heraus zu holen?
- Was war immer mal wieder erfolgreich, damit Hinterbänkler aus ihrem Schattendasein ins Rampenlicht treten konnten?

Hinterbank und Sommerloch[19]

„Hinterbänkler" klingt ein wenig wie „Hinterwäldler", und das wollte keiner von den Parlamentariern sein. Zudem war die Chance in den vordersten Reihen ungleich größer, gelegentlich von einer Fernsehkamera eingefangen zu werden – auch wenn man sich noch keinen Namen gemacht hatte.
Also setzte jeden frühen Morgens ein wahrer Run auf die vorderen Plätze, gleich hinter den Fraktionschefs und ihren engsten Mitarbeitern, ein. Zwischen halb neun und neun konnte man sich im Bonner Bundestag an die Urlaubszeit am Strand auf Mallorca oder anderswo erinnert fühlen, wenn Badehose, Handtuch und Sonnenbrille einen Liegestuhl im Sand oder am Pool reservieren halfen. Einziger Unterschied zum beliebten Fe-

---

19 nach: Tatort Bonn – Stunde Null (Seite 135) von F. Paul Schwakenberg, Verlag K.H. Bock, Bad Honnef, 2001

rien-Zeitvertreib: Der Anspruch auf den Klappstuhl im Bundestag wurde nicht mit Textilien, sondern mit Zeitung und Akten belegt.
Dabei allerdings hätte sich ein Angehöriger der „Zweidrittel-Gesellschaft" der Hinterbänkler für einen unberechtigten Sprung in eine der vorderen Reihen einen schroffen Verweis durch den Fraktionschef eingehandelt.
40 Jahre lang glich in Bonn die Sitzverteilung im Parlament der Aufmarschordnung eines preußischen Regiments: Vorneweg die Späher (Parlamentarische Geschäftsführer), dann die Alleroberen und hintendran das „gemeine Volk".
Dieses sortierte man in der Bonner Zeit nicht nach seiner politischen Bedeutung oder den parlamentarischen Sporen, die es sich eventuell schon erdient hatte, sondern akkurat und buchstabengetreu nach dem Alphabet – A vorne, Z ganz hinten –; ein Ordnungssystem, das natürlich besonders jenen missfiel, die in den Arbeitskreisen ihrer Fraktion oder gar in einem Bundestagsausschuss bereits ein gewichtiges Wort mitzureden hatten, des Namens wegen aber trotzdem hinten platziert blieben.
Aus den hinteren Bankreihen gab es kaum ein Entrinnen, und den Fraktionschefs der großen Parteien blieb so manches Mal der Name eines der ihren aus der Zweidrittel-Gesellschaft der Hinterbänkler jahrelang sogar völlig unbekannt.
Ein SPD-Abgeordneter, dessen Name mit dem Buchstaben „Z" begann und der deshalb schon eine ganze Legislaturperiode lang sein Politik-Leben in der allerletzten Reihe des Plenarsaals hatte fristen müssen, traf der Spott, „Hinterbänkler" zu sein, ganz besonders hart in seiner sensiblen Seele. In einem Gespräch mit Fraktionschef Herbert Wehner hoffte er auf Einsicht und schlug deshalb vor, künftig eine halbe Legislaturperiode lang die Sitzverteilung in umgekehrter alphabetischer Reihenfolge vorzunehmen.
Bullerkopp Wehner jedoch ließ den Mann aus der hinteren Reihe abblitzen: „Lass Dich in ‚Arschloch' umtaufen, dann sitzt Du künftig ganz vorne."
Dem Abgeordneten mit dem „Z" blieb nur ein schwacher Trost: Auch andere, selbst solche, die dank ihres Namens ganz vorne saßen, taten sich trotzdem schwer, den Sprung vom „völlig unbekannten Wesen" zum hofierten „Politiker mit Einfluss" zu tun.
Lenelotte v. Bothmer zum Beispiel, für die Sozialdemokraten ins Parlament gewählt, drängte es mit aller Macht zu parlamentarischen Ehren. Wohl an die hundertmal bereitete sie sich – fast immer vergebens – auf einen glanzvollen Auftritt im Plenum vor. Allein zehnmal formulierte sie immer wieder neu ihre „Jungfern-

rede", um sie anschließend doch wieder nicht halten zu dürfen. Nur dreimal in elf langen Sitzungsjahren räumte ihr die allmächtige Fraktionsführung Rederecht ein.
Und auch Erhard Eppler (SPD), später sogar Minister, fiel als Abgeordneter erst wirklich auf, nachdem er für die Parlamentarier beim Fußball ein Tor geschossen hatte.
Versuche, durch eine neue Sitzordnung die Plätze unter der immer größeren Schar der Abgeordneten gerechter zu verteilen, hat es während des ersten halben Jahrhunderts neudeutscher Parlamentsgeschichte immer wieder gegeben. Der letzte Bonner Plenarsaal trug dem bereits ein gutes Stück Rechnung, das Provisorium Wasserwerk mit seiner gemütlichen Enge allemal.
Vielleicht wird es irgendwann ja doch noch mal zum „Idealfall" kommen, wie ihn einst der Grüne Abgeordnete Gerald Hafner vorgeschlagen hatte und bei dem es überhaupt keine „Hinterbänkler" geben würde: Hafner empfahl, den Politikern nach dem Vorbild Stadion ein riesiges Oval bauen zu lassen. In der Mitte könnten die Medien und Publikum Platz finden, und sämtliche Abgeordnete säßen einträchtig nebeneinander in der einzigen Reihe, die es gibt. Eine Bandenwerbung rundherum würde zusätzliche Millionen in die Staatskasse schaufeln.
Auf ein solches „Stadion", in dem jeder einzelne Abgeordnete dann in der ersten Reihe sitzen würde, mochten die „Jungen Wilden", die im September 1998 in bis dato nie gekannter Anzahl für alle Fraktionen ins Parlament gewählt wurden, nicht warten. Sicherheitshalber schlossen sie sich schon mal sofort zu einem fraktionsübergreifenden Bündnis zusammen, dessen einziges Ziel es ist, möglichst schnell bekannt zu werden und möglichst schnell Einfluss zu gewinnen.
Sie wollten sich auch nicht länger, wie jahrelang üblich, bei der Platzvergabe für die Bundestagsausschüsse mit dem Jugend- und Sportausschuss oder ähnlichem abspeisen lassen, sondern von Anfang an „hochpolitisch" im Auswärtigen-, dem Verteidigungs- oder dem Innenausschuss kräftig mitmischen. Und in der Tat: Seitdem sie ihre Erfahrungen in Interessen-Zirkeln austauschen und oft auch gemeinsam auftreten, bleiben ihnen Einfluss und Ämter nicht mehr so lange wie früher versperrt.
Mit zunehmendem Geschick nutzten die Youngster die sich ihnen bietenden Möglichkeiten, und dazu ist eine immer wiederkehrende Zeit im Parlamentsjahr ganz besonders geeignet:
Das Wort „Theater" entstammt bekanntlich dem Griechischen und bedeutet so viel wie „Schauplatz". Das Publikum schaut, damals wie heute, interessiert zu, was ihm da präsentiert wird:

Dramatisches meist im Sommer, wenn das Volk besonders froh gestimmt ist, aber auch leichte Kost – Sommertheater eben.
In den schottischen Highlands, im immer noch unergründet tiefen Gewässer von Loch Ness, steht eines der berühmtesten Sommertheater der westlichen Welt. Sind die Chefs endlich von Bord, um sich am Strand von Brighton zu erholen, dann ziehen die Hinteren, Requisiteure und andere Subalterne, den Vorhang beiseite und inszenieren das immer wieder beliebte happy-endlose Volksstück „Nessie".

Aber nicht nur in den schottischen Highlands, nein, auch in unserem sonst so aufgeklärten Land wurde alljährlich immer wieder Sommertheater geboten; bevorzugt im Bonner „Loch" und immer erst dann, wenn auch hier die Chefs von Bord waren.

Pünktlich zu den großen Ferien, mit Donnergrollen in Szene gesetzt, meldete sich das Sommerloch in schöner Regelmäßigkeit aus dem Winterschlaf zurück. Dann nutzten Politiker aller Couleur, bevorzugt natürlich die Hinterbänkler, zuletzt aber auch die cleveren „Jungen Wilden", die saure Gurkenzeit dazu, sich in der Sommer-Schmiere von Bonn mediengerecht ins Bild zu setzen und dem austrocknenden Nachrichtenfluss neuen Saft zuzuführen.

Friedrich Neuhausen, talentierter Lyriker und langjähriger FDP-Politiker, schickte dabei einem ins Sommerloch entfleuchenden Kollegen diesen Vers hinterher:

Jetzt ist es Sommer auch in Bonn
Ganz träge fließt der Rhein
Das Parlament macht sich davon
Und lässt das Bundeshaus allein
Die einen zog es an das Meer
Die anderen zur Alm
Für Wochen fällt Erinn'rung schwer
An der Debatten Lärm und Qualm
An Wahlerfolg und Wahlverlust
An Kummer und Triumph
An Plenum, Ausschuss, Alltagsfrust
An mieses Blatt im Spiel und Trumpf –
Prozente her, Prozente hin
Jetzt liegt im Sommerloch die Republik
Und mancher fragt verschämt nach Sinn
Und Zweck der hohen Politik.

An typischen Sommerloch-Themen war nie Mangel gewesen, getreu der Devise: Man nehme sich nur unerledigter Probleme an, für die es ohnehin keine Lösung gibt, oder man rühre in der

brodelnden Suppe seit Jahren unausgereifter Dinge munter herum.
Was heraus kam, waren meist Eintags-Stücke, die während der Hauptspielzeit keine Chance gehabt hätten.
Ganz besonders hervor tat sich dabei stets ein Mann namens Möllemann, erst Minister, dann durch eigene Dummheit ins Abseits geraten, zuletzt aber erneut für Führungsaufgaben ambitioniert. „Das Mindeste", was ihm für die Zukunft vorschwebt, ist das „Amt des Außenministers für Wirtschaft und Justiz".
Vorsorglich hat Möllemann auch bereits seine Schlafgewohnheiten geändert. Er schläft neuerdings auf dem Bauch, lässt die Füße über das Bettende hinausragen und hat Gewichte an den Zehen befestigt. Er will dadurch erreichen, dass ihm irgendwann die Kanzler-Schuhe passen.
Die Art, wie Möllemann mit Einfluss und Macht umgeht, wie er mit anderen Menschen ungeniert spielt, ließen ihn selbst zu Gespött und Spielball werden.
Und gespielt wurde in Bonn die ganze liebe lange Woche über ohne Ruhetag und ohne Pause, auch wenn Titel und Themen eher dürftig waren und kaum noch gefielen.
In Jahren, wo der Sommer am Rhein besonders lange gewährt hatte, da sind den Akteuren auch schon mal die Stücke ausgegangen. Dann wurde kurzerhand Neues hinzu erfunden, denn schließlich dauerte es ja noch eine Woche, bis der Kanzler aus dem Urlaub kam, bis harte Normalität wieder Einkehr hielt.
FDP-MdB und Bundesminister Gerhart Rudolf Baum allerdings konnte man dann stöhnen hören: „Wie lange soll das Sommerloch denn noch dauern? Die Menschen in Sommerloch im Hunsrück – diesen Ort gibt es wirklich – beschweren sich bereits, weil sie tagtäglich in die Schlagzeilen gezerrt werden!"
Ja, die Lust am Sommertheater war jedes Jahr immer wieder neu und ungebrochen groß in Bonn, zumindest bei jenen, die die Stücke in Szene setzen. Und niemanden hat's gekümmert, wenn der eine oder andere mit der Zeit die Lust am Mittun verlor. Irgendwer klatscht doch immer Beifall. So war es früher schon bei den Griechen, und so war es 50 Sommer lang auch in Bonn.

Haben die 2 ½ Minuten gereicht, um den ganzen Text zu überfliegen? Wenn Sie nicht bis zum Ende durchgekommen sein sollten, wäre es gut für Sie, darauf zu trainieren, die Fixationsdauer noch weiter zu reduzieren, da Sie dann hiermit die schnellsten Erfolge bei der Beschleunigung Ihres persönlichen Lesetempos erzielen können.

Selbst wenn Sie jedoch innerhalb der vorgegebenen Zeit komplett durch den Text durchgekommen sind, dürfte das Textverständnis noch nicht sehr gut sein, ansonsten läge Ihre Lesegeschwindigkeit ja bereits bei knapp 600 Wörtern pro Minute. Sie sollten daher den Text nochmals (auszugsweise) lesen, z.B. mit drei Fixationen pro Zeile. Achten Sie insbesondere auch darauf, was Ihnen vom ersten Lesedurchgang schon bekannt ist, und überdenken Sie nochmals Ihre Antworten auf die beiden gestellten Fragen, die ich zur Erinnerung nochmals anfüge:
- Welche – nie realisierten – Vorschläge gab es, um Hinterbänkler aus den hinteren Reihen heraus zu holen?
- Was war immer mal wieder erfolgreich, damit Hinterbänkler aus ihrem Schattendasein ins Rampenlicht treten konnten?

Stoppen Sie bitte auch Ihre Zeit für den zweiten Lesedurchgang und ermitteln Sie dann Ihre Lesegeschwindigkeit für die Summe der beiden Lesedurchgänge. Die Antworten auf die Fragen finden Sie übrigens wieder im Anhang.

Vermutlich werden Sie festgestellt haben, dass Sie nur unwesentlich langsamer waren bei Ihren zwei Lesedurchgängen als zu Beginn des Studiums dieses Buches. Vielleicht waren Sie ja sogar schneller. Auf jeden Fall aber haben Sie diesen Text bereits zweimal durchgearbeitet, basierend auf einer konkreten Leseabsicht, und daher werden die Informationen wesentlich besser behalten, als wenn Sie ihn nur einmal „gründlich" gelesen hätten.

Überfliegeübung 2 „Bianco, Rosso und was weiter"

Den nächsten Übungstext überfliegen Sie bitte mit folgendem Hintergrund:

Sie wollen nach Bologna fliegen, und Ihr Flug ist bereits aufgerufen. Momentan sind Sie jedoch in einer Buchhandlung am Flughafen. Dort haben Sie noch zwei Minuten Zeit, um einen Artikel in einem Buch durchzusehen. Leider haben Sie Ihr Portemonnaie nicht ins Handgepäck, sondern ins normale Gepäck gelegt, so dass Sie das Buch, in dem der Artikel steht, nicht kaufen können.

Nach dem Durchsehen des Textes innerhalb von zweieinhalb Minuten sollten Sie wissen, wo (nach möglichst genauen Angaben suchen, vielleicht wird ja eine konkrete Adresse angegeben) Sie in Italien einen besonders guten, wenn nicht gar den besten Wein finden können. Denken Sie auch an all' das, was auf dem Etikett stehen sollte.

Noch ein letzter Hinweis: Der Text mit seinen 1.235 Wörtern geht über 150 Zeilen. Bei zwei Fixationen pro Zeile müssen Sie also auch 2 Fixationen pro Sekunde vornehmen, wenn Sie bis zum Ende alles genau durchsehen wollen.

Bianco, Rosso und was weiter?[20]

Wein gibt es in Italien überall: auf gedeckten Tafeln wie auf Kirchenaltären, im Alltag und bei Festen. Er wärmt im Winter und erfrischt im Sommer, und für Millionen armer Bauern war und ist er seit Jahrhunderten ein Wundermittel.
Die Beschaffenheit der italienischen Erde begünstigt den Weinanbau ganz außerordentlich. Phönizier und Griechen, die das Mittelmeer in Richtung Westen durchquerten, gaben der italienischen Halbinsel den Namen „Enotria", Land des Weines, um deutlich zu machen, wie leicht dort der Wein wuchs und wie gut er war. „Enotria" bezeichnete natürlich nur die Gebiete, in denen die seefahrenden Kaufleute aus der Ägäis ihre Kolonien gegründet hatten: Kalabrien, Apulien und einige Hafenstädte wie Ancona. Sizilien wurde als eigenes Land betrachtet. In „Enotria" wuchsen damals schon wilde Reben, doch die Griechen brachten eigene Weinsorten mit und pflanzten sie an. Man findet sie noch heute, und sie bilden die Basis der schweren meridionalen Weine.
Für Weintrinker der Antike waren die Zeiten glücklich, auch wenn der Wein ganz anders war als heute, ein sehr starker sirupartiger Saft, der mit Wasser verdünnt wurde. Und wie verhält es sich heutzutage mit dem Wein, da Italien nicht mehr vom Meer, sondern von den Autobahnen aus entdeckt wird? Weinstöcke sieht man überall, aber es ist nicht mehr so einfach, den

---

20 aus: Renato Novelli, Anders Reisen: Italien, rororo Sachbuch, 1990

guten, unverfälschten Rebensaft von einst zu finden. Deshalb einige Tipps, worauf man beim Wein achten sollte. Denn das Vergnügen, einen guten Tropfen zu genießen, sollte nicht denjenigen überlassen bleiben, für die der Preis kein Rolle spielt.

Auf den Geschmack kommen

Touristen wird oft Wein vorgesetzt, der wenig Geschmack, aber viel Alkohol enthält – und sie sind auch meist die einzigen Betrunkenen. Gute Weine sind frische, lebendige und aromatische Getränke. Manchmal ist der Wein, der weniger als die üblichen zwölf Prozent Alkohol enthält, besser – manchmal ist auch ein leicht säuerlicher, fast bitterer Landwein, der nach Blumen duftet, dem üblichen trockenen bis lieblichen „bianco" durchaus vorzuziehen. Wagt man es zum Beispiel, herumzufahren und ein noch wenig bekanntes Fleckchen am Meer zu suchen, wird man irgendwann auch einen freien, unberührten Strand entdecken. Die Chance, gute Weine zu finden, ist erheblich größer.
In Restaurants oder besseren Kneipen sieht man öfter das Zeichen AIS, die Abkürzung für Associazione Italiana Sommeliers – ein zuverlässiger Hinweis, dass es dort guten Wein gibt. Denn Sommeliers sind geprüfte Weinkenner, deren Empfehlungen, welcher Wein zu welcher Speise genossen werden sollte, verlässlich sind.
Ein Wein erhält seine Güte durch die Harmonie und das Gleichgewicht seiner verschiedenen Komponenten. Weder der Alkohol noch Zucker noch Säuren dürfen das Aroma überdecken. Man sollte aber auch darauf achten, wo und mit wem man welchen Wein trinkt: Rotwein wärmt und kann auch bei Seelenfrösteln aufheitern, doch im Sommer, wenn es heiß ist, kann er auch schlecht bekommen und die gegenteilige Wirkung haben. Weißwein erfrischt und kann in Gesellschaft eine etwas abgeschlaffte Atmosphäre wiederbeleben. Man kann auch mehr davon trinken als von Rotwein.
Doch was passt nun am besten zur Pasta, den Nudeln oder dem Reis, die den ersten Gang bestreiten? Ganz einfach: Die Soße gibt den Ausschlag. Doch niemals einen alten Rotwein oder einen starken Weißwein nehmen, denn auch zu schweren Tomatentunken und Fleischsoßen passen frische, leichte Weine besser, die den Gaumen für den nächsten Gang aufnahmebereiter machen – ein Dolcetto aus den Langhe etwa oder ein Grignolion/Montferrato aus dem Piemont oder ein frischer Chianti-Putto.

Beim Hauptgang wird's schon schwieriger. Zu gegrilltem oder frittiertem Fisch schmecken trockene, junge Weine am besten, wie der Verdicchio dei Castelli di Jesi aus den Marken. Zu gekochtem Fische mit schweren Soßen ist ein schöner Rosé oder ein perlender junger Roter nicht zu verachten, etwa ein Barbera „frizzante" aus dem Oltrepo in der Lombardei. Bei den Fleischspeisen sind die Kombinationsmöglichkeiten schier unerschöpflich – ob rotes oder weißes Fleisch, Geflügel, Wild oder Vögel, die alle unterschiedliche Weine verlangen, was dann noch nach Zubereitungsarten variiert.

Wer genau wissen will, was er zu welchem Fleisch trinken soll, kann sich bei Winzergenossenschaften und Touristikbüros ausführliche Broschüren besorgen.

Gegen Ende der Mahlzeit wird's wieder einfacher. Für den Käse gilt die Hauptregel, dass zum Frischkäse zarte, fruchtige Weine munden, ein Pont grigio aus dem Friaul vielleicht, und Schafskäse, Ziegenkäse oder ältere, körnige Hartkäse sich mit einem trockenen Roten, einem leichten Chianti-Putto oder einem etwas schwereren Chianti-classico vertragen.

Kundig kaufen

Misstrauen ist angebracht bei den Ein- bis Zwei-Liter-Flaschen mit Kronkorken-Verschluss. Möglich, dass auch dieses oder jenes Produkt seine Würde bewahrt hat, doch im Allgemeinen handelt es sich um minderwertige Weine mit chemischen Zusätzen, bei denen der Prozess der Reifung manipuliert worden ist. Auch Italien hatte seinen Weinskandal. Über zwanzig Menschen starben, nachdem sie von Weinen getrunken hatten, denen Methanol beigemischt worden war. Es handelte sich durchweg um billigste Weine. Besser ist es, aufs Land zu gehen. An den Landstraßen sieht man überall Schilder mit der Aufschrift „vendita diretta" – Direktverkauf vom Erzeuger. Natürlich ist auch dies nicht ohne Risiko. Selbst wenn der Weinbauer ehrlich arbeitet und keine Zusätze benutzt, kann der Wein unausgeglichen und leicht verderblich, ein wenig zu säuerlich, zu alkoholisch oder zu fade sein. Man muss eben probieren, und oft hat man Glück: Schließlich produzieren fast alle Bauern Wein, oft unverfälschte, ehrliche Produkte, und manche verfügen über Kenntnisse und Techniken, um wirklich hervorragende Qualitäten zu erzielen.

Am interessantesten für Weinproben und Einkäufe sind die klassischen Weinanbaugebiete: Piemont, das Veneto, die Toskana oder Oltrepo in der Lombardei. Dort findet man zum

Direktverkauf viele Kooperativen und Winzergenossenschaften, mittlere bis große Zentralstelle, in denen die Bauern die Trauben zur Verarbeitung abliefern. Der Wein wird dann gelagert, in Flaschen abgefüllt und versandt. In den meisten Weinregionen gibt es zudem eine „Enoteca", wie in der Burg von Grinzano-Cavour bei Alba in den piemontesischen Langhe, wo man sich über viele Weinsorten informieren und ungehindert kosten kann.

Einige Winzer geben ihre erstklassigen Weine im Direktverkauf offen ab; man braucht also einen Behälter, bekommt den Wein aber für die Hälfte des Ladenpreises. Mitunter hat auch ein Weinbauer mehr Trauben produziert, als er für die Mischung seiner Markenweine verwenden kann. Aus dem Überschuss werden dann Weine für den Direktverkauf hergestellt, weil sie auf dem Markt nicht untergebracht werden konnten, – Gelegenheiten, die man aufstöbern und nutzen sollte.

Wichtige Hinweise liefert das Etikett: Bei hochwertigen Weinen ist immer D.O.C. vermerkt – denominazione d'origine controllata –. Das bedeutet, dass der Wein eine Mischung aus ganz bestimmten Traubensorten ist, deren prozentualer Anteil festgelegt ist und die nur in ganz bestimmten Gebieten wachsen dürfen. Denn die einzelnen Traubensorten ändern ihren Geschmack mit der Erde, den Standorten und dem Klima. Ein Barbera, der nicht aus den grünen piemontesischen oder lombardischen Hügeln kommt, sondern in eine südliche Ebene verpflanzt wurde, wäre nicht mehr derselbe. Oder der Barolo, vielleicht der edelste der italienischen Weine: Nur wenn er in den dreizehn Gemeinden der Provinz Cuneo im Piemont, von denen eine Barolo heißt, produziert wird, darf er diesen Namen tragen. Steht „classico" auf dem Etikett, ist der Wein in einem besonderen Abschnitt eines anerkannten Weinbaugebietes gewachsen. So gibt es viele Chianti-Weine, aber nur ganz bestimmte dürfen sich „classico" nennen, andere tragen Namen wie Chianti-Putto. Die Bezeichnung „riserva" weist darauf hin, dass der Wein eine bestimmte Zeit (nicht weniger als drei Jahre) in der Flasche gealtert ist.

Alle Weine ohne das D.O.C.-Zeichen sind „vini di tavolo". Das müssen keineswegs die Schlechteren oder Billigeren sein. Ein Winzer kann aus Rebarten, die er aus ihren Ursprungsgebieten in andere Landstriche verpflanzt hat, einen durchaus hochwertigen Wein herstellen. Da er aber den D.O.C.-Bestimmungen nicht entspricht, gilt er eben als „Tafelwein".

Salute!

Haben die zweieinhalb Minuten ausgereicht, um alle erforderlichen Informationen aus dem Text herauszufinden? Wenn Sie versucht haben sollten, den ganzen Text mit zwei Fixationen pro Zeile durchzugehen, werden Sie vermutlich nicht bis zum (letztendlich interessanten) Textende gekommen sein.

Besser haben es die unter Ihnen gemacht, die sich anhand der Überschriften des Textes auf den Teil des Artikels konzentriert haben, der überschrieben war mit „Kundig kaufen".

Beachten Sie bitte: Je mehr Sie unter Zeitdruck stehen, desto wichtiger ist die vorherige Leseplanung. Schauen Sie sich noch vor dem Überfliegen die Textgliederung an. Das hilft Ihnen, die relevanten Passagen zu finden, so dass Sie alle übrigen Passagen auslassen können. Aber selbst wenn Sie den Text komplett durchsehen müssen, hilft Ihnen die Analyse der Textgliederung dennoch weiter, da Sie auf diese Weise bereits einen groben Überblick über die Struktur gewonnen haben und das nunmehr Gelesene besser in Zusammenhang bringen können.

Einschub Wörterzahlermittlung

Bei fast allen Übungstexten ist die Wörterzahl angegeben. Das ist bei EDV-Texten mit den heutzutage auf dem Markt erhältlichen Textverarbeitungsprogrammen recht einfach, da diese eine entsprechende Funktion zum Zählen der Wörter bieten.

Die meisten Texte werden Sie vermutlich jedoch in Papierform erhalten. Bei diesem Lesestoff schlage ich Ihnen folgende Methode zum Ermitteln der ungefähren Wörterzahl vor:

– Zählen Sie die Wörter in den Zeilen 1, 7 und 14 (sofern diese nicht gerade besonders viele oder wenige Wörter enthalten).
– Anschließend teilen Sie diese Summe durch 3.
– Schließlich multiplizieren Sie diese Zahl mit der Anzahl der Zeilen pro Spalte oder Seite und danach mit der Anzahl der Spalten und/oder Seiten des Textes.

So erhalten Sie eine ungefähre Wörterzahl des zu lesenden Textes.

Selektives Lesen

Neben dem überfliegenden Lesen gibt es auch Anwendungsgebiete für das selektive Lesen. Zum Einstieg habe ich zwei Selektionsübungen vorgeschaltet:

Selektionsübung 1

Schauen Sie sich bitte den Zahlen- und Buchstabenblock an. Sie sollen darin alle **geraden** Zahlen durchstreichen. Stoppen Sie bitte die Zeit, die Sie dafür benötigen. Erfahrungsgemäß müssten Sie in etwa 20 Sekunden mit der Übung fertig sein:

```
e 2 f g 3 5 h 6 1 k 8 w 4 1 ö p k
4 z 8 9 c v a 1 2 f b 5 4 t m 3 9
c k 3 7 g 4 r 2 d i 8 r 3 5 z 9 2
y 2 5 ü 5 1 3 r t 2 6 h j f 6 v ö
6 d w 2 3 h m c q p f 9 2 d 5 6 u
g 4 c 5 d 1 p x 8 6 d d 8 w u 9 q
```

Haben Sie alle geraden Zahlen gefunden? Sie müssten dann insgesamt 24 Zahlen, in jeder Reihe vier, angestrichen haben.

Selektionsübung 2

Bei der nächsten Übung geht es darum, neben den **ungeraden** Zahlen zudem noch den Buchstaben **i** zu finden und anzustreichen. Versuchen Sie, diese Übung in der gleichen Zeit zu absolvieren wie die vorangegangene.

```
h i w 4 1 ö p k i d g 4 z 8 9 c v
1 2 f b 5 4 t m 2 6 1 d f c k 6 7
4 r i d i 8 r 3 5 z ü 2 d x c y 2
ü 5 1 3 r t i 6 h j f 6 v ö p 6 o
w d 2 3 h m c q p f 9 2 d 5 6 i w
e ü i 5 9 f c 4 9 a g h 6 8 t n y
```

Das war sicher für Sie sehr viel schwieriger, sowohl was die benötigte Zeit anging als auch die Treffergenauigkeit. Auch hier hätten Sie wieder insgesamt 24 Zeichen anstreichen müssen. Die Lösungen zu den beiden Übungen finden Sie im Anhang. Dort sind die richtigen Stellen fett und kursiv gedruckt.

Hinweise zur Detailsuche

Die zweite Übung war so viel schwerer, weil Sie nicht mehr nur ein, sondern zwei Merkmale suchen mussten. Das Gehirn ist grundsätzlich dazu in der Lage, ein abgespeichertes Muster mit einem Suchtext zu vergleichen. Die Konzentration auf dieses Muster führt dazu, dass entsprechende Übereinstimmungen in der Regel stark hervorstechen.

Wenn Sie allerdings versuchen, zu viel auf einmal zu finden, dann steigt damit die Wahrscheinlichkeit, dass Sie einzelne Übereinstimmungen nicht finden. Dies wiederum führt zu einer Unsicherheit und damit zur Gefahr, dass Sie sich und Ihrer selektiven Suche nicht (mehr) vertrauen.

Wenn Sie also unsicher sind, sollten Sie besser weitere Suchdurchläufe vorsehen und jeweils nur einen oder zwei Suchbegriffe auf einmal versuchen zu finden.

Detailsuchübung 1 „Ökologische Steuerreform..."

Der folgende Text (geht bis zur Seite 132) beinhaltet über 3.000 Wörter. Sollten Sie eine Lesegeschwindigkeit von 300 Wörtern pro Minute haben, dann würden Sie zehn Minuten zum Lesen benötigen. Ich bitte Sie jedoch, sich lediglich zwei Minuten Zeit zu nehmen, allerdings auch hier mit einer konkreten Fragestellung:

– Wird im Text etwas über die Situation in Japan berichtet und, wenn ja, was?

Ökologische Steuerreform als Beitrag zu einer Politik der Nachhaltigkeit[21]
von Carsten Krebs und Danyel Reiche
(veröffentlicht in: Wechselwirkung, Februar/März 1998)
Begriffe machen Karriere – oder aber kommen aus der Mode. „Nachhaltigkeit" ist so ein Terminus. Er hat seit der UN-Umweltkonferenz in Rio de Janeiro 1992 nicht nur den Marsch durch die Institutionen angetreten. Nachhaltigkeit ist in vieler Munde, sei es nun in akademischen Fachzirkeln oder aber

---

21 nach Version auf Internetseite http://www.netcity.de/oekosteuer/text_0198.htm

leicht verdaulichen Werbekampagnen der Chemie-Industrie. Die neue Wortschöpfung tritt zugleich die Nachfolge von Begriffen an, die sich in der öffentlichen Auseinandersetzung überlebt haben: „Qualitatives Wachstum" oder auch „Ökologische Modernisierung" – beides begriffliche Modeerscheinungen, die über den Schlagwort-Charakter kaum hinaus kamen, nicht konkretisiert, nicht greifbar und schwer übersetzbar für breite gesellschaftliche Schichten. Nachhaltigkeit droht nach der Anfangseuphorie nun ein ähnliches Schicksal. So haben nach einer repräsentativen Bevölkerungsumfrage des Bundesumweltministeriums gerade einmal elf Prozent der Befragten etwas von dem umweltpolitischen Leitbildbegriff gehört.

Der „entscheidende Erkenntnisfortschritt, dass ökonomische, soziale und ökologische Entwicklungen nicht voneinander abgespalten und gegeneinander ausgespielt werden dürfen", reicht für einen wirklichen Schub in der Nachhaltigkeitsdebatte nicht aus. Zumal Nachhaltigkeit bislang eher eine globale Zielrichtung wirtschaftlichen und gesellschaftlichen Wandels als ein „ausgereiftes, nur noch umzusetzendes politisches bzw. theoretisches Konzept" kennzeichnet. Damit Nachhaltigkeit nun aber nicht das gleiche Schlagwort-Schicksal widerfährt, muss sie mit Leben gefüllt werden. Eine Ökologische Steuerreform (ÖSR), durch die die Energiepreise schrittweise und langfristig ansteigen und aus deren Aufkommen die Arbeitskosten gesenkt werden, könnte gleichermaßen weniger Umweltzerstörung und Arbeitslosigkeit herbeiführen und dadurch der Abstraktion „Nachhaltigkeit" die nötige Strahlkraft verleihen. Gerade unter Berücksichtigung der wesentlichen Frage, wie, in welchen Schritten und mit was für Instrumenten das Leitbild in einer Industrienation wie der Bundesrepublik umzusetzen ist, gewinnt das Konzept der Ökologische Steuerreform an Relevanz. Berücksichtigt werden sollte dabei aber auch die Situation in Japan, dem Land mit den weltweit höchsten Energiepreisen.

Welchen Beitrag kann die Ökologische Steuerreform also für eine Politik der Nachhaltigkeit leisten, lautet unsere Ausgangsfrage. Worin liegt bei diesem Instrument die strategische und langfristige Stärke? Wir wollen die Akteure identifizieren, die sich trotz anfänglich unterschiedlicher Interessen bei diesem Thema zu gemeinsamen Handlungsträgern und damit zu ungewöhnlichen Allianzen zusammenfinden können. Dies soll die Durchsetzbarkeit vorantreiben und der Nachhaltigkeitsdebatte insgesamt den Weg weisen.

Mit unserer akteursbezogenen Fragestellung soll dem vorgebeugt werden, was Thomas Jahn und Immanuel Stiess als

Grundsatzproblem identifiziert haben: Die stark naturwissenschaftlich geprägte „Konzeptionalisierung und Operationalisierung von Nachhaltigkeit" findet weitgehend in einer „gesellschaftsfreien Beschreibungssprache statt, die auf die Ermittlung von ökologischen Grenzen und Umweltzielen fixiert" ist. Und Elmar Altvater zielt mit seiner Kritik an der Wuppertal Studie „Zukunftsfähiges Deutschland" in die gleiche Richtung, wenn er kritisiert, dass „gesellschaftliche Interessen überraschend defizitär" und entscheidende Akteure „gar nicht wahrgenommen" würden.

Problemlösungs- und Implementationsforschung als verstärkte Aufgabe

Ein Grunddefizit der Nachhaltigkeitsdebatte kommt hinzu: Die Problem*ursachen*- und Umweltzielforschung standen jahrelang in den verschiedenen umweltwissenschaftlichen Teildisziplinen ganz oben auf der Agenda. Die Problem*lösungs*forschung hingegen wurde vielfach vernachlässigt mit der Folge, dass die strategische Zukunftsfrage, die Frage nach der Implementation von Umweltpolitik, nicht selten ausgeblendet wurde. Es ist an der Zeit, Antworten darauf zu finden, wie nachhaltige Transformationsprozesse initiiert, wie Interessenstrukturen und Machtverteilung zu verändern sind, welcher Anreizstrukturen es bedarf, um den Wandel zu erreichen, und schließlich, wo Helferinteressen vorzufinden sind, mit denen veränderte politische Rahmenbedingungen durchgesetzt werden können.

Die Ökologische Steuerreform kann bei der Beantwortung eine wichtige Brückenfunktion übernehmen. Unser Steuersystem ist in eine dramatische Schieflage geraten. Der Faktor Arbeit ist mit Sozialabgaben und Lohnsteuern immer stärker belastet worden. Betrug sein Steueranteil 1970 noch 45 Prozent, sind es 1996 bereits 67 Prozent. Damit wurde es für Unternehmen und mittelständische Unternehmen immer teurer, Arbeitskräfte zu finanzieren oder neue einzustellen. Im gleichen Zeitraum sind die Belastungen bzw. Steuereinnahmen durch den Faktor Natur, hinter dem sich vornehmlich die Mineralöl- und Kraftfahrzeugsteuer verbergen, von zwölf auf acht Prozent zurückgegangen.

Mit einer Ökologischen Steuerreform wird dieses Missverhältnis schrittweise und langfristig umgekehrt. In allen maßgeblich diskutierten Konzepten soll es zu Steuerumschichtungen – aber keinen Steuererhöhungen – kommen. Zum Prinzip: Durch die Einführung einer Energiesteuer auf Benzin, Diesel, leichtes und schweres Heizöl, Erdgas, Kohle und Strom werden Einnahmen erzielt, die (aufkommensneutral) zur Senkung anderer Steuern und Abgaben eingesetzt werden. Es geht in diesem Aufsatz nicht um die konkrete Ausgestaltung einer solchen Reform – diese obliegt den Akteuren des politischen Alltagsgeschäfts – sondern das Prinzip, das Steuersystem als Chance zu begreifen, die Nachhaltigkeitsidee zu konkretisieren.

Zwei Auswirkungen einer Ökologischen Steuerreform sind weitgehend unumstritten. Das Ansteigen der Energiepreise führt zu einer Verbesserung der Energie- und Ressourcenproduktivität. Das Potential zur Effizienzsteigerung ist in nahezu allen Bereichen noch nicht ausgeschöpft. Massive Energieverschwendung dürfte durch die ÖSR der Vergangenheit angehören. Und zweitens gehen mit der Reform der Übergang zu erneuerbaren Rohstoffen und eine Orientierung an Langlebigkeit, Demontierbarkeit und Wiederverwertbarkeit von Produkten einher. Unternehmer werden ihr Geld weniger mit dem Absatz von materialintensiven Produkten, sondern mehr mit deren Wartung und Reparatur, also der Bereitstellung einer Dienstleistung, verdienen. Auch in der Bevölkerung muss ein Umdenken erreicht werden, damit nicht die Effizienzsteigerung zu einer ähnlichen Situation führt wie in Japan.

Drittens – und darüber herrscht kein Konsens – ist durch die Senkung der Lohnnebenkosten davon auszugehen, dass sich die ÖSR positiv auf den gebeutelten Arbeitsmarkt auswirkt. Nach einer jüngsten Studie des Deutschen Instituts für Wirtschaftsforschung (April 1997) ist unter Berücksichtigung gestaffelter Ausnahmeregelungen für energieintensive Betriebe in zehn Jahren mit 300.000 bis 400.000 zusätzlichen Arbeitsplätzen zu rechnen. Trotz gegenteiliger Behauptungen ist zu konstatieren, dass die große Mehrheit der Studien positive Beschäftigungsauswirkungen prognostizieren.

Die Ökologische Steuerreform setzt zugleich an einer Nahtstelle an. Denn Ökologiepolitik steht vor einer Zäsur. Die neue Aufgabe besteht darin, den additiven, nachsorgenden Charakter von Umweltpolitik in eine Präventivstrategie zu wandeln. Die immer wieder dargestellten umweltpolitischen Erfolge beziehen sich lediglich auf jene Umweltprobleme, die für uns alle überdeutlich sichtbar sind: Wasser- und Luftverschmutzung sowie Giftstoffe. Gelöst wurden sie vor allem durch nachsorgende, teure Techniken wie Filter und Kläranlagen. Es sind jene Umweltprobleme, die wahrnehmbar sind, die betroffen machen, politisierbar sind und für deren Lösung technische Möglichkeiten zur Verfügung stehen. Die viel weitergehende Herausforderung besteht darin, eine ressourcenschonende und energiesparende Form der Produktion und des Konsums zu entwickeln, die Umweltprobleme erst gar nicht entstehen lässt. Hier stehen wir erst am Anfang, haben gerade die ersten Trippelschritte absolviert.

Zusammenführung unterschiedlicher Interessenlagen, Durchbrechen des 4-Jahres-Zyklusses und Zielsetzungsfunktion des Staates

Worin besteht der Beitrag der ÖSR für eine Politik der Nachhaltigkeit? Drei Aspekte sind zentral: a) Es wird mit einer Ökologischen Steuerreform der Dreiklang der Nachhaltigkeitsdiskussion betont: verbesserte Umweltsituation, per Saldo positive Arbeitsmarkteffekte und bei sozial sensibler Ausgestaltung keine Vertiefung bestehender sozialer Disparitäten. Die Konsequenz: Die bislang eher gegensätzlichen Positionen und Interessenlagen von gesellschaftlichen Akteuren werden durch eine Ökologische Steuerreform zusammengeführt. b) Durch die langfristige Festlegung auf steigende Energiepreise wird die Nachhaltigkeits- wie auch die Umweltpolitik unabhängiger von aktuellen politischen Stimmungen und steht weniger unter dem Damoklesschwert des stimmenmaximierenden und im Vier-Jahres-Zyklusses denkenden Politikers. c) Bei einer Ökologischen Steuerreform zieht sich der Staat nicht zurück und bleibt nicht – wie von der Industrie verlangt – einzig Mediator für Selbstverpflichtungserklärungen, sondern gestaltet als Steuerungsinstanz aktiv. Der Staat behält es sich vor, eine Zielsetzungsfunktion zu übernehmen.

Die Ökologische Steuerreform als „Herzstück einer alternativer Wirtschaftspolitik" zeichnet sich darin aus, dass es dem Leitbild der Nachhaltigkeit folgend unterschiedliche Interessen (Ökonomie, Ökologie und Soziales) sukzessive zusammenführt. Galt eine Ökologische Steuerreform zunächst vor allem als ein von Ökologen protegiertes umweltpolitisches Instrument, haben es inzwischen auch einzelne Arbeitnehmer- und Arbeitgebervertreter zur Befriedung ihrer ureigenen Interessen – Arbeitsplätze bzw. Gewinnmaximierung – für sich entdeckt.

Bundesdeutsche Umweltpolitik operierte bislang vornehmlich mit Auflagen in Form von Ge- und Verboten. Mittlerweile ist ein breites und flächendeckendes Vollzugsdefizit zu verzeichnen. Zudem wird die wirtschaftliche Ineffizienz einer Politik mit dem Ordnungsrecht ebenso beklagt wie sein systembedingter Mangel, eingeführte Techniken zu konservieren. Unter ökologischen Gesichtspunkten geht es daher jetzt darum, das umweltpolitische Instrumentarium zu erweitern und zu verfeinern. Dadurch soll Umweltpolitik flexibler und vor allem effektiver werden. Die „Tendenz zur Symptombekämpfung" des nachsorgenden Umweltschutzes soll der Vergangenheit angehören. Die durch eine

Ökologische Steuerreform induzierte Politik der Vorsorge wird durch folgende Strategien gekennzeichnet: einerseits die ökologische Modernisierung, die vorhandene Produktionsprozesse und Produkte durch technische Innovationen umweltfreundlicher gestaltet, und andererseits die Strukturveränderung als Substitution umweltproblematischer Formen von Produktion und Konsum durch ökologisch angepasstere Formen. Es geht somit um einen ökologischen Strukturwandel, der durch eine Ökologische Steuerreform angestoßen wird.

Für ÖSR-Befürworter aus den Gewerkschaften soll die Ökologische Steuerreform „umweltfreundliches Verhalten und beschäftigungsfördernde Maßnahmen (...) belohnen". Befürworter innerhalb des DGB sind insbesondere in den Einzelgewerkschaften arbeitsintensiver Branchen zu verorten, etwa in IG Metall, Verdi und IG Bauen-Agrar-Umwelt, die seit längerer Zeit in Kleinstallianzen mit Umweltverbänden und ökologisch fortschrittlichen Unternehmerverbänden eine Ökologische Steuerreform unterstützen.

Die genannten Einzelgewerkschaften sehen darin in Anlehnung an von Weizsäcker die Möglichkeit, „dem technischen Fortschritt einen neuen Sinn, einen neuen Inhalt, eine neue Richtung zu geben". Durch die veränderte Preisstruktur könnten Unternehmen statt in die Arbeits- in die Ressourcenproduktivität investieren und damit Jobs sichern und schaffen. Es würde im Vergleich zu heute rentabler, nicht mehr Menschen, sondern Kilowattstunden und Kubikmeter Wasser „arbeitslos" zu machen. Positive Beschäftigungseffekte werden durch die gezielte Senkung der Lohnnebenkosten und durch den eingeleiteten Strukturwandel, der die Nachfrage nach arbeitsintensiveren Gütern erhöht, erwartet.

Modellhaft für diese Nachfrageverschiebung sind beispielsweise die Stärkung der beschäftigungsintensiveren ökologischen Landwirtschaft sowie regenerativer Energieträger. Nach einer Studie der Schweisfurth-Stiftung München werden auf Biobauernhöfen rund ein Drittel (30,2 Prozent) mehr Arbeitskräfte als in der konventionellen Landwirtschaft benötigt. Heute bearbeiten Biobauern zwei Prozent der Agrarfläche. Kämen zehn Prozent hinzu (eine Größenordnung, die in Nachbarländern wie Dänemark und Österreich bereits Realität ist), würden etwa 20.000 neue Vollzeitarbeitsplätze entstehen. Allein durch die Windenergienutzung – 4.300 Anlagen erzeugen derzeit in der Bundesrepublik rund ein Prozent des verfügbaren Stroms – wurden 10.500 Arbeitsplätze in der Bundesrepublik geschaffen. Und die positivste aller vorgelegten Studien vom Osnabrücker

Ökonom Meyer über die ÖSR-Auswirkungen auf den Arbeitsmarkt verheißt bis zu 1,5 Millionen neue Beschäftigungsverhältnisse.
ÖSR-Befürworter aus der Unternehmerschaft sind insbesondere in Branchen vorzufinden, die mit relativ wenig Energie und einem verhältnismäßig hohem Arbeitsaufwand einen großen Wertanteil produzieren – Beispiele sind die Elektrotechnik und der Maschinenbau – und im Sektor „Erneuerbare Energien", vor allem der Wind- und Solarenergie, tätig sind. Jene umweltbewussten Unternehmer sind vor allem im Bundesdeutschen Arbeitskreis für umweltbewusstes Management (B.A.U.M.), im Bundesverband Junger Unternehmer (BJU), der Unternehmensinitiative future und bei UnternehmensGrün organisiert.
Diese Unternehmen beklagen, dass das gegenwärtige Steuersystem auf dem Kopf stehe. Es bestrafe *„häufig sozial erwünschte Handlungen. Auf der anderen Seite werden ökologisch unerwünschte Handlungen nicht besteuert. Im Gegenteil! Sie werden teilweise sogar noch durch Subventionen belohnt. (...) Das Steuersystem muss endlich auf die Füße der ökosozialen Realität gestellt werden."* Es geht diesen Unternehmen darum, durch veränderte Preise konkurrenzfähig zu werden – eine Kilowattstunde Solarenergie etwa ist derzeit rund achtmal so teuer wie herkömmlicher Strom – und damit neue Absatzmärkte zu erschließen und die Wettbewerbsfähigkeit zu steigern. *„Damit würde sich Deutschland gezielt in Branchen positionieren, die zwangsläufig in der Zukunft die höchste Wichtigkeit erlangen werden."* Dahinter steht die Erwartung, dass angesichts düsterer ökologischer Prognosen (Treibhauseffekt, Ozonloch, usw.) nur noch profitabel wirtschaften kann, wer sich seiner ökologischen Verantwortung stellt.
Vorteil einer Ökologischen Steuerreform für Unternehmen könnte auch deren Berechenbarkeit sein: *„Vergleicht man die Konzeption einer über zwei bis vier Jahrzehnte gestreckten, quantitativ voraussagbaren ökologischen Steuerreform mit den Bocksprüngen der heutigen Umweltpolitik und den Unwägbarkeiten und Unvorhersehbarkeiten etwa des Rohölmarktes (von welchem die Volkswirtschaft immer abhängiger wird, je länger man weltweit die Einsparstrategien aufschiebt), so müssten sich durch die ökologische Steuerreform ganz erhebliche Gewinne durch die Vermeidung vieler Fehlinvestitionen sowie durch die Stabilisierung und Verstetigung des Innovationsprozesses ergeben."* Darüber hinaus wird in Teilen der Unternehmerschaft die Ökologische Steuerreform als mögliches Instrument der Deregulierung betrachtet. Sobald die schrittweise Anhebung der

Ressourcenpreise ökologische Erfolge zeitige, sei mit einem Abbau des „Vorschriftendickichts" und der darüber wachenden Umweltbürokratie zu rechnen.

Im Bereich der Exekutive werden unterschiedliche Interessen berührt, weil eine – zunächst umweltpolitisch motivierte – Ökologische Steuerreform in wirtschaftsnahe Ressorts wie Energie, Verkehr, Bauen und Landwirtschaft hineinwirkt. Das Strukturdilemma bundesdeutscher Umweltpolitik, dass das Umweltressort als zusätzliches („additives") Politikfeld administrativ verankert wurde, die umweltschädlichen Bereiche gleichzeitig nahezu unverändert fortbestehen blieben, würde insofern aufgehoben werden, als sich durch die veränderte Preisstruktur die betroffenen Ministerien stärker als bisher mit einer Ökologisierung ihrer Bereiche auseinandersetzen müssten.

Unser politisches System ist auf den kurzfristigen Wahlerfolg programmiert und orientiert sich weitgehend an „permanenter Wohlstandsmehrung aus Gründen der Machterhaltung". Politik ist oft durch die populistische Anbiederung an die in Umfragen erkannte „Mehrheitsmeinung" gekennzeichnet. In diesem politischen Klima, das Scharpf treffend als „ritualisierte Konfrontation" der Parteien bezeichnet, ist es schwer, eine Politik der Nachhaltigkeit zu initiieren. Hinzu kommt, dass es bis heute keine offizielle Strategie nachhaltiger Entwicklung und vor allem „keinen von den politisch Verantwortlichen angestoßenen (...) nationalen Dialog über die aktuellen Herausforderungen zur Gestaltung der Zukunft" gibt.

Die Ökologische Steuerreform enthält dazu im Gegensatz ein Prinzip, das in der öffentlichen Wahrnehmung zu kurz kommt. Die Erhöhung der Rohstoffpreise erfolgt nicht nur schrittweise, sondern vor allem langfristig. Hinter dem in der deutschen Steuerdebatte um den Jahreswechsel 1997/98 geforderten „Einstieg in die Ökosteuer" verbarg sich hingegen nichts anderes, als die schnelle, einmalige Erhöhung der Ressourcenpreise, um etwa die Erhöhung der Rentenbeiträge zu umgehen. Mit einer Ökologischen Steuerreform hatte dies aber rein gar nichts zu tun. Denn nur wenn das Prinzip einer langfristigen Erhöhung etwa über einen Zeitraum von zehn Jahren eingehalten wird, ist der lähmende Vier-Jahres-Wahlzyklus durchbrochen. Nur dann wird ökologisch und weitgehend unabhängig von der politischen Berg- und Talfahrt die Umwelt- oder Nachhaltigkeitspolitik gesteuert.

Im Zuge des regelungsintensiven Staates wurde Politik und vor allem politische Verantwortung mehr und mehr an Bürokratie und Administration verschoben oder ganz abgegeben. Zilleßen analysiert dabei, dass der Politik „*ihre wichtigste Aufgabe, die Beratung über gemeinsame Angelegenheiten, d. h. die Definition von Zielen für gesellschaftliche Entwicklungen oder die Gestaltung der Zukunft, weitgehend verloren gegangen*" ist. Und wir eher eine administrativ geregelte als eine politisch verantwortete Steuerung erleben. Von der „Zielsetzungsfunktion der Politik" sei allenfalls die „Lenkung des Zielfindungsprozesses" übrig geblieben. Und genau in diese politisch unübersichtliche Gemengelage zielt die Aufforderung der Industrie, auf staatliche Eingriffe bzw. Rahmengesetzgebungen zu verzichten.

Bestes Beispiel dafür ist die Erklärung der deutschen Wirtschaft zur Klimavorsorge. Danach haben einige Industrieverbände der Bundesregierung 1995 angeboten, „auf freiwilliger Basis (...) besondere Anstrengungen zu unternehmen, ihre spezifischen Kohlendioxyd-Emissionen bzw. den spezifischen Energieverbrauch bis zum Jahr 2005 (Basis 1987) um bis zu 20 Prozent zu verringern". Im Gegenzug erwarten sie von der Bundesregierung den Verzicht auf Klimaschutz- und Energiesteuern sowie auf die Wärmenutzungsverordnung.

Die möglichen Folgen wurden in einer Studie des Zentrums für Europäische Wirtschaftsforschung (ZEW) analysiert. Das ZEW untersuchte aktuelle Selbstverpflichtungen zu Fallbeispielen im Klimaschutz, der Kreislaufwirtschaft sowie die Förderung integrierter Umwelttechnik: In allen Fällen identifizierten die Autoren „Anreizmängel als den schwerwiegendsten Konstruktionsfehler" von Selbstverpflichtungen. Diese Mängel rührten daher, dass Selbstverpflichtungen entweder bereits „inhaltlich anspruchslos formuliert werden oder bei anspruchsvolleren Zusagen mit einem hohen Durchsetzungs- und Kontrollaufwand verbunden sind". So werden oft nur spezifische und keine absoluten Reduktionen zugesagt, was dazu führt, dass durch einen insgesamt steigenden Verbrauch an Umweltressourcen die Reduktionsziele überkompensiert werden. Zudem wurde festgestellt, dass Selbstverpflichtungen ohne staatlichen Druck keine Zusagen hervorbringen, die über ohnehin durch technische Erneuerungen stattfindende Verbrauchsreduktionen hinausgehen.

Die ZEW-Autoren fassen zusammen: „*Von einer Selbstbindung der Regierung ist dringend abzuraten, (wenn) als Gegenleistung für freiwillige Umweltschutzerklärungen auf den Einsatz anderer Instrumente verzichtet wird. Dies schränkt die Freiheitsgrade der Politiker für künftiges Handeln und damit ihre Problemlösungskapazität unverhältnismäßig stark ein. Der Zugang zu anderen (...) problemadäquaten Lösungen, wie (...)*

ein gemischter Einsatz umweltpolitischer Instrumente, wird versperrt."
Die Ökologische Steuerreform will das Gegenteil: Zwar will sie als marktwirtschaftliches Instrument die Freiheitsgrade der Verbraucher und Unternehmen nicht einschränken. Doch im Gegensatz zur Ideologie der Selbstverpflichtung geht es auch um die Übernahme politischer Verantwortung. Denn der Staat entscheidet im ersten Schritt über Höhe, Dauer und Ausnahmeregelungen der Energiebesteuerung. Statt bloßer Selbstverpflichtungen der Industrie würde der Rahmen setzende und damit gestaltende Staat die politische Szenerie ausfüllen.

Bündnisse der Befürworter schaffen
Um aus diesen theoretischen Annahmen praktische Politik samt der Einführung einer Ökologischen Steuerreform zu machen, bedarf es einer Offensive, um potentielle ÖSR-Befürworter zu mobilisieren. Es muss eine sichtbar breite gesellschaftliche Allianz geschmiedet werden. Unterstützer der Idee, also die großen Umweltschutzverbände Greenpeace, Naturschutzbund und BUND, Gewerkschaften – insbesondere Verdi, IG Metall und IG Bau-Agrar-Umwelt – und Unternehmensverbände wie der Bund Junger Unternehmer und UnternehmensGrün sowie die Bonner Oppositionsparteien müssen an einen Tisch und ein breites Bündnis aus der Taufe heben. Das klappt nur, wenn die konzeptionellen Unterschiede im Detail nicht überbewertet werden und der Einstieg ins Prinzip im Vordergrund steht. Ein solches „Bündnis Ökologische Steuerreform" könnte auch durch die ungewöhnliche Breite der Allianz ein politisches Drohpotential aufbauen, das der Nachhaltigkeitsdebatte langfristig Auftrieb verheißt.

Die Grenzen einer Ökologischen Steuerreform
Trotz der positiven Anknüpfungspunkte für die Nachhaltigkeitsdebatte stößt die Ökologische Steuerreform an Grenzen. Denn sie bewirkt in erster Linie ein riesiges Effizienzsteigerungsprogramm. Der spezifische, pro Produkteinheit eingesetzte Energieverbrauch sinkt. Doch bei einem gleichzeitigen absoluten Wachstum der Produkte werden alle spezifischen Erfolge wieder aufgefressen. Was nützt uns also etwa das Drei-Liter-Auto, wenn durch die Zunahme der Gesamtzahl der Kraftfahrzeuge nicht weniger, sondern insgesamt sogar mehr Kraftstoff verbraucht wird.

Das beste Beispiel dafür, dass die „Effizienzrevolution" nicht ausreicht, ist Japan. Durch die höchsten Energiepreise der Welt inspiriert, gilt das Nippon-Land als Meister der Energieausnutzung und technischer Innovation. Nicht umsonst etwa beträgt die Pro-Kopf-Emission der Japaner bereits weniger als die Hälfte des US-Levels. Trotzdem sprechen die Entwicklungen der vergangenen Jahre eine andere Sprache: Seit 1990 wurden acht Prozent mehr Kohlenstoff-Emissionen in die Atmosphäre geblasen. Schuld daran sind die Zunahme des Verkehrs sowie der verstärkte Einsatz von Zentralheizungen und Klimaanlagen. Helmut Weidner folgerte schon in den 80er Jahren in seiner Analyse der japanischen Umweltpolitik, *„dass eine peripher und selektiv ansetzende Umweltpolitik dazu führt, dass ursächlich ungelöste Probleme nach einer kurz- bis mittelfristigen Entlastung auf einem höheren Niveau wiederauftauchen"*. Die durch eine Ökologische Steuerreform angestoßene Effizienzrevolution ist somit kein Allheilmittel, sondern nur eine Teilstrategie auf dem Weg zu einer Politik der Nachhaltigkeit. Hinzu kommen muss eine langfristig und verbindlich angelegte nationale Umweltplanung, die bereits in den meisten Industrieländern mehr oder weniger erfolgreich praktiziert wird, und die unbequeme, aber notwendige Lebensstildiskussion, die unsere Konsum- und Produktionsmuster grundsätzlich auf den Prüfstand stellt. Beides ist unausweichlich, um den Erfordernissen der Umwelt im kommenden Jahrhundert Rechnung zu tragen.

Carsten Krebs und Danyel Reiche, Diplom-Sozialwissenschaftler, sind Doktoranden und Lehrbeauftragte am Institut für Politische Wissenschaft an der Universität Hannover. Sie sind Promovenden der Bundesstiftung Umwelt (Krebs) und der Hans-Böckler-Stiftung (Reiche). Im April erscheint im Birkhäuser-Verlag ihr Taschenbuch „Die Ökologische Steuerreform – was sie ist, wie sie funktioniert, was sie uns bringt".

Haben Sie das Wort „Japan" im Text gefunden? Es kam viermal im Text vor (sowie einmal zusätzlich „Nippon-Land"), wobei die relevanten Aussagen am Textende standen. Das hängt damit zusammen, dass ich den Text für die Übung etwas abgewandelt habe. Im Original taucht der Begriff „Japan" nämlich nur im letzten Abschnitt auf. Die ersten beiden Fundstellen geben daher auch nur das wieder, was am Textende ausführlicher dargelegt wird.

Die Antwort auf die Frage, was denn über Japan im Text steht, finden Sie im Anhang des Buches

Dieser Text ist ein gutes Beispiel dafür, dass Sie Texte möglichst erst komplett nach den Suchbegriffen durchschauen, die Fundstellen markieren und dann am Ende des Überblicks an den markierten Stellen genauer nachlesen sollten. Durch die Häufung des Begriffs im letzten Abschnitt war es sinnvoll, zuerst dort nachzuschauen, um dann festzustellen, dass an den beiden vorhergehenden Fundstellen keine neuen Informationen standen.

Wenn Ihnen die vorgegebenen zwei Minuten ausgereicht haben, um die gestellte Frage zu beantworten, dann haben Sie natürlich trotzdem nicht mit 1.500 Wörtern pro Minute gelesen, denn über den Text werden Sie vermutlich, mit Ausnahme des letzten Abschnitts, nicht viel wiedergeben können. Sie haben aber auf jeden Fall durch die konkrete Leseabsicht (hier von mir vorgegeben) eine Menge an Zeit gespart. Selbst bei einer eigenen Lesegeschwindigkeit von 300 Wörtern pro Minute hätten Sie zum Auffinden der gewünschten Informationen nämlich die fünffache Zeit benötigt.

Übrigens wäre das Spirallesen bei dieser Übung gut geeignet gewesen, um den Text systematisch zu durchsuchen, ohne in die Gefahr zu geraten sich festzulesen (weil ja Lesen bei dieser Überfliegetechnik nicht funktioniert).

Detailsuche bei anderen Gelegenheiten

In meinen Lesetechnikkursen lasse ich die Seminarteilnehmerinnen und -teilnehmer an dieser Stelle immer eine Telefonbuchseite nach einer bestimmten Telefonnummer und einen Stadtplan nach einer von mir genannten Straße durchsuchen. Auf diese Übungen will ich hier verzichten, möchte Ihnen aber die von mir im Zusammenhang mit den Übungen erwähnten Hinweise nicht vorenthalten.

Auf der von mir gewählten Telefonbuchseite gibt es viele sechsstellige und, in geringerer Anzahl, auch fünfstellige Nummern. Wenn nun nach einer fünfstelligen Nummer gesucht werden soll, ist es sinnvoller, den Anfang der Nummernreihen durchzuschauen, da Sie dann neben den ersten Zahlen auch durch die Besonderheit der kürzeren Zahl eher die gesuchte Nummer finden.

Wenn Sie also in Tabellen oder Listen eine bestimmte Information suchen, dann überlegen Sie bitte im Vorhinein, wodurch sich Ihr Suchbegriff von den hauptsächlich im vorliegenden Material vorkommenden Informationen unterscheidet. Hierdurch finden Sie den Suchbegriff wesentlich schneller.

Bei der Straßensuche im Stadtplan wiederum geht es darum, systematisch vorzugehen. Für meine Kursteilnehmerinnen und -teilnehmer bedeutet das, Planquadrat für Planquadrat zu durchsuchen. Ich empfehle dabei immer, die durchsuchten Planquadrate durchzustreichen. Dieses Durchstreichen führt zum einen dazu, dass man dort nicht nochmals suchen muss, und gerade dadurch ist das Gehirn viel aufmerksamer, als wenn Sie es ihm erlauben würden, nochmals nachzusehen. Nicht nur bei Tabellen, sondern auch bei normalen Texten können Sie die Technik des Durchstreichens anwenden, um Ihre Konzentration zu steigern.

Detailsuchübung 2 „Gesundheitstipps rund ums Bad"

Den nächsten Text mit seinen 452 Wörtern sollen Sie mit folgender Leseabsicht lesen: Sie sind mit Freunden zusammen in ein Bäderhaus gegangen und wollen jetzt ein Vollbad machen. Allerdings haben Sie Herzprobleme. Am Eingang zum Vollbadbereich finden Sie nun einen Text angeschlagen, der für Sie eventuell von großer Bedeutung sein könnte. Daher wollen Sie ihn sich durchlesen. Wenn da nur nicht Ihre Freunde wären, die bereits drängeln. Sie haben also nur 30 Sekunden Zeit um herauszufinden, welches Vollbad Sie nehmen dürfen und welches nicht.

Gesundheitstipps rund ums Bad

Je nachdem, ob nur ein Teil oder aber der ganze Körper durch ein Bad behandelt wird, kann man unterscheiden zwischen Teil- oder Vollbädern. Die Bäder können heiß, warm oder kalt sein. Beim heißen Bad hat das Wasser eine Temperatur von etwa 38 bis 45° C, beim warmen Bad etwa 36 bis 37° C und beim kalten Bad ca. 15° C.
- *Heißes Vollbad*: Zunächst wird die Wanne mit 38 bis 45° C warmem Wasser gefüllt. Dann steigt man mit den Beinen hinein und benetzt stehend Stirn, Brust und Rücken mit Wasser. Anschließend geht man langsam von kniender in sitzende und lie-

gende Stellung über, bis nur noch der Kopf aus dem Wasser schaut. Je nach Befinden bleibt man fünf bis fünfzehn Minuten in der Wanne. Zum Abschluss duscht man sich entweder kalt oder aber lauwarm ab.

Nützlich ist ein heißes Bad bei Stauungszuständen aller Art, bei Stoffwechselstörungen, bei rheumatischen Erkrankungen, bei Hauterkrankungen sowie bei allen Krankheiten, bei denen eine Entschlackung des Körpers gewünscht wird.

Ein heißes Vollbad dürfen nur Kreislaufgesunde nehmen. Nicht erlaubt ist es also, wenn jemand unter sehr hohem Blutdruck leidet oder einen Herzfehler hat. Auch bei fortgeschrittener Arterienverkalkung, Schilddrüsenüberfunktion und während der Schwangerschaft ist ein heißes Vollbad verboten. Bei auftretenden Kreislaufbeschwerden kühlt man die Stirn mit einem kalten Tuch oder verabreicht einige Schlucke eines kalten Getränks.

- *Warmes Vollbad*: Das Bad im 34 bis 37° C warmen Wasser dient hauptsächlich dazu sich zu reinigen. Wie beim heißen Vollbad steigt man wieder mit den Beinen zuerst in die gefüllte Wanne, benetzt stehend Brust, Rücken und Stirn mit Wasser, setzt sich und streckt sich allmählich aus, bis das Wasser zum Hals reicht. Das warme Bad dauert je nach Befinden fünf bis 20 Minuten. Als Abschluss ist hier eine kalte Dusche zu empfehlen, und nach längerem Baden ist Bettruhe angebracht.

Neben dem Reinigungsgedanken hat das warme Vollbad auch positive Auswirkungen auf die Gesundheit, wenn man dem Wasser Kräuterzusätze beigibt. Es beruhigt Erregungszustände, lockert Verkrampfungen und Verspannungen, hilft aber auch bei akuten und chronischen inneren Erkrankungen.

- *Kaltes Vollbad*: Vor dem Baden sollten Badezimmer und Körper erwärmt werden! Zunächst steigt man langsam in die volle Wanne, wäscht stehend Brust, Rücken und Stirn mit kaltem Wasser ab, geht langsam in die Knie, setzt sich und streckt sich aus, bis das Wasser den Hals erreicht. Nach fünf bis zehn Sekunden steigt man aus der Wanne und geht, ohne sich abzutrocknen, sofort ins Bett.

Hilfreich ist das kalte Vollbad bei Lähmungszuständen, Schilddrüsenüberfunktion, Erschöpfungszuständen, Stoffwechselstörungen, bei leichter Kreislaufschwäche und Rückenmarksleiden.

Ein kaltes Vollbad ist dagegen verboten unmittelbar nach dem Essen, bei Arterienverkalkung, Herzschwäche, Krampfkrankheiten und chronischen Infektionskrankheiten. Sollte man kälteempfindlich sein, so nimmt man besser ein lauwarmes Bad von fünf bis zehn Minuten Dauer.

Wie Sie sicher schnell herausgefunden haben, dürfen Sie nur ein warmes Vollbad nehmen, da das heiße Vollbad nur für „Kreislaufgesunde" geeignet ist und nicht erlaubt ist bei „Herzfehlern" oder „hohem Blutdruck", während beim kalten Vollbad ein Verbot bei „Herzschwäche" verzeichnet war.

Hier konnte Ihnen die Gliederung bei der Suche nach der gewünschten Information sehr gut weiterhelfen. Der kursive Text mit Aufzählungszeichen leitete die drei Vollbad-Arten ein. Pro Vollbad-Art gab es dann zwei bis drei Absätze, die jeweils gleich strukturiert waren. Der erste Absatz gab Hinweise, wie das jeweilige Vollbad angewandt wird. Im zweiten Absatz folgten die positiven Wirkungen, wohingegen im dritten Absatz (der allerdings beim warmen Vollbad fehlte) die Warnhinweise zu finden waren.

Eine Analyse der Textstruktur und eine vorherige Leseabsichtsbestimmung hat es Ihnen ermöglicht, die gewünschten Informationen in einer Zeit zu erlangen, die nur ein Drittel dessen ausgemacht hat, die eine Person mit einem Lesetempo von 300 Wörtern pro Minute benötigt hätte. Auch wenn Sie dieses Buch lesen, um Ihre Lesegeschwindigkeit zu steigern, möchte ich doch nicht verzichten darauf hinzuweisen, dass Sie mit solchen Gliederungen natürlich auch die Lesbarkeit Ihrer eigenen, selbsterstellten Texte verbessern können.

Detailsuchübung 3 „Häufige Fragen zum Gehirn"

Bei der letzten Übung im Abschnitt „Selektives Lesen" soll es darum gehen, mit Hilfe der im Text stehenden Fragen ein besseres Textverständnis zu erzielen. Lesen Sie bitte die Fragen gründlich durch (z. B. mit drei Fixationen pro Zeile) und nutzen Sie diese als Leseabsicht, um dann im folgenden Abschnitt (bei schnellerem Lesen mit nur noch zwei Fixationen pro Zeile) die Antwort auf die gestellte Frage zu finden.

Häufige Fragen zum Gehirn

Frage: Benutzen wir tatsächlich nur ein Zehntel unseres Gehirns?
Antwort: Es wurde beobachtet, dass sich Menschen von Verletzungen großer Teile des Gehirns erholen können, ohne dass man an ihrem Verhalten signifikante Veränderungen bemerkt. Dies hat sicher mit dazu beigetragen, dass davon gesprochen wird, wir würden nur zehn Prozent unseres Gehirns benutzen. Allerdings kann die Beschädigung eines sehr kleinen Teils von Gehirnzonen (zum Beispiel der Sehzone) eine ungeheure Wirkung haben.
Die genaue Anzahl der Neuronen des menschlichen Gehirns kann niemand benennen. Daher ist es auch schon aus diesem Grund unmöglich zu bestimmen, wie viel Prozent unserer Kapazität wir zu einem bestimmten Zeitpunkt nutzen. Schon an der einfachsten Tätigkeit ist eine so enorme Anzahl Neuronen beteiligt, dass selbst die neuzeitlichen Techniken nicht ausreichen sie zu messen. Eine ehrliche Antwort auf die Frage ist: Wir wissen es ganz einfach nicht.

Frage: Ist das Gehirn eines überdurchschnittlich begabten Menschen größer als das eines normalen Menschen?
Antwort: Für einen unmittelbaren Zusammenhang zwischen Gehirngröße und Intelligenz gibt es keinerlei Beweis. Manchmal ist sogar eher das Gegenteil zu beobachten: Bestimmte Formen geistiger Behinderung können mit einem überdimensionierten Gehirn zusammenhängen.

Frage: Stimmt die Annahme, dass wir mit jedem Glas Alkohol 100.000 unserer Gehirnzellen abtöten?
Antwort: Ob Alkohol ein Nervenzellentöter ist, bleibt umstritten. Bei keinem alkoholischen Getränk, mit Ausnahme von Absinth, konnte hinreichend nachgewiesen werden, dass es neurotoxisch wirkt. Anderseits gibt es zweifellos eine Verknüpfung zwischen Alkohol und Gehirnschädigung. Durch die Kalorien im Alkohol verringert sich der Appetit eines Menschen, was zu unzureichender und nicht ausgewogener Ernährung führen kann. Der daraus resultierende Mangel an Vitamin B-Komplexen bewirkt eine direkte Zerstörung insbesondere der Gehirnzellen, die für Gedächtnis und Koordination zuständig sind. Wenn ein Alkoholiker normal isst und durch zusätzliche Vitamine gestützte Mahlzeiten zu sich nimmt, so sind scheinbar viele schädigende Wirkungen vermeidbar.

Gleichwohl hat ständiges Alkoholtrinken, besonders in großen Mengen, schädigende Auswirkungen auf das Gehirn. Vor allem führt plötzliches Absetzen von Alkohol zu Entzugserscheinungen – dem Delirium tremens –, wobei wiederholte Anfälle von Delirium tremens sehr wahrscheinlich zu bleibenden Schäden im Gehirn führen.

Die Erfahrung aus meinen Lesetechnikkursen hat mir gezeigt, dass es für das Textverständnis hilfreich ist, wenn im Text Absatzüberschriften oder, wie hier, Fragen enthalten sind, die als Wegweiser durch den Text dienen können und dabei helfen, die Leseabsicht immer wieder neu zu überdenken. Setzen Sie also beim Lesen Ihr Augenmerk auf Überschriften, um so Texte besser und strukturierte aufnehmen zu können. Überschriften sind insoweit nicht redundant und damit entbehrlich, sondern vielmehr sehr hilfreich. Nutzen Sie diese Erkenntnis auch beim Erstellen eigener Texte, um den Leser zu unterstützen.

Zusammenfassung

Für das Überfliegen von Texten gibt es verschiedene Anlässe, sei es, weil Sie sich im Text orientieren oder aber für Sie wichtige Textpassagen selektieren wollen. Sie können Überfliegetechniken einsetzen bei der Vorschau oder beim Auswahllesen, beim Lokalisieren spezieller Textpassagen oder auch bei der Textwiederholung.

Wenn Sie etwas suchen, dann sollten Sie nicht zu viel auf einmal versuchen zu finden. Mit größer werdender Anzahl an Suchbegriffen steigt die Wahrscheinlichkeit, dass Sie relevante Stellen übersehen. Besser ist es in solchen Fällen, einen oder mehrere weitere Suchdurchläufe zu starten, um auf die Weise eine größere Sicherheit zu erzielen.

Gehen Sie beim Suchen systematisch vor. Achten Sie auf die Besonderheit der von Ihnen zu suchenden Information gegenüber den sonstigen Textbestandteilen.

Nutzen Sie zudem alle Hilfen, die Ihnen der Autor anbietet. Das sind zum einen Gliederungen, zum anderen aber auch die Überschriften zu einzelnen Abschnitten. Diese Überschriften sind insoweit nicht redundant (sprich überflüssig), sondern vielmehr hilfreiche Lotsen durch den Text. An diesen Stellen sollten Sie dementsprechend genauer, das heißt ggf. mit mehr und / oder längeren Fixationen, hinsehen.

Ihre Notizen zum Kapitel

8. Lesestoff- und Arbeitsorganisation

Mit dem Thema „Organisation der Arbeits- und Leseumgebung" kann man ohne weiteres ein eigenes Seminar bestreiten und auch ein gesondertes Buch füllen.

Da aber die Organisationsfragen auch Auswirkungen auf das Lesen und die Lesegeschwindigkeit haben, werde ich mich in diesem Kapitel mit der Lesestoff- und Arbeitsorganisation beschäftigten und zu Beginn eingehen auf die Ziel- und die Prioritätensetzung.

Danach folgt ein Abschnitt, der sich mit der Zeitplanung und dabei unter anderem mit der Berücksichtigung des eigenen Biorhythmus und dem Umgang mit Störungen beschäftigt.

In einem größeren Abschnitt gehe ich schließlich auf die Probleme der oft mangelnden eigenen Motivation zum Lesen ein und gebe Ratschläge, wie sich hier eine Verbesserung erzielen lässt.

Eigenreflexion zu Beginn

Bevor ich jedoch ins Thema einsteige, bitte ich Sie darum, sich ein paar Minuten Zeit zu nehmen, um die folgenden vier Fragenkomplexe zu beantworten:

1. Welche Lesestoffe haben Sie zu bewältigen, wie könnte man diese klassifizieren (unterteilen) und wie häufig fallen diese Lesestoffe jeweils an?

   _____
   _____
   _____
   _____
   _____
   _____
   _____

2. Mit welcher Leseabsicht lesen Sie Ihre verschiedenen Lesestoffe und wie könnten Sie diese für sich interessanter machen?

___

3. Wie viel Zeit und welche Tageszeit verwenden Sie für welche Lesestoffe und sollten/wollen Sie hieran etwas ändern?

___

4. Haben Sie sonstige Ideen oder Pläne, um Ihre Lesestoff- oder Arbeitsorganisation zu verbessern?

___

Im Anhang des Buchs finden Sie einige Klassifizierungsarten, Hinweise zu möglichen Leseabsichten sowie auch Anmerkungen zu den anderen Fragebereichen, zu denen ich aber noch weitere Ausführungen auf den nächsten Seiten machen werde.

Zielsetzung

Zunächst einmal sollten Sie sich Ihre Zielsetzung (allgemein, aber auch in Bezug auf das Lesen) bewusst machen. Dazu sind folgende Schritte hilfreich:

1. Zielfindung/Zielanalyse:

    Zunächst geht es um die Zielfindung und die Zielanalyse:

    – Was will ich privat bzw. persönlich erreichen?
    – Was will ich beruflich erreichen?
    – Wie stelle ich mir meine Karriere vor?

    Beginnen Sie mit Ihren Wunschzielen, Träumen, Visionen.

2. Situationsanalyse:

    Als nächstes muss die eigene Situation analysiert werden:

    – Wie ist meine Lebenssituation?
    – Wie ist meine berufliche Situation?
    – Wo liegen meine Stärken, wo meine Schwächen?
    – Wo hatte ich Erfolge, wo Misserfolge?
    – Welche Ziele werden von meinem privaten Umfeld unterstützt?
    – Welche nicht?
    – Welche Ziele werden von meinem beruflichen Umfeld unterstützt?
    – Welche nicht?

    Berücksichtigen Sie das Realitätsprinzip.

3. Mittel-Ziel-Analyse:

    Betrachten Sie danach die Mittel, die zur Erreichung des Zieles nötig und vorhanden sind:

    – Welche Mittel sind für Ihre Wunschziele erforderlich?
    – Über welche Mittel verfügen Sie, über welche nicht?

4. Konkrete Zielplanung/Zielformulierung:

Formulieren Sie dann Ziele, die dem „SMART"-Prinzip entsprechen. Diese Ziele sollten sein:

- **S** = Spezifisch (mit klare Zielbeschreibung und auf Handlungen oder Ergebnisse bezogen),
- **M** = Messbar (klare Vorgaben, um herausfinden zu können, ob das gesetzte Ziel erreicht wurde),
- **A** = Attraktiv (und für alle Teilnehmenden erreichbar),
- **R** = Realistisch (umsetzbar, aber zugleich auch herausfordernd),
- **T** = Terminiert (klarer Beginn und Zeitrahmen).

Die Zielsetzung sollte dabei kurz-, mittel- und langfristig erfolgen und bei langfristigen Zielen Zwischenziele beinhalten.

Letztendlich sollte sich Ihre Aufgabenerledigung immer zuerst an Ihren Zielen (dem „Was") orientieren. Erst dann sollten Sie über das „Wer" (Zuständigkeiten, Delegation), das „Wie" (allein oder in Teamarbeit) sowie das „Wann" (Zeitplanung) entscheiden.

Bezogen auf Ihre Lesegeschwindigkeit könnte ein Zwischenziel die Steigerung des Lesetempos um 100 Wörter pro Minute in den nächsten Wochen nach Lesen dieses Buches sein. Mittelfristig könnte dann eine weitere Verdopplung des Tempos (auf dann das Vierfache Ihres Ausgangstempos) und langfristig eine Überschreitung von 1.000 oder gar 3.000 WpM sein.

Erst dann kämen Sie zur Auswahl der zu erlernenden Techniken und des dafür erforderlichen Lernaufwands.

Prioritäteneinteilung (A-B-C-Prinzip)

Wer sich mit dem Thema „Arbeitsorganisation" beschäftigt, wird innerhalb kürzester Zeit unweigerlich auf das Pareto-Zeitprinzip (80:20-Regel), die Prioritäteneinteilung nach dem A-B-C-Prinzip sowie die Eisenhower-Methode treffen. Was hat es damit genau auf sich?

Pareto-Zeitprinzip

Das Pareto-Zeitprinzip besagt, dass 20 % der aufgewendeten Zeit (für wenige lebenswichtige Probleme) 80 % der Ergebnisse bringen, während mit den übrigen 80 % der aufgewendeten Zeit (für viele nebensächliche Probleme) lediglich noch 20 % des Ergebnisse erzielt werden können.

Die konsequente Anwendung des Pareto-Zeitprinzips lässt sich konkret realisieren, indem man die Gesamtheit der Aufgaben nach ihrem Anteil am Gesamtergebnis einteilt in die Kategorien A, B und C, wobei die wichtigsten Aufgaben (A) maximal 20 % der Gesamtaufgaben ausmachen dürfen.

Eisenhower-Methode

Bei der Aufgabenerledigung erfolgt dann die Prioritätensetzung nach der Eisenhower-Methode, die aus einem Koordinatensystem mit den Achsen „Wichtigkeit" und „Dringlichkeit" besteht:

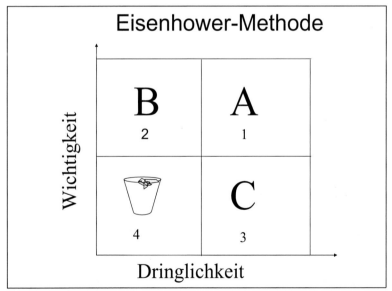

Abbildung 13 „Eisenhower-Methode"

Wie Sie dem Koordinatensystem entnehmen können, befinden sich die A-Aufgaben (Nr. 1) im Bereich der größten Dringlichkeit und

Wichtigkeit. Diese müssen Sie möglichst direkt und selbst erledigen, können also nicht von Ihnen delegiert werden.

Die besondere Schwierigkeit bei den ebenfalls wichtigen B-Aufgaben (Nr. 2) liegt darin, dass sie wegen der fehlenden Dringlichkeit leicht in Vergessenheit geraten und damit zu einem späteren Zeitpunkt oftmals zu A-Aufgaben werden. Diese Aufgaben sollten Sie langfristig planen und damit ihre rechtzeitige Erledigung sicherstellen.

Demgegenüber sind die regelmäßig zahlreichen C-Aufgaben zwar dringlich, für das Gesamtergebnis jedoch relativ unwichtig und sollten auch als solche behandelt werden. Sie bieten sich zudem vorzugsweise für eine Delegation an.

Übertragbarkeit aufs Lesen

Sowohl das Pareto-Zeitprinzip als auch die Eisenhower-Methode lassen sich unmittelbar übertragen auf Ihre Lesestoffe. Auch bei den Lesestoffen gibt es diejenigen der Kategorie A, die bei einem Anteil von 20 % am Gesamtleseumfang 80 % der erforderlichen Informationen liefern, während sich die restlichen 80 % auf die wichtigen und zeitlich planbaren B-Lesestoffe und die umfangreichen, aber nicht besonders wichtigen C-Lesestoffe aufteilen.

Zeitplanung

Nachdem Sie also Ihre Ziele definiert und Ihre Aufgaben sowie auch Ihre Lesestoffe bestimmten Kategorien zugeordnet haben, sollten Sie die Erledigung Ihrer Aufgaben planen. Als hilfreich dafür hat sich die sog. „Alpen"-Methode erwiesen:

>**A**<ufgaben und Termine zusammenstellen (Zielsetzung).
>**L**<änge der Tätigkeiten schätzen.
>**P**<ufferzeit für Unvorhergesehenes reservieren.
>**E**<ntscheidungen treffen über Prioritäten, Verschieben oder Delegieren.
>**N**<achkontrolle mit Übertrag unerledigter Aktivitäten.

Schriftlichkeit

Wichtigstes Planungsprinzip ist die Schriftlichkeit. Bei Zeitplänen, die man nur im Kopf hat, verliert man leicht den Überblick („aus den Augen – aus dem Sinn"), und sie werden leichter umgeworfen. Schriftliche Zeitpläne hingegen bedeuten Arbeitsentlastung des Gedächtnisses. Dies ist insbesondere von Vorteil, wenn Sie nach Arbeitsschluss schlecht vom beruflichen Bereich abschließen können, weil noch so viel Unerledigtes ansteht. Das aber steht ja alles auf Ihrer Arbeitsliste und kann daher nicht vergessen werden. Wenn Ihnen zu Hause doch noch etwas Neues einfällt, können Sie sich das kurz notieren und am nächsten Arbeitstag zu Ihrer Liste hinzufügen.

Schriftliche Zeitpläne haben außerdem den Effekt der Selbstmotivation zur Arbeit und helfen dabei, Ihre Aktivitäten auf die straffe Befolgung des Tagespensums auszurichten. Da alle Aufgaben notiert sind, sind Sie weniger ablenkbar. Ihre Konzentration steigt, und Sie sind eher in der Lage, die geplanten Arbeiten zu erledigen, als ohne feste Leitlinie.

Durch die Kontrolle des Tagesarbeitsergebnisses geht Unerledigtes nicht verloren, sondern wird auf den nächsten Tag übertragen. Und selbst wenn Ihr Arbeitsstapel am Ende des Tages noch genauso hoch ist wie zu Beginn, so können Sie doch anhand der Liste der erledigten und – so mache ich es – anschließend durchgestrichenen Aufgaben erkennen, wie produktiv Sie waren. Dies beugt Demotivation aufgrund zu hohem Arbeits- und Lesestoffaufkommen und daraus resultierendem Stress vor.

Tagespläne helfen dabei, Ihren Zeitbedarf und die Störzeiten besser abschätzen und realistische Pufferzeiten für Unvorhergesehenes einplanen zu können. Sie sollten dazu in Ihren Tagesplänen zumindest einige Tage lang jeweils eintragen, zu welchen Zeiten Sie was erledigt haben und welche Störungen im Einzelnen aufgetreten sind. Hierfür bietet sich ein Viertelstunden-Rhythmus an.

Schließlich stellen schriftliche Zeitpläne, in einem separaten Ordner gesammelt, automatisch eine Dokumentation über Ihre geleistete Arbeit dar und können in bestimmten Fällen als Nachweis und

Protokoll für Ihre Aktivitäten oder Ihr Nicht-Aktiv-Werden (-Können) dienen.

Zeitplanung konkret

Biorhythmus

Bei der Tagesplanung sollten Sie zunächst einmal Ihren eigenen Biorhythmus im Blick haben. Erfahrungsgemäß ist bei den meisten Menschen der Vormittag die Zeit, in der die Leistungsfähigkeit am Höchsten ist. In dieser Zeit sollten Sie daher die schwierigeren und vor allem die wichtigeren Aufgaben erledigen. Unmittelbar nach der Mittagspause, vor allem nach einem guten Essen, sackt die Leistungskurve meistens stark ab, so dass hier einfache Aktivitäten angesagt sind (oder auch Zeit für Soziales eingeplant werden kann). Nachmittags kommt es dann in der Regel nochmals zu einem Zwischenhoch, wo etwa B-Aufgaben sukzessive abgearbeitet werden können.
Ihr eigener Biorhythmus sieht jedoch möglicherweise ganz anders aus. Dann sollten Sie die Aufgabenerledigung entsprechend daran anpassen.

Störungen ausschalten

Störungen bringen Ihre Aufmerksamkeit und Konzentration je nach Intensität und Dauer im ungünstigsten Fall wieder bis auf null (siehe dazu die Abbildung 14 auf der nächsten Seite).

Die Aufmerksamkeit muss danach erneut mehr oder weniger langsam aufgebaut werden. Dies gilt insbesondere auch für die dem Lesen vorgeschaltete Vorbereitungszeit mit der Leseabsicht-Bestimmung, dem Aktivieren des bisherigen Wissens und dem Einstimmen auf den Text.

Deshalb ist es wichtig, Störungen soweit es geht auszuschalten. Möglichkeiten dazu sind das Reservieren einer stillen Stunde, wo erfahrungsgemäß wenige Störungen zu erwarten sind. Wichtig ist es auch, Störungen bewusst abzuwehren, d. h. nein sagen zu lernen.

Lesestoff- und Arbeitsorganisation

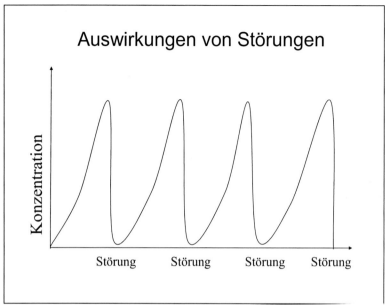

Abbildung 14 „Konzentration-Störung-Kurve"

Lesezeitplanung

Hilfreich sein kann es, zu festgelegten Zeiten zu lesen, insbesondere bei regelmäßig Wiederkehrendem. Das können die neuesten Informationen im hauseigenen Intranetsystem sein, die Sie morgens als erstes zur Kenntnis nehmen, aber auch die seit dem Ausschalten des PCs am Vortag eingetroffenen E-Mails.

Bei aller Planungsaktivität sollten Sie allerdings nie mehr als 60 % der frei verfügbaren Arbeitszeit (unter Abzug von festen Sprechzeiten etc.) verplanen. Den Rest sollten Sie freihalten für spontane Aufgaben, Soziales, Dringliches, denn ansonsten müssen Sie zu oft und zu viel umplanen. Die Lesezeiten sollten nicht länger als 60 bis maximal 90 Minuten sein. Halten Sie dabei die sich selbst gesetzten Endzeiten auch tatsächlich ein. Denn ansonsten wird Ihr Gehirn Kapazitäten reservieren für eine möglicherweise doch einmal wieder längere Lesezeit, anstatt die ganzen Kapazitäten für die geplante Zeit einzusetzen.

Wenn Sie im beruflichen Bereich Umläufe erhalten, dann kann es sinnvoll sein, die Sie interessierenden Abschnitte und Seiten zu kopieren, um auch für diese Texte Ihre Lesezeit planen zu können.

Lesestoffvorrat

Auch durch das rationellere Lesen werden Sie es vermutlich nicht erreichen können, alle Lesestoffe unmittelbar nach ihrem Eingang bei Ihnen durchzuarbeiten. Außerdem wird es immer wieder kurze Leerlaufzeiten in Ihrem beruflichen oder auch privaten Alltag geben.

Für solche Zeiten, aber auch für die täglichen Zugfahrten zur und von der Arbeitsstätte habe ich einen Lesestapel von nicht ganz so eiligen Dingen, die ich zumindest vorher einmal kurz gesichtet und für mich als so wichtig erachtet habe, dass ich sie mir näher anschauen möchte.

Meinen Lesestapel sortiere ich wenigstens einmal die Woche durch, damit ich mir in den freien Zeiten auch tatsächlich die wichtigsten Texte und nicht gerade die, die als Letztes auf den Stapel wanderten, durchlese. Durch die Kenntnis meiner Lesegeschwindigkeit kann ich mir im Übrigen auch genau die Texte heraussuchen, die ich in der vorgegebenen Zeit tatsächlich komplett erfassen kann.

Schließlich ermöglicht ein (sortierter) Lesestoffvorrat, Lesestoffe zum gleichen Thema unmittelbar hintereinander und im Zusammenhang zu lesen, was die erforderliche Vorbereitungszeit (mit Leseabsichtbestimmung, Aktivieren des eigenen Wissens zum Thema, etc.) erleichtert und damit letztendlich verkürzt.

Lesestoffdelegation

Machen Sie sich bei Ihrer Zeitplanung auch Gedanken dazu, ob es nicht möglich ist, bestimmte Lesenotwendigkeiten zu delegieren. Ob Sie Untergebene haben, die für Sie Lesetexte lesen und aufarbeiten können, damit Sie nur noch die für die aktuelle Aufgabe wichtigen Aspekte vorgetragen bekommen, weiß ich nicht. Lesestoffdelegation erfordert aber nicht unbedingt solche Zuarbeiter.

Ich selbst z. B. habe keine Mitarbeiterinnen oder Mitarbeiter, die ich mit dieser Aufgabe betrauen könnte. Und dennoch haben wir im Kollegenkreis bestimmte Leseaufgaben aufgeteilt. So schaut immer derjenige, der eine (i. d. R. juristische) Fachzeitschrift erhält, das Inhaltsverzeichnis nicht nur daraufhin durch, was ihn selbst interessiert, sondern weist die Kolleginnen und Kollegen auch auf die Themen hin, die für diese eventuell relevant sind. Und wenn keine relevanten Informationen enthalten sind, dann wird auch dies mitgeteilt, so dass jeder Nachfolgende keine Zeit mehr für das Durcharbeiten des Inhaltsverzeichnisses aufwenden muss. Dies setzt natürlich eine relativ gute Kenntnis vom Arbeitsgebiet der Anderen voraus, kann aber die Zeit für das Sichten des Lesestoffs wesentlich verkürzen.

Ähnlich verfahren wir bei längeren Texten, die unseren Zuständigkeitsbereich nicht komplett betreffen. Einer von uns schaut die Unterlage durch und gibt diese dann mit Markierungen der für uns relevanten Passagen weiter. Auch das spart im Einzelfall eine Menge an Zeit.

Verwenden Sie also ruhig ein wenig mehr Zeit darauf herauszufinden, welche Lesestoffe in Ihrem Lesealltag sich dazu eignen, delegiert und damit von anderen oder auch im Team erledigt zu werden.

Lesemotivation

Viele der Texte, die Sie lesen, werden Sie voraussichtlich nicht aus eigenem Interesse lesen, sondern weil Sie dazu (beruflich) verpflichtet sind. Dinge, die man tun muss, führen oftmals zu Motivations- und Konzentrations-Schwierigkeiten. Daraus wiederum resultieren ein schlechteres Behalten des Textes und eventuell sogar die Notwendigkeit zum nochmaligen Lesen, ein Teufelskreis also. Mit einem Text, der Sie nicht interessiert, müssen Sie sich viel intensiver beschäftigen, als Sie es wollen.

Wichtigkeit der Selbstmotivation

Je interessanter ein Lesestoff ist, desto größer ist auch Ihre Aufnahmefähigkeit. Mit steigender Motivation werden Sie aktiver beim Lesen und können mehr vom Gelesen behalten. Daher ist es sehr wichtig, dass Sie Strategien entwickeln, wie Sie sich selbst besser motivieren können.

Motivationsziel

Unterschieden werden kann dabei zunächst nach dem Ziel der Motivation.

Allgemeine Motivation

Grundsätzlich gilt, dass jeder Mensch motiviert ist, wobei allerdings die Kraft, „etwas zu wollen" –also die allgemeine Motivation – und sich dafür ggf. auch einem Leistungsvergleich zu stellen, von Mensch zu Mensch unterschiedlich stark ausgeprägt ist. Gleichwohl sucht sich die eigene Schaffenskraft ein Thema oder Ziel, bei dem sie sich entfalten kann.

Spezifische Motivation

Individuell wird es bei der spezifischen Motivation, bei dem „Motiv" des einzelnen Menschen, eine konkrete Aufgabe auf einem ganz bestimmten Gebiet anzugehen und sich dort dann auch der Mess- und Vergleichbarkeit zu stellen.

Im beruflichen Bereich zielt diese spezifische Motivation letztlich auf die Leistung und beim Lesen wiederum (möglichst) auf die effektive und effiziente Aufnahme der im Text enthaltenen, benötigten Informationen.

Beweggründe

Wenn man verstehen will, wieso die Motivation sowohl der Menschen untereinander aber auch in einem selbst bei unterschiedlichen Aufgaben und Lesestoffen variiert, kommt man schnell zur Frage: *Warum* will ich etwas?

Wenn man motiviert ist, hat man offenbar ein Bedürfnis, dass als Motiv das Handeln auslöst. Dieses Motiv kann auf den drei Ebenen Geist (= Interesse), Gemüt (= Freude) und Körper (= Lust / Wohlsein) liegen.

In der folgenden Abbildung 15 ist dargestellt, was zunächst ausgeschlossen werden muss, bevor man überhaupt tätig wird.

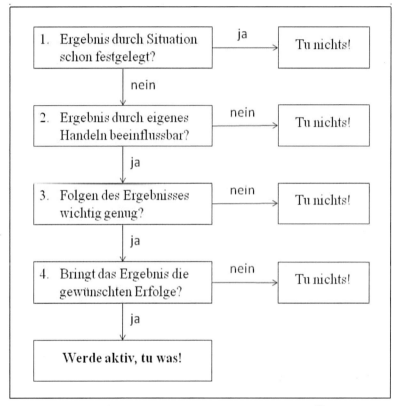

Abbildung 15 „Handlungsdiagramm (nach Rheinberg)"[22]

Auf allen Ebenen bedarf es auch bei Lesestoffen einer eigenen Entscheidung darüber, wie die Fragen jeweils beantwortet werden. Bei Frage 3 etwa geht es vorrangig um die Selektion, denn wenn Sie feststellen, dass der Lesestoff für Sie unwichtig ist, dann werden Sie ihn natürlich nicht lesen.

---

22 Entnommen aus: Reinhard K. Sprenger, 30 Minuten für mehr Motivation, Offenbach, Gabal Verlag, 1999

Einflussfaktoren für Motivation

Motivation wird beeinflusst durch die zwei Variablen Innen- und Außenseite. Auf der Innenseite geht es um die Person, deren eigenen Antrieb, Streben, Wunsch oder Wille, oft auch bezeichnet mit intrinsischer Motivation. Hier *ist* der Mensch motiviert Auf der Außenseite geht es um die Rahmenbedingungen, wie etwa Anreize, Möglichkeiten, Ziele, auch extrinsische Motivation genannt. Der Mensch *wird* also motiviert.

Im strengen Sinne gibt es allerdings keine extrinsische Motivation, denn jeder von außen kommende Motivierungsversuch wird im Innern des Menschen auf die Bedeutung für die eigenen Ziele und damit seine Attraktivität hin überprüft. Motivation ist also immer selbstinitiativ und Eigenleistung des einzelnen Menschen.

Handlungsfelder der Leistungs-Motivation

Die erzielbare Leistung lässt sich dabei beschreiben als eine Matrix aus Leistungs-Bereitschaft (das Wollen), Leistungs-Fähigkeit (das Können) sowie Leistungs-Möglichkeit (das Dürfen) einerseits und der Innen- und Außenseite, das heißt der Person sowie der Situation andererseits.

	Person	Situation
Leistungs-Bereitschaft (Wollen)	Innere Einstellung / Identifikation 1	Demotivation vermeiden 4
Leistungs-Fähigkeit (Können)	Neues Lernen / Stärken nutzen 2	Fördern fordern 5
Leistungs-Möglichkeit (Dürfen)	Betätigungsfeld wählen 3	Freiraum ermöglichen 6

Abbildung 16 „Handlungsfelder der Leistungs-Motivation"[23]

---

23 nach: Reinhard K. Sprenger, 30 Minuten für mehr Motivation, Offenbach, Gabal Verlag, 1999

Sich selbst motivieren

Als Leser von Texten, die einem das berufliche Arbeitsfeld zum Lesen aufgibt, hat man zwar nur die Möglichkeit der Einflussnahme auf die eigene Motivation. Dabei kann man aber nicht nur das eigene Wollen, Können und Dürfen (Felder 1 bis 3 der Leistungs-Motivations-Matrix in Abbildung 16) beeinflussen, sondern auch eine Verbesserung der Rahmenbedingungen (Felder 4 bis 6 der Leistungs-Motivation-Matrix) anstreben bzw. einfordern, um so die Selbstmotivation so weit zu steigern, dass eine effektive und effiziente Informationsaufnahme möglich ist.

Selbstbetroffenheit erzeugen

Eine Möglichkeit der Selbstmotivation ist es, den zu lesenden Text mit der eigenen Person oder aber mit bekannten/befreundeten Personen zu verknüpfen. Sie können etwa ein Angebotsschreiben, dass Sie beruflich lesen, so durcharbeiten, als ob Sie selbst den Auftrag für sich privat vergeben wollten. Sie werden dann sicher viel genauer prüfen, ob auch alle Angebotspositionen stimmen und ob nicht in Teilbereichen noch Einsparungen möglich sind, als wenn Sie das Schreiben im Bewusstsein lesen, dass die Finanzierung von Ihrem Arbeitgeber sichergestellt werden muss.

Fragen an den Text

Wenn Sie Text lesen müssen, sollten Sie sich immer die Frage stellen, was an diesem Text interessant ist. Wenn Ihre Antwort „Nichts!" lautet, dann modifizieren Sie Ihre Frage in „Der Text ist uninteressant, aber was *könnte* daran interessant sein?". Mit dem Konjunktiv können Sie in vielen Situationen von Texten Widerstände und Blockaden bei anderen Menschen und bei sich selbst überwinden. Das funktioniert auch beim Lesen von Texten.

Um den Lesestoff spannender zu machen, sind auch folgende Fragen hilfreich:

– Welche Aspekte dieses Textes könnten mich positiv überraschen?

- Wie hätte der Autor den Text spannend wie einen Krimi machen können?
- Wie viele Sätze wären tatsächlich zur Inhaltsvermittlung nötig gewesen?

Da Fragen, die Sie an den Text stellen, generell die Behaltensquote erhöhen, sollten Sie auch Folgendes überlegen:
- Wird diese Argumentation wohl durchgängig Sinn machen?
- Von welchen Annahmen geht der Autor aus?
- Welche Ausnahmen gibt es?
- Wie könnte die Meinung des Autors entstanden sein?
- Was sind die logischen Schlussfolgerungen?
- Was bedeuten diese Fakten für mich bzw. meine Arbeit?

Gesteigert werden kann Ihr Textverständnis sowie Ihr Erinnerungsvermögen auch durch Fragen, die eine Einordnung des Textinhaltes in Ihr persönliches Wissensarchiv ermöglichen:
- Wie decken sich die Schilderungen mit meiner Erfahrung?
- An welchen Stellen bin ich anderer Auffassung?
- Mit welchen anderen Erfahrungen ist das Geschilderte vergleichbar?
- Welche Gegenbeispiele kenn ich?
- Was wusste ich zuvor bereits und was ist neu für mich?
- Wie könnte ich das Neue mir selbst oder auch anderen erklären oder begründen?

Wettbewerb mit sich selbst und Selbstbelohnung

Eine andere Form der Selbstmotivation kann darin liegen, dass Sie mit sich selbst in Wettbewerb treten. Sie könnten sich dabei das Ziel setzen, einen bestimmten, regelmäßig wiederkehrenden Lesestoff in kürzerer Zeit als bisher durchzuarbeiten.

Wenn Sie dieses Ziel erreicht haben oder aber auch nur das Gefühl haben, besonders effektiv gearbeitet zu haben, dann könnte auch eine Selbstbelohnung in Frage kommen. Was Sie als Belohnung empfinden, sollten Sie dabei selbst herausfinden. Es könnte die Tasse Kaffee/Tee oder die Zigarette sein, ein Stück Schokolade, aber auch ganz andere Dinge wie der Kauf einer Kleinigkeit, an der Sie sich erfreuen, oder eine kurze Pause, in der Sie sich gedanklich mit Ihrem bevorstehenden oder vielleicht gerade abgeschlossenen Urlaub beschäftigen.

Je besser die Belohnung auf Sie ausgerichtet ist, desto eher sind Ihr Auge und Ihr Gehirn bereit, auch bei der nächsten Gelegenheit wieder herausragende Leistungen zu bringen.

Unangenehmes sofort

Wenn Sie merken, dass Sie sich stark ablenken lassen von unangenehmen und noch unerledigten Arbeiten, dann kann es hilfreich sein, diese Arbeiten sofort zu erledigen. Das gleiche gilt für bestimmte Lesestoffe, die Sie sinnvoller Weise vorziehen sollten, um diese Ablenkungswirkung zu vermeiden.

Außerdem bewirkt oftmals allein schon die Erledigung des Unangenehmen einen Motivationsschub. Wenn Sie dann vielleicht noch feststellen, dass Ihnen die Erledigung viel einfacher gefallen ist, als Sie es befürchtet hatten, wird dieser Effekt weiter verstärkt.

Organisation der Arbeitsumgebung

Auch eine gut organisierte Arbeitsumgebung hat positive Effekte auf die Lesemotivation. Wenn Sie immer wieder mit dem Lesen unterbrechen müssen, weil Ihnen Stift und Zettel zum Notieren von wichtigen Stichworten fehlen, sinken Ihre Konzentration und auch Ihre Motivation stark ab.

Zugleich sollten Sie alles Störende (das gilt auch für PC-Bildschirmschoner mit sich bewegenden Motiven, die bei den heutigen Monitoren gar nicht mehr benötigt werden) aus Ihrem Blickfeld verbannen, da es Ihre Gedanken von dem gerade zu lesenden Text ablenkt. Wenn Sie sich entschieden haben, einen bestimmten Text gerade jetzt zu lesen, so haben Sie dafür gute Gründe, die es rechtfertigen, sich nunmehr ausschließlich hiermit zu befassen. Jede noch so wichtige andere Arbeit hat jetzt hinten an zu stehen und bekommt erst dann wieder Ihre ungeteilte Aufmerksamkeit, wenn Sie mit der aktuellen Aufgabe fertig sind.

Gegenposition einnehmen

Wenn Sie nun einen konkreten Text vor sich haben, besteht eine weitere Möglichkeit der Selbstmotivation darin sich vorzustellen, dieser Text stamme von einer Ihnen unbeliebten Person, ja ggf. sogar von Ihrem persönlichen Feind. Sie werden dann den Text vor allem mit der Absicht lesen, die Textaussagen zu widerlegen oder inhaltliche Fehler im Text zu finden.

Wenn Sie einen Text so lesen, wird Ihre Aufmerksamkeit enorm steigen. Sie werden sich viel stärker mit den Textaussagen beschäftigen, denn nur so können Sie sie ja als falsch ermitteln.

Problematisch an dieser Methode erscheint auf den ersten Blick, dass Sie bei einer solchen Vorgehensweise sehr subjektiv und vor allem auch selektiv lesen dürften und möglicherweise über die wichtigen positiven Aussagen im Text hinweglesen, weil die ja nicht zu Ihrer Lcsabsicht passen.

Dem ist allerdings entgegenzuhalten, dass Sie niemals vollkommen objektiv Texte lesen können. Immer spielen Ihre persönlichen Erfahrungen und daraus resultierenden (Vor-)Urteile mit in das Lesen hinein. In diesem Fall mag es besser erscheinen, sich der eigenen, in diesem Fall absolut negativen und ablehnenden Lesehaltung ganz bewusst zu sein.

Außerdem haben Sie ja noch die Möglichkeit, in einem zweiten Lesedurchgang die genau entgegengesetzte Haltung einzunehmen, also den Text mit dem Vorsatz zu lesen, dem Autor möglichst jeden Wunsch zu erfüllen und jede zunächst einmal missverständliche Aussage positiv zu deuten. Auf die Weise loten Sie die Textaussagen sowohl im negativen wie im positiven Sinne weitestgehend aus und erfassen viel mehr vom Text, als wenn Sie ihn ein einziges Mal mit möglichst großer Objektivität zu lesen versuchen.

Testen Sie doch einfach in Zukunft einmal aus, beim überfliegenden ersten Lesedurchgang die Gegenposition einzunehmen, um dann beim kontrollierenden Lesen eine extrem positive Lesehaltung zu verwenden.

Eigenes Wissen einsetzen

Sie werden feststellen, dass das Lesen von Texten einfacher vonstattengeht, wenn Sie sich bereits vor dem Lesen Gedanken dazu gemacht haben, was Sie zum Thema des Lesestoffes bereits an eigenem Wissen vorhalten.

Wenn Sie im Anschluss daran den Text lesen, können Sie vielleicht schon beim Überfliegen neue Aussagen einfacher und direkter in das eigene Wissen einordnen. Außerdem wissen Sie unmittelbar, welche Passagen des Textes für Sie von geringerer Bedeutung sind, weil kein neues Wissen enthalten ist, so dass Sie diese Passagen gar nicht mehr kontrollierend lesen müssen.

Ich rate Ihnen dazu, dass Sie sich anfangs die Mühe machen, Ihr schon vorhandenes Wissen kurz und stichpunktartig schriftlich festzuhalten. Wenn Sie das eine Zeit lang gemacht haben, wird es für Sie ganz automatisch dazugehören, vor dem Lesen kurz innezuhalten, um das eigene Wissen zu aktivieren und sich durch die damit bewirkte bewusste Einstellung auf den Text zugleich besser zu motivieren.

Denken Sie auch an die zuvor schon erwähnten Fragen zum Text, die es Ihnen erleichtern, das Neue im Text Ihrem bestehenden Wissensarchiv hinzuzufügen.

Gedankliche Antizipation

Eine Variante beim Einsetzen des eigenen Wissens ist die so genannte gedankliche Antizipation. Antizipation bedeutet dabei die Vorwegnahme von etwas, was später kommt oder kommen soll. Diese gedankliche Vorwegnahme können Sie als Vorbereitung auf das, was Sie im Text an Informationen erwarten, nutzen und Ihre Motivation steigern. Sie stimmen sich dadurch gut auf den Text ein, bleiben aktiv, verstehen den Text besser und behalten letztendlich auch mehr vom Inhalt. Diese Antizipation sollten Sie zudem im Verlauf eines Textes bei den eventuell vorhandenen Absatzüberschriften überdenken und ggf. aktualisieren oder ergänzen.

Antizipationstext Picasso

Anhand des folgenden Textes können Sie ausprobieren, wie eine solche gedankliche Vorwegnahme funktionieren kann. Auf jeder Seite steht eine Überschrift. Basierend darauf sollen Sie sich Gedanken machen zu dem voraussichtlich im darauf folgenden Absatz stehenden Text. Lesen Sie bitte erst weiter, wenn Sie die schriftliche Antizipation abgeschlossen haben. Durch Lesen des nachfolgenden Absatzes können Sie dann kontrollieren, ob Sie mit Ihren Gedanken richtig gelegen haben oder aber sich für den nächsten Untertitel neu orientieren sollten. Jede Antizipation ist dabei so etwas wie eine neue (aktualisierte) Leseabsicht-Bestimmung.

Picasso[24]

Ihre gedankliche Antizipation in wenigen Stichworten
(bitte jeweils schriftlich ausführen):

....

....

....

....

....

---

24 aus: André C. Wohlgemuth: Effizientes Lesen: Lesekurs für Erwachsene (Theorie und Übungen), Zollikon, Selbstverlag 1979

Lesestoff- und Arbeitsorganisation 185

> Mit 88 Jahren schrieb Picasso: „Ich male seit 77 Jahren. Aber ich habe mit meiner Malerei noch viel zu sagen!" Picasso hat nie aufgehört, die Welt in Erstaunen zu setzen, und scheinbar tut er es auch noch nach seinem Tod.

Nächster Untertitel:

Unterschätzt oder überschätzt?

Ihre gedankliche Antizipation in wenigen Stichworten:

....

....

....

....

....

Zu malen wie Picasso bedeutet für viele ungefähr das gleiche wie „Leinwände verschmieren", zu malen, was das normale Auge nicht sieht. Dennoch ist dieser Maler zu Lebzeiten, und ganz besonders nach seinem Tod, als der „größte Maler dieses Jahrhunderts" gepriesen worden. Gegenüber einem solchen pauschalen Urteil sind Skepsis und Zweifel erlaubt. Denn so gut, wie manche Künstler unterschätzt worden sind, kann heute einer überschätzt werden. Nehmen wir Rembrandt und van Gogh. Beide gelten heute unbestritten als höchst bedeutende, ja geniale Maler, und es ist gewiss, dass ihr Ruf die Zeiten überdauern wird. Als Rembrandt 1669 starb, war er ohne Besitz und ohne Ansehen. Und van Gogh konnte zu Lebzeiten nicht ein einziges Bild verkaufen. Die Zeitgenossen sind somit nicht unbedingt befähigt, im Bereich der Kunst die Spreu vom Korn zu scheiden.

Neuer Untertitel:

Der produktivste Maler der Moderne

Ihre gedankliche Antizipation in wenigen Stichworten:

....

....

....

....

....

Picasso – der größte Maler dieses Jahrhunderts! Versuchen wir, dieses Urteil kritisch zu überprüfen. Nicht zu bestreiten ist eines: Picasso war der produktivste Maler der Moderne. Wie viele Werke seine Hände geschaffen haben, lässt sich nicht genau sagen. Es sind sicher 25.000, einige Fachleute sprechen sogar von etwa 50.000 Arbeiten. Auf Picassos Leben ausgerechnet bedeutet dies: an jedem Tag mindestens ein Bild, eine Zeichnung, ein Druck oder eine Plastik. Eine enorme Produktivität, die im Alter nicht geringer, sondern noch größer wurde. Nun, Quantität und Qualität sind zweierlei. Man muss Picasso Energie, Tatkraft und Durchhaltevermögen zugestehen. Doch das wären noch keine Gründe, ihn zum größten Maler des Jahrhunderts zu krönen.

Nächster Untertitel:

Der Mensch steht im Mittelpunkt

Ihre Antizipation:

....
....
....
....
....

> Betrachten wir genauer, was Picasso im Laufe seines fruchtbaren Lebens geschaffen hat. Die Zeichnungen und Bilder, die Picasso als Knabe ausführt, verraten ein außergewöhnliches Talent, eine ausgeprägte Beobachtungsgabe, die ihm erlaubt, minuziöse Portraits zu malen. Picasso könnte in seiner Heimat als Salonmaler große Erfolge erringen, doch es treibt ihn nach Paris, wo er neue Anregungen sucht – und findet. Die Kunst der Impressionisten und die Ausdruckskraft van Goghs begeistern ihn. Er spürt, dass die neue Zeit einer Kunst mit neuen Farben und Formen bedarf. So entstehen Darstellungen des bunten, fröhlichen Pariser Lebens (1900), die mit den besten Werken der Impressionisten und Neo-Impressionisten verglichen werden können.

Es folgt noch ein zweiter Abschnitt zum selben Untertitel. Vielleicht finden Sie hier noch einiges, was Sie in Ihrer letzten Antizipation zum Untertitel erwartet haben.

Ihre <u>jetzige</u> Antizipation:

....

....

....

....

....

Doch bald zieht es Picasso weg vom Oberflächlichen, vom Gefälligen. Er will nicht mehr den rasch ermattenden Glanz des gesellschaftlichen Lebens schildern, sondern die Not der vom Schicksal Geschlagenen, jener, die nicht ins Großstadtleben integriert sind. Er reduziert die Palette, Blautöne beginnen vorzuherrschen, und mit größter Sorgfalt wird die Plastik der menschlichen Körper in die Ebene umgesetzt (1901-1904). Die folgende Rosa-Periode leitet mit veränderter Grundstimmung die blaue Periode fort. Die Serie der harmonischen, seelische Stimmungen so trefflich charakterisierenden Werke hat bald ein Ende. 1907 entsteht das erste Bild, auf dem die Personen wie Negerplastiken deformiert sind. Er malt, als ob er mit einem ungeschärften Beil kleine Figuren hauen müsste. Dass das erste im kubischen Stil ausgeführte Werk Angestellte eines Bordells zeigt, ist kein Zufall: Picasso nimmt zeitlebens für den Menschen Partei, und jetzt hat er eine neue Sprache gefunden, die so ungeschlacht ist, wie das menschliche Elend groß.

Nächster Untertitel:

<u>Unsichtbares sichtbar machen</u>

Ihre Antizipation:

....

....

....

....

....

> Nach der bis in die zwanziger Jahre hinein andauernden kubischen Phase, in der er Wahrgenommenes in geometrische Körper zerlegt, beginnt er wieder nach den Regeln der Tradition zu malen. Zu den bevorzugten Themen seiner klassizistischen Malerei gehören die Mutterschaft und sein Sohn Paolo. Die Erfahrung, dass das stille Glück, das er im Kreise seiner Familie genießt, mit der zerrissenen, heillosen Welt nicht übereinstimmt, verändert seine Malweise erneut. Er will, wie schon in der kubistischen Zeit, nicht malen, was das Auge sieht, sondern Unsichtbares sichtbar machen. Dies gilt sowohl für den Bereich des Physischen wie auch für denjenigen des Körperlichen. So kommt es beispielsweise, dass die Profilansicht von Köpfen zwei Augen zeigt: Er will Verborgenes, Seelisches und Körperliches, dessen Existenz gewiss ist, aufdecken.

Es folgt noch ein zweiter Abschnitt zum selben Untertitel. Auch hier können Sie sich fragen, ob aus der letzten Antizipation noch etwas aktuell ist.

Ihre jetzige Antizipation:

....

....

....

....

....

> Der Höhepunkt von Picassos Schaffen muss im monumentalen Wandbild „Guernica" (1937) gesehen werden, das von der Zerstörung dieser baskischen Stadt im spanischen Bürgerkrieg inspiriert ist. Dieses Werk bringt in gewaltiger, chaotischer und zugleich bewusster Form die Schrecken einer erschütternden Katastrophe zum Ausdruck. Die Bildsprache, die Picasso in den zwanziger Jahren gefunden hat, hat er bis zu seinem Tod konsequent weiterentwickelt. Mit ihr lässt sich ausdrücken, was sich mit Worten nicht sagen lässt, mit ihr lässt sich das Menschenbild der Epoche der allmächtigen Technik und Elektronik, der Vermassung und der Vereinsamung darstellen.

Letzter Untertitel:

> **<u>Ein Spiegel unserer Zeit</u>**

Ihre Antizipation:

....

....

....

....

....

> Picassos Malerei spiegelt unsere Zeit, was die Menschen unseres Jahrhunderts bewegt und betrifft. Picasso ist ein malender Diagnostiker, doch einer, der sich nicht damit begnügt, die Übel, an der die moderne Menschheit leidet, zu analysieren. Er ist zugleich Therapeut, indem er das Leben bejaht, das Spiel, die Liebe, das Wachstum, die Farbe und das Licht preist. Picasso ist ein Schwarzseher, der seinen Gesichtern farbigen Ausdruck geben kann, der sich trotz allem nicht vom Glauben an die Menschen abbringen lässt. Dieses zentrale Wesensmerkmal der Persönlichkeit Picassos erklärt, wieso der Künstler sich nie für die abstrakte Malerei begeistern konnte.

Es folgt noch ein kurzer Schlussabschnitt

Ihre Antizipation:

....

....

....

....

....

> Picasso – der Größte? – Das kann wohl sein: Kein anderer
> Künstler dieses Jahrhunderts hat ein – was die Techniken und
> Ausdrucksformen betrifft – ähnlich vielseitiges Oeuvre geschaf-
> fen, und keiner hat mit gleicher Intensität mit und für die Zeit
> gemalt, gezeichnet und modelliert.

Auch wenn Sie mit Ihren Antizipationen nicht immer richtig gelegen haben, so werden Sie dennoch diesen Text intensiver aufgenommen und zugleich Ihr Wissen über Picasso aufgefrischt oder
vertieft haben.

Üben Sie ähnliche Antizipationen bei den Lesetexten, die über
Zwischenüberschriften verfügen.

Absatzspiel

Eine letzte Möglichkeit zur Verbesserung der Lesemotivation, auf
die ich hinweisen möchte, ist das so genannte „Absatzspiel". Ziel
ist es dabei, dass Sie pro Absatz einen Hauptgedanken aufschreiben, quasi als mögliche Überschrift über besagte Textpassage, wie
Sie es bereits beim Übungstext „Misserfolgsserien beenden" versucht haben. Das kann bereits beim Überfliegen geschehen und
wird von Ihnen dann vertieft beim kontrollierenden Lesen.

Durch die Konzentration darauf, die Kernaussage in jedem einzelnen Abschnitt des Textes zu finden, hat Ihr Gehirn gar nicht die
Möglichkeit, sich mit irgendetwas anderem zu beschäftigen. Der
Kontakt mit dem Lesematerial kann nicht verloren gehen. Damit
vermeiden Sie insbesondere, dass Sie ganze Absätze mit den Augen durchgehen, ohne überhaupt etwas aufzunehmen, was immer
dann passieren kann, wenn die Konzentration nicht beim Text sondern bei sonstigen Gedanken ist.

Positiver Nebeneffekt dieser Motivationsmöglichkeit ist es, dass
Sie mit den gefundenen Kernaussagen (je kürzer die zusammenfas-
sende Überschrift, desto besser) sehr leicht die Struktur des Textes

erkennen und in einem nächsten Schritt sogar bildlich darstellen können. Dazu aber mehr im Abschnitt „Notizarten" des folgenden Kapitels.

Verblüffende Erkenntnis

Zum Abschluss des Abschnittes über die Motivationssteigerung möchte ich Ihnen noch eine verblüffende, zugleich aber auch logische und beruhigende Erkenntnis mitteilen. Mit zunehmendem Alter wird es nämlich leichter, sich für Lesestoffe zu interessieren, und dafür gibt es drei triftige Gründe:
– Sie haben eine größere Wissensgrundlage, auf der Sie aufbauen und in die Sie neues Wissen einordnen können.
– Sie wissen viel klarer, was wichtig und vor allem was unwichtig ist. Wählen und Auswählen fällt Ihnen daher leichter.
– Und schließlich nimmt die Notwendigkeit ab, möglichst viel auf Probe zu lesen. Sie getrauen sich eher, auch mal „Das weiß ich nicht, ich müsste es erst einmal nachlesen" zu sagen.

Zusammenfassung

Im Abschnitt „Lesestoff- und Arbeitsorganisation" ging es darum, dass Sie zunächst einmal Ihre eigene Situation analysieren sollten, um in einem nächsten Schritt Ihre Lesestoff- und Arbeitssituation zu verbessern.

Bestimmen Sie Ihre Ziele und setzen Sie für diese Ziele Prioritäten fest. Danach ist es wichtig (und zwar immer wieder aufs Neue), die Schritte zum Erreichen der Ziele zu planen und die Zielerreichung zu kontrollieren, dabei aber immer noch genügend unverplante Zeit für Unvorhergesehenes zu reservieren.

Legen Sie sich einen Lesestoffvorrat an, um bei passender Gelegenheit auch kurze Zeitabschnitte sinnvoll nutzen zu können, und setzen Sie die Überlegungen, wie Sie Lesearbeit delegieren können, auch tatsächlich in die Tat um.

Schließlich sollten Sie kreativ werden, wenn es darum geht, Texte mit größtmöglicher Motivation zu lesen, und dabei die Beweggründe sowie auch die Einflussfaktoren und Handlungsfelder der Motivation berücksichtigen.

Hilfreich zur Motivationssteigerung sind u. a. das Absatzspiel und die gedankliche Antizipation, aber auch das Stellen von Fragen an den Text (ggf. auch im Konjunktiv) die Selbstbelohnung, das Erzeugen von Selbstbetroffenheit sowie das Aktivieren des schon vorhandenen Wissens. Außerdem sollten Sie versuchen, soweit als möglich positiv auf die Rahmenbedingungen einzuwirken.

Ihre Notizen zum Kapitel

9. Lesestoff behalten und abrufen

In den meisten Fällen hat Lesen das Ziel, den Inhalt des Gelesenen nicht nur zu verstehen, sondern auch zu behalten und möglichst ständig abrufbar zu machen für die Situationen, in denen die aufgenommenen Informationen benötigt werden.

Das geht am schnellsten, wenn wir sie im Gehirn abgespeichert haben und auf Anfrage unmittelbar präsentieren können. Ich werde – nachdem Sie Ihr Gehirn und Ihr Erinnerungsvermögen testen durften – im Folgenden also einige hierbei hilfreiche Methoden aufzeigen.

Vermutlich haben aber auch Sie schon die Erfahrung gemacht, dass diese Methoden nicht immer wunschgemäß funktionieren. Ein typisches Beispiel dafür sind Prüfungssituationen, in denen das Erinnern scheinbar viel schwerer fällt. Es wird im Folgenden also auch darum gehen, wie Notizen zur Unterstützung des besseren Behaltens von aufgenommenen Informationen aussehen könnten.

Danach folgen einige Hinweise zu möglichen Markierungen in Texten sowie deren Vor- und Nachteile.

Zum Abschluss dieses Kapitels gehe ich auf die Gründe ein, warum gerade zu Anfang des Lernens in einem neuen Themengebiet das Aufnehmen und Behalten so viel schwerer fällt. Außerdem zeige ich Ihnen, wie die typische Lernkurve beim Erlernen neuer Fähigkeiten aussieht und welche Herangehensweise an Texte sinnvoll ist.

Grundlegendes zum Gedächtnis

Beim Gedächtnis, unserem Erinnerungsvermögen, unterscheidet man zwischen dem Langzeitgedächtnis, wo die Informationen dauerhaft abgespeichert werden, dem Kurzzeitgedächtnis, wo eine Zwischenspeicherung für eine eventuelle Weitergabe an das Langzeitgedächtnis erfolgt, und dem Ultrakurzzeitgedächtnis, wo nur eine eng begrenzte Anzahl an Speichermöglichkeiten besteht.

Eine Weitergabe vom Kurzzeit- zum Langzeitgedächtnis erfolgt nur, wenn etwas
- speziell betont wird (ein Kind muss nur einmal auf eine heiße Kochplatte fassen, um dauerhaft und ohne neuerliche Versuche zu wissen, dass das weh tut, und es zukünftig unterlassen),
- besonders wichtig ist oder
- öfters wiederholt wird (der Regelfall, siehe Vokabellernen).

Das Ultrakurzzeitgedächtnis kann lediglich 7 plus/minus zwei Informationen gleichzeitig speichern. Jede neue Information überschreibt die als Erstes gespeicherte und schiebt alle vorangegangenen Informationen einen Speicherplatz nach vorne.

Wer also noch buchstabiert, hat bei Wörtern mit mehr als neun Buchstaben bereits Verständnisprobleme. Wenn dagegen Informationen zusammengefasst werden (beispielsweise Buchstaben zu Wörtern), dann können wesentlich mehr Informationen in den Speicher aufgenommen werden.

Schneller Leser versteht besser

Dies ist auch der Grund, warum ein schneller Leser, der z. B. mit jedem Augenhalt 3 Wörter aufnehmen und verarbeiten kann, nicht schlechter, sondern gerade besser und mit mehr Verständnis liest.

Denn selbst lange Sätze von bis zu 24 Wörtern kann er in seinem Ultrakurzzeitgedächtnis speichern und viel besser verstehen als derjenige, der bei Wort-für-Wort-Fixation bereits nach 8 Wörtern erst einmal wieder Platz schaffen muss, um die weiteren Wörter des Satzes aufnehmen und verarbeiten zu können. Der schnelle Leser nutzt also seine Gedächtniskapazitäten viel effektiver.

Außerdem kommt der schnellere Leser auch früher zu dem vielleicht am Satzende stehenden Wort „nicht", das die bisherigen Aussagen ins Gegenteil verkehrt.

Gedächtnisübung erster Teil

Wie gut Ihr Gedächtnis ist, sollen Sie anhand der nachfolgenden 25 Begriffe testen. Nehmen Sie sich bitte zwei Minuten Zeit, um sich diese Begriffe einzuprägen, ohne dass Sie sich dabei Notizen machen.

Videorecorder
Bleistift
Angst
Verkehrsampel
Lautsprecherboxen

Schubert
Radiergummi
Intelligenz
HiFi-Anlage
Papier

Mozart
Autoreifen
CD-Player
Lastwagen
Stolz

Beethoven
Kugelschreiber
Luftpumpe
Hilfsbereitschaft
Büroklammer

Motorrad
Haydn
Zufriedenheit
Fernsehgerät
Bach

Gedächtnisübung zweiter Teil

Legen Sie jetzt das Buch zur Seite und schreiben Sie bitte auf, an welche der 25 Begriffe aus der Liste, die Sie sich gerade angeschaut haben, Sie sich noch erinnern können. Gut wäre es, wenn

Sie vor dem Aufschreiben sogar noch etwas ganz anderes tun würden, um ein genaueres Bild Ihrer Gedächtnisleistung zu erhalten (z. B. einen Zeitungs- oder anderen Buchtext lesen). Lesen Sie den nächsten Absatz bitte erst, wenn Sie mit dem Notieren fertig sind.

Wie ich zu Beginn dieses Abschnitts ausgeführt hatte, können Sie in Ihrem Ultrakurzzeitgedächtnis nur bis zu neun Informationen gleichzeitig speichern. Wenn Sie sich mehr als diese bis zu neun möglichen Informationen gemerkt haben, dann haben Sie vermutlich Gruppen gebildet, zu denen Sie die jeweiligen Einzelbegriffe zusortiert haben. Es gab insgesamt fünf Gruppen mit jeweils fünf dazu gehörenden Begriffen. Die Gruppen und die dazugehörigen Begriffe finden Sie nochmals im Anhang des Buches.

Gruppierungen sind also anscheinend hilfreich zum besseren Behalten. Zuerst werden die Gruppen gesucht, dann die Begriffe den Gruppen zugeordnet. Bei der Lösungsabfrage fällt das Erinnern durch die Zuordnung zu den Gruppen wesentlich leichter, auch wenn es Ihnen in diesem Beispiel passieren konnte, dass Sie eventuell „Wagner" aufgeschrieben haben als einen Komponisten, der gar nicht in der Liste vorkommt.

Sonstige Merkhilfen

In Büchern zum Gedächtnistraining finden sich weitere Hilfen, um zu Merkendes besser erinnern zu können. Ich will nur auf drei dieser Merkhilfen näher eingehen.

Geschichte ausdenken

Eine Möglichkeit, sich Dinge zu merken, besteht darin, sich eine Geschichte ausdenken, in der die zu merkenden Begriffe vorkommen. Je ungewöhnlicher die Geschichte ist, desto besser ist auch die Merkleistung. Zum Erinnern der Begriffe der vorstehenden Gedächtnisübung könnte etwa folgende Geschichte hilfreich sein: Ich stand an der *Verkehrsampel*, als eine Gruppe merkwürdig aussehender Gestalten auf mich zukam, bewaffnet mit *Bleistiften*, *Kugelschreibern* und *Büroklammern*, eine richtige Schreibwarenarmee. Sie stachen in die *Autoreifen* meines *Lastwagens*, und ich bekam große *Angst*, was wohl mit mir und den auf der Ladefläche gestapelten *Videorecordern* geschehen würde. Auch wenn es nicht sehr *intelligent* war, legte ich die *Mozart*-CD in den *CD-Player* und lauschte der Musik aus den *Lautsprecherboxen*. Angelockt durch die Musik kam plötzlich *Beethoven* (mit Blumen auf dem Kopf, die von einem *Bach* mit Wasser getränkt wurden) auf mich zu. Die Angreifer versuchten zwar noch, sich hinter einem Blatt *Papier* zu verstecken. Da jedoch zusätzlich *Haydn* mit einer Schubkarre, auf der *Schubert* saß, angelaufen kam und große *Radiergummis* verteilte, die alle Helfer auf ihre Taktstöcke steckten, hatten sie keine Chance und wurden einfach wegradiert. In ihrer großen *Hilfsbereitschaft* füllten die Ritter der Musik meine Reifen wieder mit einer überdimensionalen *Luftpumpe*, bevor sie auf einem winzigen *Motorrad* davonbrausten. Ich empfand *Stolz* darüber, von solch berühmten Persönlichkeiten Hilfe erfahren zu haben. Obwohl ich doch vorhatte, am Abend noch ein Fußballspiel im *Fernsehen* zu schauen, nahm ich mir nach dem besonderen Erlebnis vor, stattdessen lieber mit großer *Zufriedenheit* Musik aus der *HiFi-Anlage* zu genießen.

Merksatz aus Anfangsbuchstaben

Möglich ist es auch, aus den Anfangsbuchstaben der Begriffe einen, ruhig auch sehr ungewöhnlichen Merksatz zu bilden. Um sich die Komponisten in der vorstehenden Gedächtnisübung zu merken, könnte also folgender Satz verwendet werden:

*M*ancher *sch*läft *b*esser *h*inter *B*äumen.
Mozart Schubert Bach Haydn Beethoven.

Andere Merksätze gibt es z. B. für die Reihenfolge der Planeten unseres Sonnensystems, der ostfriesischen Inseln und der bundesdeutschen Kanzler oder aber die Reihenfolge der Dur-Tonarten mit steigender Anzahl der Kreuze und die vier häufigsten chemischen Elemente in der Erdkruste:

*M*ein *V*ater *e*rklärt *m*ir *j*eden *S*onntag *u*nseren *N*achthimmel.
Merkur Venus Erde Mars Jupiter Saturn Uranus Neptun

*W*elcher *S*eemann *l*iegt *b*ei *N*anny *i*m *B*ett?
Wangerooge Spiekeroog Langeoog Baltrum Norderney Juist Borkum

_A_lle _e_hemal. _K_anzler _b_ringen _s_amstags _k_eine _S_emmeln _m_it.
Adenauer Erhard Kiesinger Brandt Schmidt Kohl Schröder Merkel

_G_eh _d_u _a_lter _E_ sel, _h_ ole _Fis_ ch
G-Dur (1#) D-Dur (2#) A-Dur (3#) E-Dur (4#) H-Dur (5#) Fis-Dur (6#)

_O_h, _Si_e _al_tes _Fe_rkel
O = Sauerstoff Si = Silizium Al = Aluminium Fe = Eisen

Verknüpfung mit Bildfolge

Eine weitere Gedächtnisstütze, das Verknüpfen von Informationen mit einer abgespeicherten Bildfolge, haben sich bereits die alten Griechen zu Nutze gemacht. In Vorbereitung auf (in der Regel frei zu haltende) Reden verknüpften sie bestimmte Gedankenabfolgen mit den verschieden gestalteten Säulen der Vortragshallen. Beim Vortrag selbst mussten sie nur die Säulen mit den Augen aufsuchen, um die Argumentationskette in der richtigen Reihenfolge reproduzieren zu können.

Markante Punkte auf dem Weg zur Arbeit

Sie werden vermutlich nicht sehr häufig in ähnlich markanten Räumen reden müssen. Allerdings haben Sie eine Abfolge von Bildern präsent, bei der Sie ohne große Überlegung die richtige Reihenfolge kennen, nämlich die einprägsamen Punkte auf Ihrem Weg zur Arbeit.

Zum Merken von Informationen, bei denen es auf die richtige Reihenfolge ankommt, müssen Sie nur noch eine Verknüpfung mit diesen markanten Punkten herstellen. Durch das Verfolgen des Arbeitsweges ist dann eine schrittweise Abarbeitung der Informationen in der richtigen Reihenfolge möglich.

Bildersystem

Komplizierter im Erlernen, aber dann universell einsetzbar sind auch sogenannte Bildersysteme, bei der für jede Nummer ein bestimmtes Bild steht (andere Namen dafür sind Zahl-Symbol-System oder Bilderraster). Das von mir erlernte Bildersystem verwendet für die 1 den Turm, für die 2 den Schwan, für die 3 der Dreizack, für die 4 der Tisch, für die 5 die Hand usw.

Wenn Sie sich etwas in einer bestimmten Reihenfolge merken wollen (etwa die Verkehrsbegriffe), dann stellen Sie eine Verbindung zunächst mit dem Turm (der aussieht wie eine Verkehrsampel) her, dann mit dem Schwan (der hat Autoreifen um den Hals), mit dem Dreizack (der ein Motorrad aufgespießt hat), mit dem Tisch (darauf steht ein Lastwagen, wodurch sich der Tisch stark durchbiegt) und zum Schluss mit der Hand (die eine Luftpumpe hält).

Zuordnung zu Körperteilen

Schließlich können Sie sich z. B. eine Einkaufsliste mit Hilfe der Körperteile merken („in den Ohren stecken Bananen, aus der Nase kommt eine Möhre, die Nase sieht aus wie eine Tomate etc.").

Notizen zum besseren Merken

Zum Glück sind Sie aber nicht immer darauf angewiesen, sich auf Ihr Gedächtnis zu verlassen. Vielmehr können Sie sich zu dem, was Sie an Informationen, etwa beim Lesen, erhalten haben, Aufzeichnungen machen. Notizen sind nämlich hilfreich (vielleicht sogar unverzichtbar?), um sich Gelesenes zu behalten. Damit soll das Elementare einer Botschaft konserviert werden. Außerdem behalten Sie eine Information umso besser, je mehr sie bearbeitet ist. Das Anfertigen von Notizen ist daher eine überaus wichtige Tätigkeit beim Erwerb neuen Wissens.

Für das Erstellen von Notizen gibt es verschiedene Möglichkeiten, von denen ich einige vorstellen möchte.

Notizen in Listen- oder Gliederungsform

Allgemein üblich ist es, Notizen in Form von Listen oder Gliederungen anzufertigen. Dabei wird der Text chronologisch durchgearbeitet und die gefundenen Haupt- und Nebengedanken regelmäßig mit 1, 1.1, 1.1.1, usw. unterteilt.

Diese Vorgehensweise bereitet dann Schwierigkeiten, wenn später im Text Aussagen getroffen werden, die inhaltlich eigentlich an eine andere Stelle gehören. Sie werden anfangen, in Lücken etwas dazuzuschreiben, bis irgendwann die ganze Übersichtlichkeit verloren gegangen ist und Sie gezwungen sind, die Gliederung nochmals ordentlich abzuschreiben.

Unabhängig davon verzichtet diese Notizform auf Elemente wie (visuelle) Gestaltung, Farben, Bilder, räumliches Bewusstsein, Gestalt (Gesamtbild) und Assoziationen und verschenkt damit Fähigkeiten des Gehirns.

Zusammenfassungen

Eine Zusammenfassung kann regelmäßig auf der Basis einer zuvor angefertigten oder vorgefundenen Gliederung erfolgen. Die jeweiligen Titel und Untertitel, die bereits die wichtigsten Gedanken beinhalten, werden zu ganzen Sätzen zusammengefügt.

Tabelle der Schlüsselwörter

Auch kann eine Schlüsselwörter-Tabelle erstellt werden. Hierbei werden in der ersten Spalte die Abschnitte oder Textteile aufgeführt, in den daneben liegenden Spalten dann die im jeweiligen Teil gefundenen Schlüsselwörter.

MindMaps®

Eine andere Form für Notizen zu den beim Lesen aufgenommenen Informationen sind die so genannten MindMaps®, das sind, wörtlich übersetzt, Gedächtnis-Landkarten. MindMapping® ist eine Kreativitätstechnik, die vom Engländer Tony Buzan in den siebziger Jahren entwickelt und seither ständig ausgebaut worden ist. MindMaps® unterstützen den Denkprozess durch die grafische Visualisierung der Gedanken. Es handelt sich dabei um eine ganzheitliche Arbeitsmethode.

Während das Lesen als auch das Notieren in Gliederungsform vorrangig die linke Gehirnhälfte (die wiederum hauptsächlich zuständig ist für Wörter, Logik, Zahlen, Folge, Linearität, Analyse, Listen, Digitales, Sprache und Details) aktiviert, soll durch den Einsatz von Farben, Formen und Struktur sowie das Wecken von Assoziationen stärker auch die rechte Gehirnhälfte beteiligt werden, um deren Potenzial mitzunutzen.

Empfohlene Vorgehensweise

1. Papier quer legen
   Statt horizontal sollten Sie das Papier quer legen. Dadurch haben Sie zum einen die Möglichkeit, mehr auf dem Papier unterzubringen. Und Sie erzielen zum anderen einen weiteren Effekt: Das Querformat ist ungewöhnlich. Für das Unterbewusstsein ist es ein Signal für ein Sich-Lösen-Können von alter, eventuell ungünstiger oder schlechter Lernerfahrung. Quer hat den Charakter eines Bildes, und an Bilder erinnert man sich gerne, sicher und mit nur einem Blick.
   Das Aufgeben des Hochformates verhindert, dass Ihre Augen automatisch nach oben links gehen. Hochkant gelegtes Papier oder Schreibheft erzwingt bereits den Monogang des Gehirns. Es ist der unbewusste Auftakt für linkshirniges Denken und Erinnern. Und das läuft langsam und unvollständig ab, denn es fehlen die geistesblitzartigen Ressourcen des rechten Hirns: das Denken in Farbe, in Ganzheit und Gefühl, die Bereiche der Harmonie, der Kreativität und des vernetzenden Überblicks.
2. Vom Zentrum nach außen verästeln
   In die Mitte schreiben Sie das zentrale Thema. Dieses können Sie noch umkreisen.
   Davon gehen verschiedene Äste aus, die sich nach außen immer weiter verzweigen und dabei, organisch wie ein Baum, dünner werden.
   Unmittelbar an das zentrale Thema werden die (allgemeinen) Oberbegriffe platziert. Je spezieller sie sind, desto weiter außen finden sich die Begriffe.
   Jeder Ast sollte dabei genau so lang sein wie der Begriff selbst.
3. Schlüsselwörter verwenden
   Verwenden Sie möglichst einzelne Wörter (Substantive, Adjektive oder Verben), nicht dagegen Sätze. Die Beschränkung auf wenig Text führt zum einen zu einem besseren Verstehen und erleichtert Ihnen zum anderen das Wiederholen der gelesenen

Informationen anhand Ihrer Notizen, da Sie auf einen Blick die Struktur des Textes erkennen können.
4. Möglichst GROSSSCHRIFT bei den Oberbegriffen verwenden
Das Verwenden von Großbuchstaben insbesondere bei den allgemeinen Oberbegriffen hebt diese hervor und erleichtert so das Lesen Ihrer MindMaps®, auch wenn Großbuchstaben-Wörter selbst wegen des insoweit unbekannten Wortbildes grundsätzlich schlechter zu lesen sind.
5. Farben einsetzen
Hilfreich ist es, wenn Sie für bestimmte Inhalte spezielle Farben wählen. Entsprechend können Sie den einzelnen Hauptsträngen Ihrer MindMaps® jeweils unterschiedliche Farben geben.
6. Bilder und Symbole (Kodes) verwenden
Die Aussage „ein Bild sagt mehr als tausend Worte" dürfte Ihnen bekannt sein. Nutzen Sie diese Erkenntnis, in dem Sie versuchen, möglichst viele Wörter durch Symbole und Bilder zu ersetzen oder zumindest zu ergänzen. Ihr Gehirn arbeitet nämlich lieber mit einprägsamen Bildmotiven als mit monotonen, gleich wirkenden Zeilenteppichen oder Bleiwüsten.
Verwenden Sie (stets gleiche) Bilder/Symbole, die bei Ihnen immer wieder die gleichen Assoziationen hervorrufen.
7. Hinweispfeile und Verbindungslinien
Wenn Sie feststellen, dass Unterthemen auf verschiedenen Ästen in Beziehung zueinander stehen, dann machen Sie diese Zusammenhänge durch Hinweispfeile oder Verbindungslinien deutlich. Diese Linien und Pfeile sollten dabei außen um das MindMap® herumgeführt werden.

Anwendungsmöglichkeiten

Neben dem Notieren von Informationen in einem gelesenen Text können MindMaps® verwendet werden für
– Planen und Organisieren,
– kreatives Problemlösen,
– Strukturieren von Ideen/Präsentationen,
– das bessere Behalten von Wissen,
– die Vorbereitung von Reden,
– Brainstorming/Ideenfindung,
– Checklisten,
– TO-DO Listen (Aufgaben-Planung),

- Protokollierung/Zusammenfassung,
- Interviews und
- Zielformulierungen.

Vorteile von MindMaps®

MindMaps® haben gegenüber gegliederten oder Listennotizen verschiedene Vorteile:
- Die Zentral- oder Hauptidee wird deutlicher herausgestellt.
- Die relative Bedeutung jeder Idee tritt sinnfälliger in Erscheinung. Wichtige Ideen befinden sich in der Nähe des Zentrums, weniger wichtige an den Randzonen.
- Als Ergebnis werden Erinnerungsprozess und Wiederholungstechnik effektiver und schneller.
- Die Art der Struktur erlaubt es, neue Informationen leicht und ohne die Übersichtlichkeit störende Streichungen usw. einzubringen.
- Jede MindMap® ist von jeder anderen nach Form, Grafik und Inhalt deutlich unterschieden.

MindMaps®
- schärfen Ihr Gedächtnis,
- verschaffen Ihnen einen besseren Überblick,
- helfen Ihnen Zeit zu sparen,
- helfen, verborgene Ideen an den Tag zu fördern,
- sind nützlich bei der Entwicklung von Problemlösungen,
- helfen, Ihre Effizienz zu steigern,
- kann man sukzessive aufbauen sowie
- jederzeit erweitern und überarbeiten.

Weiterführende Informationen zu MindMaps®

Zum Thema MindMaps® und wie Sie die Technik am besten erlernen können gibt es verschiedene Bücher, von denen ich einige, die ich selbst gelesen habe, im Anhang aufgeführt habe. Übrigens habe ich nachfolgend ein MindMap® zum Inhalt des Abschnitts über diese Form der Notizstrukturierung eingefügt.

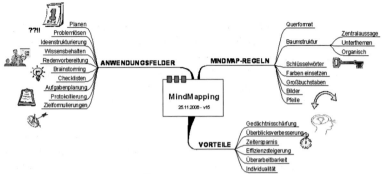

Abbildung 17 „MindMap®-Regeln, -Vorteile + -Anwendungsfelder"

Leseschemata/Strukturbilder

Neben den MindMaps® möchte ich Ihnen noch eine weitere Möglichkeit der Strukturierung Ihrer Notizen aufzeigen, die sog. Leseschemata oder Strukturbilder. Auch hierbei werden Bilder zur Assoziation verwendet, die Leseschemata können aber eine ganz andere Struktur haben als die immer von der Mitte ausgehenden MindMaps® und müssen damit nicht so hierarchisch sein wie diese. Sie können teilweise auf noch mehr Text verzichten, Sie können aber auch hauptsächlich mit Text arbeiten. Ziel jeden Leseschemas ist es dabei, die Beziehungen der Schlüsselwörter des Textes grafisch nachzuvollziehen, um so einen schnelleren Zugang zu den zugrunde liegenden Texten zu erhalten.

Leseschemata sind Ihnen sicher bereits bekannt in Form von Organigrammen, Flussdiagrammen, Ablaufplänen oder Ähnlichem. Dennoch möchte ich Sie bitten, einige Leseschemata individuell zu erstellen, um darin Übung zu bekommen und deren Vorteile schätzen zu lernen.

Leseschema 1 „Was ist rationelles Lesen"

Beginnen sollen Sie mit dem nachfolgenden Satz über Teilaspekte des rationellen Lesens. Versuchen Sie bitte, diesen Satz innerhalb von fünf Minuten in ein Leseschema umzusetzen, so dass aus der Darstellungsweise die Beziehungen der Satzinformationen zueinander erkennbar werden.

Mehrere Wege führen zum rationellen Lesen: die Reduzierung von Lesehemmnissen (vor allem Zahl und Dauer der Fixationen, Rücksprünge), das Erlernen neuer Lesetechniken (Fixationslesen, Slalomlesen, Insellesen), das effektive Überfliegen von Texten (orientierend, selektiv, immer mit Leseabsicht) und die Verbesserung der Informationsverarbeitung (Leseschema).

Eine Möglichkeit, wie ein solches Leseschema aussehen könnte, finden Sie am Ende dieses Abschnittes (Seite 212). Sie können daran erkennen, dass die Satzinhalte (einschließlich der Abhängigkeiten und Folgerungen) aus dem Leseschema viel besser zu entnehmen sind. Um den Satzinhalt zu wiederholen, ist es demnach einfacher, wenn Sie sich lediglich das Leseschema anschauen.

Leseschema 2 „Miteinander auskommen"

Beim nächsten Text soll es für Sie erneut darum gehen, nach dem Überfliegen und dem kontrollierenden Lesen (eventuell im Zweier- oder Dreier-Rhythmus) eine Leseschema zu erstellen. Auf das Lesetempo kommt es dabei momentan nicht an.

Miteinander auskommen[25]

Der Schnellkurs der Chinesischen Gesellschaft, wie die Kluft zwischen chinesischen und kanadischen Managern zu überbrücken sei, verlangt von den Beteiligten sowohl, dass sie ihre eigenen kulturellen Werte untersuchen, als auch, dass sie etwas über die andere Seite lernen. Verhalten, das von Chinesen als vertrauenswürdig angesehen wird, ist oftmals genau das, was Kanadier mit einem fragwürdigen Charakter in Verbindung bringen – und umgekehrt.

Ein Kanadier nimmt an, dass eine Person, die zunächst überlegt, bevor sie antwortet, sich wahrscheinlich verstellt. Er erwartet bei einer vertrauenswürdigen Person eine Antwort ohne Zeitverzögerung.

Die Chinesen misstrauen solcher Spontaneität. Sie sind beeindruckt, wenn jemand gründlich über eine Frage nachdenkt, bevor er sie beantwortet. Für die meisten Chinesen ist eine zeit-

---

25 eigener fiktiver Text

weilige Stille durchaus angenehm. Kanadier dagegen empfinden Stille als peinlich und versuchen daher, jede Pause in der Konversation zu füllen.

Die in Kanada sehr gefragten Eigenschaften Ehrlichkeit und Offenheit werden also missverstanden. Chinesen halten es für höflich und geradezu erforderlich, dass eine Person so lange zurückhaltend bleibt, bis sie die Gewissheit gewonnen hat, dass heikle Informationen vom Geschäftspartner absolut vertraulich behandelt werden. Wenn also ein Kanadier lauthals von sich gibt: „Ich bin der ich", wird das bei seinen Gastgebern eher Angst auslösen als Zuneigung. Denn schließlich denken die Chinesen, dass Individualisten antisozial; Teamspieler dagegen verlässlich sind.

Wenn Sie mit Ihrem Leseschema fertig sind, schauen Sie sich bitte meinen Vorschlag eines möglichen Leseschemas am Ende dieses Abschnitts (Seite 213) an. In diesem Leseschema habe ich Fahnen als Symbol für die jeweiligen Nationalitäten verwendet. Die Symbole „+"- und „-"-Zeichen sowie die Farben rot und grün stehen für die Einstellung zu den jeweiligen Eigenschaften und Einstellungen von Chinese und Kanadiern. Der Gegensatz zwischen den beiden Nationen lässt sich durch das Leseschema sehr gut darstellen.

Wichtigkeit von Farben

Auch beim Leseschema haben Farben große Bedeutung für die Aufnahmefähigkeit. Sie sollten immer gleiche Farben für die gleiche Bedeutung verwenden. Setzen Sie jedoch nicht zu viele Farben ein (Obergrenze fünf Farben in einem Leseschema), da ansonsten der Überblick verloren geht und auch die Assoziationen mit bestimmten Farben schwierig wird.

Leseschema 3 „Die Schlafkrankheit"

Auch beim folgenden Text soll es für Sie darum gehen, nach dem Überfliegen und dem kontrollierenden Lesen (hierfür bietet sich ggf. wieder ein Zweier- oder Dreier-Rhythmus an) ein Leseschema zu erstellen. Nehmen Sie sich für das Leseschema jetzt allerdings maximal fünf Minuten Zeit, da der Text relativ kurz ist.

Die Schlafkrankheit[26]

Einige tausend Afrikaner fallen Jahr für Jahr der Schlafkrankheit zum Opfer. Die Erreger, längliche begeißelte Einzeller, gelangen durch den Stich der Tsetsefliege in den Organismus und wandern, wenn die Krankheit in diesem Stadium nicht behandelt wird, in verschiedene Organe. Im Zentralnervensystem vollenden sie ihr Zerstörungswerk.

Die „ostafrikanische Form" verläuft sehr stürmisch: Ein paar Tage nach dem fatalen Stich beginnen akute Fieberschübe und Kopfschmerzen, innerhalb von wenigen Wochen entwickeln sich die typischen Symptome: Bleierne Müdigkeit, schließlich völlige Apathie, Unfähigkeit zu essen, Koma und Tod.

Bei der „west- und zentralafrikanischen Form" lassen die tödlichen Geißeltierchen sich Zeit. Erst sechs Monate bis fünf Jahre nach dem Mückenstich beginnen sie, ihr Opfer mit chronischem Fieber zu schwächen. Immer schläfriger und apathischer, langsam aber unaufhaltsam an Geist und Körper verfallend, gehen die Kranken zugrunde.

Nicht nur der Mensch wird von der Schlafkrankheit befallen: Immer wieder werden Rinderherden Afrikas von der Seuche dezimiert. Der Schlafkrankheit verwandt ist die Chagas-Krankheit Mittel- und Südamerikas, die von Raubwanzen übertragen wird.

Am Abschnittende (Seite 213) finden Sie wiederum meinen Leseschema-Vorschlag. Der Afrika-Umriss zeigt, wo die Krankheit vorherrscht. Dargestellt ist auch die Trennung in ost- und westafrikanische Form. Gewählt habe ich darüber hinaus unterschiedliche Symbole für verschieden lange Inkubationszeiten und Symptome.

Sie werden jetzt möglicherweise feststellen, dass ein Leseschema im von mir gewählten Umfang viel zu viel Zeit für einen solch' kurzen Text bedeuten würde. Damit haben Sie im Grunde genommen auch Recht. Der Zeitaufwand muss nämlich in einem angemessenen Verhältnis zur Länge und Wichtigkeit des Textes stehen.

---

26 aus: Geo, Wissen, Abwehr, Aids und Allergie, 1990

Allerdings ist es vorstellbar, dass der Text länger als hier vorgegeben ist und eine Auflistung dazu enthält, in welchen Ländern Afrikas eine der beiden Formen vorherrschend ist. Dann würde die Trennlinie genau an den Ländergrenzen entlanglaufen und Ihnen deutlicher die Abgrenzung zeigen, als es jeder Text könnte.

Allgemeine Hinweise

Wichtig ist nicht, dass ein Leseschema besonders bunt oder „künstlerisch" ist. Es soll vielmehr alle wesentlichen Elemente – und nur diese – enthalten.

Wichtig ist auch nicht das Vorhandensein irgendeines Leseschemas. Von Bedeutung sind vielmehr die Ordnung der eigenen Gedanken und deren Umsetzung in das Leseschema.

Leseschema-Vorschläge

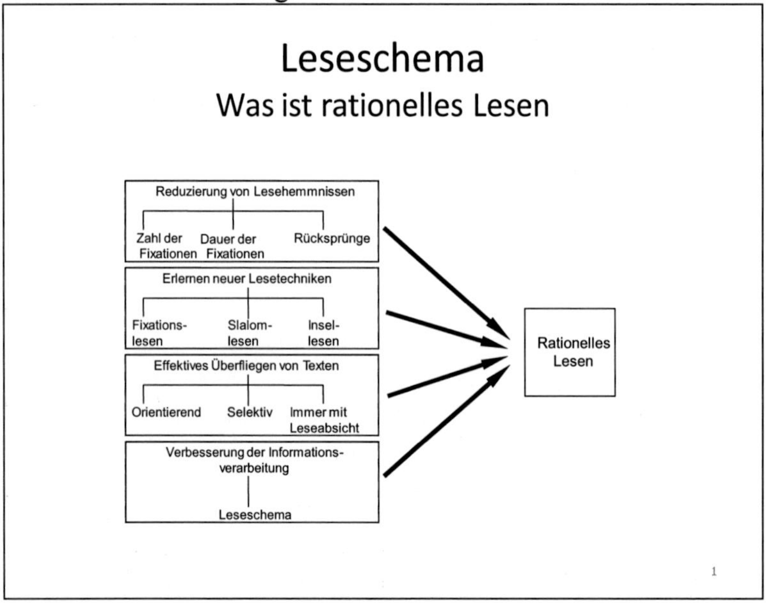

Leseschema
Was ist rationelles Lesen

- Reduzierung von Lesehemmnissen
  - Zahl der Fixationen
  - Dauer der Fixationen
  - Rücksprünge
- Erlernen neuer Lesetechniken
  - Fixationslesen
  - Slalomlesen
  - Insellesen
- Effektives Überfliegen von Texten
  - Orientierend
  - Selektiv
  - Immer mit Leseabsicht
- Verbesserung der Informationsverarbeitung
  - Leseschema

→ Rationelles Lesen

Abbildung 18 „Leseschema ‚Rationelles Lesen'"

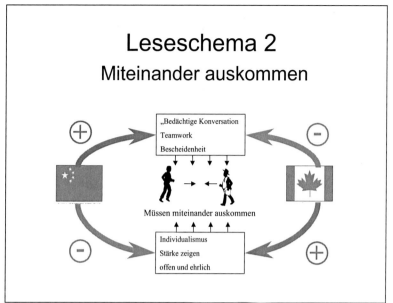

Abbildung 19 „Leseschema ‚Miteinander zurechtkommen'"

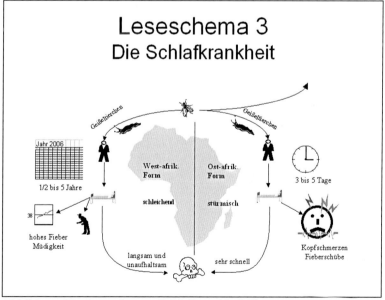

Abbildung 20 „Leseschema ‚Schlafkrankheit'"

Wahl der Notizmethode

Die Wahl der Methode, mit der Sie Notizen zu einem bestimmten Text machen, ist abhängig von verschiedenen Aspekten:

Vorhaben

In Abhängigkeit vom Vorhaben kann man drei verschiedene Einsatzfelder unterscheiden. Wenn Sie etwas <u>im Gedächtnis speichern</u> wollen, dann empfiehlt sich eine Notierweise, die auf kleinstem Raum die größtmögliche Menge an Informationen konzentriert. Wenn die Notizen <u>Grundlage für die eigene schriftliche Arbeit</u> sein sollen, dann ist eine Methode effizient, die darin besteht, ein Blatt zu jeder der zum Thema gestellten Frage vorzubereiten. Und wenn die Notizen für eine <u>mündliche Darstellung</u> dienen sollen, dann sollten Sie keine Zusammenfassung, sondern einen Stichwort-Entwurf fertigen, der als Gedankenstütze Verwendung findet.

Dokument

Ein Text, in dem die Hierarchie der Gedanken sehr wichtig ist, verlangt eher eine gegliederte Notierweise. Allerdings kann auch diese Strukturierung mit Hilfe eines MindMaps® oder eines Leseschemas unter Hinzufügen von Bildern veranschaulicht werden.

Markieren in Texten

Vor dem Notieren von Textinhalten werden vermutlich auch Sie es sich angewöhnt haben, Stellen im Text zu markieren. Dabei sollten Sie jedoch sehr vorsichtig sein. Insbesondere sollten Sie noch nichts beim Überfliegen markieren, es sei denn die von Ihnen überhaupt zu lesenden Passagen. Auch beim nächsten (kontrollierenden) Lesen sollten Sie sparsam mit Markierungen umgehen. Es besteht nämlich die Tendenz, am Anfang zu viel zu markieren.

Wenn Sie einen solch markierten Text dann später noch einmal durcharbeiten wollen, werden Sie immer zuerst an den (möglicherweise falsch) markierten Stellen hängen bleiben und Schwierigkeiten haben, Textpassagen neben den markierten Stellen aktiv aufzunehmen. Daher sollten Markierungen von Ihnen auch immer bewusst, aus jeweils ganz bestimmten Gründen, erfolgen.

Entwicklung eigener Markierungen

Markierungen können sein:
- Unterstreichungen, ggf. in verschiedenen Farben,
- Hervorhebungen durch Textmarker,
- Randmarkierungen (Striche, Symbole),
- Randbemerkungen und
- Haupt-Gedanken als Absatzüberschrift neben dem Text.

Neben Sie sich etwas Zeit dafür, eigene Markierungen zu entwickeln, die für Sie selbsterklärend sein sollten. Verwenden Sie für Gleiches immer eine gleichartige Markierung. Das gilt auch für den Einsatz von Farben, wobei Sie nicht mehr als drei bis vier Farben verwenden sollten.

Wenn Sie markieren, sollten Sie dazu zudem entweder einen weichen Bleistift, den man möglichst rückstandslos wieder ausradieren kann, oder einen hellen Textmarker (gelb oder hellgrün) benutzen. Damit ist gewährleistet, dass fehlerhafte oder störende (zu umfangreiche) Markierungen wieder entfernt werden können. Wenn Sie dagegen etwa einen blauen Textmarker einsetzen, werden Sie die Markierungen selbst durch Kopieren des Textes nicht wieder entfernen können, da an den entsprechenden Stellen ein Schatten auch auf der Kopie zu sehen sein wird.

Anfangsschwierigkeiten beim Behalten

Nachdem Sie jetzt verschiedene Methoden kennen gelernt haben, mit denen das Behalten von Gelesenem erleichtert wird, möchte ich Ihnen im Folgenden erläutern, warum es gerade zu Beginn eines neuen Lerngebietes so schwierig ist, sich das Neue zu merken.

Nicht nur für die eigene Motivation, sondern letztlich für alle Lern- und Wissensgebiete und damit auch für das Erlernen „Rationeller Lesetechniken" ist schließlich auch noch das Wissen um die Wissenslernkurve und die Verhaltenslernkurve von großer Bedeutung.

Wissensspeicherung

Dies hängt damit zusammen, wie wir unser Wissen im Gehirn abspeichern. Als Bild für die Art und Weise des Speicherns eignet sich gut das Fischernetz. Die Knoten dieses Netzes sind die etwa 100 Milliarden Neuronen in unserem Gehirn. Jedes Neuron ist mit durchschnittlich 1.000 anderen Neuronen verknüpft[27] – die Netz-Schnüre also.

Neue Neuronenverknüpfungen

Neue Informationen können also nur aufgenommen werden, in dem neue Verknüpfungen zwischen den bestehenden Neuronen geknüpft werden. Je dichter das Netz ist, desto leichter bleiben die neuen Informationen im Netz „hängen" und können verarbeitet werden.

Aktivieren des eigenen Wissens

Hilfreich dabei ist das Aktivieren des eigenen Wissens (siehe dazu die entsprechende Motivationsmöglichkeit im vorherigen Abschnitt), weil es wie ein Magnetisieren der Neuronen im richtigen Gehirnbereich wirkt, so dass weniger Informationen durch die Maschen des Netzes rutschen können.

Darüber hinaus gilt natürlich, dass umso mehr Informationen aufgenommen und behalten werden können, je enger das Netz gesponnen ist, je mehr Verknüpfungen zwischen den Neuronen also bestehen.

Grundlagen vor Details

Insoweit sollten zu Anfang auch die Grundlagen gelernt werden, bevor Sie versuchen können, die Details zu behalten. Dies wird bei einem Vergleich mit einem Puzzle deutlich, bei dem auch zunächst einmal die grundlegenden Elemente (wie den Rahmen) sowie Einzelmotive zusammengesetzt werden, bevor dann etwa die sich kaum unterscheidenden Himmelsteile eingefügt werden.

---

[27] Song, Sjöström, Reigl, Nelson, Chklovskii: "Highly Nonrandom Features of Synaptic Connectivity in Local Cortical Circuits" (gem. Internet-Seite in 2012: http://www.plosbiology.org/article/info:doi/10.1371/journal.pbio.0030068)

Beim Lesen ist es also hilfreich, schwierige Stellen zunächst zu überspringen. Wenn dann der Text in Gänze erfasst wurde und insoweit mehr Wissen vorhanden ist, ist das Verstehen und Behalten der zuvor als schwierig empfundenen Passagen zumeist viel einfacher.

Wissenslernkurve

Dies erklärt die nachfolgend abgebildete Wissenskurve, bei der zu Beginn das Wissen nur langsam steigt, dann aber exponentiell zunimmt, da die neuen Informationen auf zunehmend mehr Verknüpfungen treffen und damit in immer größer werdenden Umfang aufgenommen werden können.

Das Erlernen von Wissen lässt sich insoweit gut vergleichen mit einem kleinen Schneeball, den man auf den Weg schickt und der bei einem entsprechend langen Abhang (sprich Informationsmenge) unten als große Schneekugel ankommt.

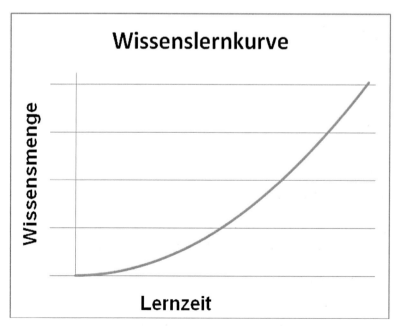

Abbildung 21 „Wissenslernkurve"

Verhaltenslernkurve

Im Gegensatz zur Wissenslernkurve verläuft allerdings die Verhaltenslernkurve nicht so gleichförmig und vor allem nicht exponentiell. Hier findet man stattdessen ein Lernen in Sprüngen mit dazwischen liegenden Phasen ohne erkennbaren Fortschritt.

Plateau-Lernphasen

Diese Sprünge im Erlernen von neuem Verhalten oder Verhalten treten nicht nur beim Sport oder beim Erlernen eines Musikinstruments, sondern auch bei anderen Fähigkeiten wie etwa dem Erlernen Rationeller Lesetechniken mit allen Teilaspekten (dem Fixationslesen und den weiteren, fortgeschrittenen Lesetechniken, aber auch der Verbesserung der Selbstmotivation und der Textselektion sowie dem Erstellen von Leseschemata oder MindMaps®) auf.

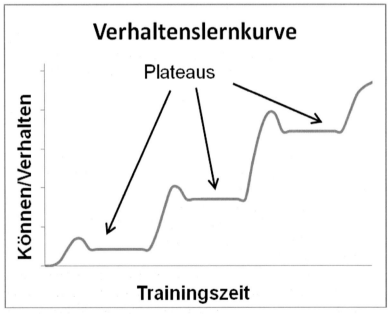

Abbildung 22 „Verhaltenslernkurve"

Myelisierung der Neuronen

Während einer Plateau-Phase werden im Gehirn neue neuronale Verknüpfungen aufgebaut, die anschließend noch mit Marksubstanz (oder auch Myelin) ummantelt werden, was vergleichbar ist mit der Isolierung eines stromführenden Kabels. Erst wenn diese Myelisierung abgeschlossen ist, können die Neuronenverbindungen genutzt werden, so dass dann der nächste Sprung möglich wird.

Motivation in Plateau-Phasen

Leider weiß man beim Trainieren neuer Fähigkeiten nur selten, an welcher Stelle des Plateaus man sich gerade befindet. Daher sollte man möglichst ein Fortschrittsprotokoll führen, um sich selbst dann zum Weitermachen zu motivieren, wenn man das Gefühl hat, schon lange keinen Fortschritt mehr gemacht zu haben. Das Wissen um das Plateaulernen könnte bei dieser Motivationslage hilfreich sein.

13 Schritte zum Behalten

Wenn Sie in die Notwendigkeit kommen, Dinge dauerhaft zu behalten, ohne in Notizen oder Aufzeichnungen nachschauen zu können, können Ihnen die folgenden 13 Schritte behilflich sein:

1. Verstehen des Gelesenen
2. Wiederholungen
   Die Wiederholung sollte gezielt und wissensverfestigend geschehen. Als Wiederholungsintervalle haben sich bewährt:
   – erste Wiederholung am gleichen Tag (ggf. anhand des erstellten Leseschemas),
   – zweite Wiederholung nach einer Woche,
   – dritte Wiederholung nach einem Monat und
   – vierte Wiederholung nach einem Jahr.
3. Fragen an den Text
   Stellen Sie Fragen an den Text und zwar bereits beim ersten Überblick oder Überfliegen, aber auch bei der Wiederholung markierter Textstellen. Legen Sie Frage-Checklisten an und prüfen Sie Ihr Wissen, in dem Sie sich die Checklisten vorlegen, bis die Antworten gelernt sind.
4. Wiederholung nur an markierten Stellen
5. Neue Marken auch bei Wiederholungen

6. Kritisch bleiben (denkend werten)
   Bleiben Sie stets kritisch gegenüber der Textaussage und dem Nutzen für Ihr Lese- oder Lernziel, auch bei den Wiederholungen.
7. Wiederholungen ohne Gewalt
8. Pauk-Erfolge
   Wiederholen Sie in den unter Nummer 2 empfohlenen Intervallen, auch wenn Sie den Stoff scheinbar bereits beherrschen. Nur dann ist regelmäßig ein dauerhaftes Behalten gewährleistet.
9. Ökonomisches Wiederholen
   Vergegenwärtigen Sie sich beim Wiederholen die Gesamtzusammenhänge. Während Sie Einzelheiten kurz wiederholen, sollten Sie die Aufmerksamkeit auf weitere Einzelheiten lenken und alles nochmals durchgehen.
10. Lernprotokoll führen
11. Lernerfolg kontrollieren
    Kontrollieren Sie Ihren Lernerfolg, in dem Sie Ihr Lernziel formulieren und Ihre Leseabsicht festhalten. Die motivierende Selbstverantwortung steigert Ihren Lernerfolg.
12. Zielkorrektur
    Seien Sie offen bei der Kontrolle Ihres Lernerfolgs. Möglicherweise sind ja Teilziele neu zu definieren oder zu hoch gesteckte Ziele sorgfältig neu zu setzen.
13. Protokollieren des Lernerfolgs
    In dem Sie Ihren Lernerfolg festhalten, schaffen Sie sich die Möglichkeit, immer mal wieder einen Blick auf das schon Erreichte zu werfen und sich dadurch zum Weitermachen zu motivieren.

Studierendes Lesen oder PMSQ5R

Begonnen hatte ich dieses Buch mit den verschiedenen Aspekten, die es beim Erlernen Rationeller Lesetechniken zu beachten gilt. In diesen Zusammenhang passen sehr gut die Erkenntnisse, die in Experimenten an der Cornell Universität, USA, erzielt wurden.

Studenten, die mit einem vorgegebenen Frage-Schema an ihren Lesestoff herangingen, konnten nicht nur mehr behalten, sondern schnitten in Tests zudem auch deutlich besser ab.

Dieses studierende Lesen oder auch PMSQ5R (die Abkürzung steht für die Anfangsbuchstaben der englischen Fragewörter) sieht insgesamt 9 Schritte vor:

Purpose   (Absicht)
- Warum lese ich das Material
- Was wird später darüber gefragt werden

Mood   (Stimmung)
- Beginne mit positiven Gefühlen zu studieren.
- Setze Lesezeiten fest, wenn du dich gut fühlst.

Survey   (Überblick)
- Überfliege das Kapitel, lies Titel, Untertitel, Überschriften und Zusammenfassungen
- Lies den Eröffnungsabschnitt und die Zusammenfassungen am Schluss.
- Schau nach Vertiefungsaufgaben und -fragen.
- Schau dir Illustrationen, Schaubilder und Tabellen an.

Question   (Fragen)
- Formuliere Fragen aus Titeln, Überschriften und Bildern.
- Stelle eine Liste von Fragen auf, die dir in den Sinn kommen.

Read   (Lesen)
- Lies, um Antworten auf deine Fragen zu finden.
- Notiere den Hauptgedanken und wichtige Details für jeden Abschnitt.

Record   (Aufschreiben)
- Unterstreiche, mache Hervorhebungen und Randnotizen.
- Finde ein System, Notizen zu machen, das optimal zu dir passt. Schreibe zusammen-fassende Sätze für die Hauptgedanken und die wichtigsten Einzelheiten.
- Male Diagramm, Bilder oder ein Leseschema.

Recite (Wiedergeben)
- Ohne ins Buch zu gucken: Beantworte deine Fragen - und zwar laut.
- Lies noch einmal unklare Stellen nach.
- Fasse zusammen, was du bisher hast.

Reflect (Nachdenken)
- Bringe das Gelesene in Zusammenhang mit deinen Ideen, mit deinem Vorwissen.
- Untersuche das Material auf seine Gültigkeit.
- Schreibe diese eigenen Überlegungen an das Ende deiner Notizen.

Review (Wiederholen)
- Prüfe Dein Gedächtnis, indem du wichtige Details zu jeder Überschrift wiedergibst.
- Stelle und beantworte Fragen aus den Notizen.
- Male Diagramme zu den wichtigsten Gedanken und Begriffen.
- Tu das 20 Minuten nach dem Lesen.

Nicht jeder wird im Berufsalltag an jeglichen Lesestoff so detailliert herangehen müssen, so dass der eine oder andere Schritt entbehrlich sein kann.

Bemerkenswert an dem Fragen-Schema ist aber vor allem, dass bei einem studierenden Lesen – wenn es also um das dauerhafte Behalten des zu Lesenden geht – die ersten vier Schritte die Lesevorbereitung betreffen, lediglich zwei Schritte (mit „Read" und „Record") dann das umfassen, was zumeist ausschließlich beim Lesen passiert, und die letzten drei Punkte schließlich die Lesenachbereitung.

Für ein gutes Rationelles Lesen sollte also Wert darauf gelegt werden, die durch die Beschleunigung des reinen Lesevorgangs selbst gewonnene Zeit zumindest teilweise in die anderen sieben bis acht Schritte zu investieren.

Lesetext „Alle Frauen lieben Willy"

Zum Abschluss dieses Kapitels folgt noch ein Text mit 1.326 Wörtern, bei dem Sie üben können, wie nach einem überfliegenden und anschließenden kontrollierenden Lesen und dem Markieren von Textstellen aus den von Ihnen gefundenen Absatzüberschriften ein Leseschema entstehen kann.

Sie sollten also den Text zuerst einmal überfliegen. Danach folgt ein kontrollierendes Lesen, bei dem Sie die in den einzelnen Absätzen wesentlichen Informationen markieren sollen. Denken Sie daran, sparsam dabei vorzugehen.

Im nächsten Schritt suchen Sie bitte pro Absatz eine möglichst kurze und prägnante Überschrift, aus der es dann gilt, ein Leseschema zu erstellen.

Alle Frauen lieben Willy [28]

Wie er sprach, so war und so handelte er auch: Langsam, bedacht und bedächtig, von vornherein darauf aus, eine Entscheidung nicht sogleich treffen zu müssen, sondern darüber noch einmal zu schlafen, wenigstens jedoch, sich mit den engsten Beratern und Freunden oder mit Frau Rut noch einmal besprechen zu können.

Willy Brandt war kein Kanzler der schnellen einsamen Entschlüsse, wie Adenauer, und deshalb wohl auch kein Machtpolitiker. All sein Tun, all sein Entscheiden war auf Kollegialität gerichtet. Die einen nannten ihn deshalb einen „Zauderer", einen schwachen Kanzler, manch' Bösartiger schimpfte ihn sogar ein „Weichei", doch stellte kaum jemand die starke Symbolfigur des Willy Brandt in Frage.

Neben der Frontansicht des VW Käfers war Brandt zu seiner Zeit das bekannteste Gesicht in Deutschland, zugleich aber auch der am meisten gescholtene und bewitzelte Politiker. Vieles, was damals über die Schwächen des deutschen Kanzlers, über seine Zuneigung zu jüngeren Frauen oder zu bestimmten alkoholischen Getränken („Willy Weinbrand", „Whisky Willy") gesagt und geschrieben wurde, ging unter die Gürtellinie und

---

[28] Aus: Tatort Bonn -Stunde Null (Seite 187) von F. Paul Schwakenberg, Verlag K.H. Bock, Bad Honnef, 2001

war zutiefst verletzend. Natürlich trank Willy Brandt schon mal einen über den Durst, natürlich hatte er zuweilen auch Lust auf Blondinen, doch besaß er weder ein „Oral-Office", noch trieb er es wie August, der Starke von Sachsen und Polen.

Was konnte Willy Brandt dafür, dass fast alle Frauen ihn liebten, dass im Wahlkampf-Sonderzug unter mitreisenden Journalistinnen regelrechte Wettkämpfe um fleischliche Vorteile ausgetragen wurden. Der umschwärmte Frauentyp Brandt nutzte halt dann und wann mal eine der vielen sich bietenden guten Gelegenheiten. Schließlich gestand selbst Katja Ebstein: „Ja, ich bin ein Willy Brandt-Fan ...!" und Sandie Shaw meinte gar: „Willy ist einer der sexiesten Männer, die ich kenne; er wirft mich einfach um!"

Willy Brandt hatte menschlicher Schwächen, vor allem aber seiner Politik wegen, während seiner ganzen Karriere stets heftige Vorwürfe einstecken müssen. Die in den Anfängen kritisierte Ostpolitik, die von der Union dann aber übernommen und weiterentwickelt wurde, die schließlich sogar zum Allgemeingut sämtlicher Parteien geriet, trug Brandt den bösen Vorwurf „Verzichtspolitiker" ein. Der Gescholtene damals: „Ja, ich bin ein Verzichtspolitiker. Ich verzichte auf den Krieg als Mittel der Politik, auf Drohung mit Gewalt und auf deutsche Großmannsucht!" Der ihm 1971 verliehene Friedensnobelpreis ließ seine Kritiker weitgehend verstummen.

Oft hatte dieser Mann des Abends einsam und in sich gekehrt am Kamin gesessen, mit seiner Umgebung gehadert und nicht begreifen können, wie man mit ihm umging. Frau Rut damals: „Ich merke sofort, wenn er heimkommt, ob man ihn geärgert oder sogar verwundet hat. Ich versuche dann nicht, ihn zu trösten. Er zieht sich vielmehr immer zurück, um alles mit sich allein auszumachen. Und er hat es noch immer geschafft; auch, wenn es noch so schwer gewesen ist!"

Willy Brandt hat während seiner Kanzlerschaft, aber auch schon vorher, als „Regierender" in Berlin, Politik allgemein vermenschlicht und Glaubwürdigkeit deutscher Politik im Besonderen unter Beweis gestellt. Sein spontaner Kniefall vor den Mordopfern deutscher Soldateska in Polen war überdeutlicher Ausdruck solcher Denkungsweise gewesen. Mir wird es immer ein Rätsel sein, wieso der erste sozialdemokratische deutsche Nachkriegskanzler bei vielen als „weich" und „unentschlossen" galt. Dabei hat sich Brandt in Wahrheit ungezählte Male als harter, manchmal sogar als unnachgiebiger politischer Unterhändler erwiesen.

Besonders häufig zu spüren bekam dies u. a. sein Freund, der sowjetische KP-Chef Leonid Breschnew, bei den berühmten Treffen in Oreanda auf der Krim. Schon bei der ersten Begegnung legten beide sich so sehr ähnliche Politiker fest, stets nur so lange tagen zu wollen, bis einer von ihnen Hunger verspüre. Da beide Freunde guten Essens und guter Getränke waren, redete man nicht lange um den heißen Brei herum, sondern kam sogleich zur Sache und das mit Tacheles.

Als Kanzler Kurt-Georg Kiesinger in der Wahlnacht des Jahres 1969 die absolute Mehrheit für seine Partei knapp verfehlt hatte und man noch die Wunden der Schlappe leckte, da hielt sich Brandt nicht lange bei der Vorrede auf, telefonierte mit Walter Scheel, und Deutschland hatte in Windeseile eine und in dieser Konstellation nicht erwartete neue Regierung. Die „Zeit" leitartikelte damals: „Seit Adenauer hat die Republik jetzt zum ersten Mal wieder einen richtigen Kanzler!"

Brandt, der morgens vor elf niemals richtig aufgeweckt schien, verhandelte besonders gern' zu nachtschlafender Stunde. War sein Gegenüber, sein Widerpart, schon fast entschlummert, dann lief Brandt erst richtig zu Hochform auf. Tagelang konnte Brandt ohne feste Nahrung auskommen, wenn ihm zwischendurch nur nicht der heißgeliebte Glimmstängel oder immer wieder mal ein Schluck geistiger Nahrung versagt blieben.

Häufiger hat Brandt gegen zwei seiner „inneren Schweinehunde" anzukämpfen versucht; gegen das Rauchen und gegen die Lust am gefüllten Glas. Mehrfach hat's – kurzfristig – auch geklappt, doch dann war Willy Brandt tagelang „ungenießbar" gewesen. Bei einem Besuch im Heilbad Pyrmont hatte man den durstigen Kanzler per Urkunde zum Wasser-Trinker ehrenhalber ausrufen wollen, doch Brandt winkte ab; „Ich kann wirklich nicht versprechen, fortan nur noch von Wasser leben zu wollen!"

Was man nur von ganz wenigen Spitzenpolitikern der Bonn-Ära vermelden kann: Willy Brandt ist schon in frühen Jahren ein ausgeprägter Gourmet gewesen – sowohl, was die Auswahl von, Weinen und Speisen, aber auch seiner Frauen anging. Brandt bewies stets Stil und Geschmack. Kolumnen-Star Walter Henkels, politisch eher dem konservativen Lager zuzuordnen, räumte ein: „Dieser Mann strömt eine eigenartige Faszination aus; zwar nicht nur auf Frauen, aber eben AUCH!" Bei der Bad Godesberger Promi-Wirtin Ria Maternus (Küsschen rechts. Küsschen links!) war er, zusammen mit Walter Scheel und Hans-Dietrich Genscher, der am häufigsten, nächtens auch am längsten mit hochedlen Genüssen versorgte Politiker. Als Brandt im Bundestag ehrlicherweise einmal offen eingeräumt hatte, „er könne nun mal nicht von Brot allein leben" und ihm daraufhin Hohngelächter aus der Union entgegenschlug, da konterte Brandt: Die Christdemokraten sollten doch auch einem Sozialisten zubilligen, gelegentlich mal auf die Bibel zurückgreifen zu dürfen.

Selten nur hat man Willy Brandt während seiner Bonner Jahre herzerfrischend und schallend lachen gehört. Der geborene Lübecker bevorzugte den trockenen hanseatischen Humor, der bei ihm auch schon mal ein bisschen spröde, manchmal aber auch mutterwitzig oder spöttisch sein konnte, ohne jedoch jemals zu verletzen, wie dies Herbert Wehner in so teuflischer Vollendung beherrschte.

Willy Brandt verstand sich aufs Witze-Erzählen, und er vermasselte auch niemals eine Pointe. Seine Lieblingswitze handelten fast ausnahmslos von wortkargen Norwegern: „Besucht einmal ein Gebirgsbauer seinen Freund. Beide hatten sich lange nicht gesehen. Auf dem Tisch steht eine Flasche Aquavit. Wortlos beginnen beide zu trinken, Glas für Glas. Kein einziges Wort fällt. Beim allerletzten Glas erst sagt der eine Bauer: ‚Skal!' Ärgerlich blickt der andere auf, schüttelt den Kopf und tadelt: ‚Sag mal, sind wir hier, um dummes Zeug zu reden oder um zu trinken?'" Wahrscheinlich verraten solche Witze auch ein wenig vom Lebensverständnis ihres Erzählers.

Willy Brandt ist niemals ein Schulterklopfer gewesen. Der langjährige Bonner Fernsehmoderator Ernst-Dieter Lueg erkannte: „Ihm liegt es nicht, Kinder zu streicheln oder sich durch Bierzelte zu schäkern!" Nein, wenn die Devise „öffentlicher Frohsinn" ausgegeben wurde, dann tat sich Willy Brandt besonders schwer. Alte Fotos von Karnevalsempfängen im Kanzleramt ließen ihn entweder verkrampft, gelegentlich sogar ausgesprochen bärbeißig erscheinen. Dabei verstand Willy Brandt sehr wohl zu feiern; mit den Mitarbeiterinnen vor allem, und seine Bonner Sommerfeste waren beliebter als die des späteren Nachfolgers Helmut Kohl.

Seine Feste waren schnörkellos wie Brandt selbst: Fassbier, Würstchen, mehrere Zentner Erdbeeren, Tanzen und flirten. Basta! Die Kosten für solche Art von Volksbelustigung, zu der „Volk" auch wirklich noch hinzu geladen war, hielten sich zudem in Steuerzahler-freundlichem Rahmen.

Die Stadt Bonn hat Willy Brandt, wie einige andere auch, zu ihrem Ehrenbürger gemacht, aber der so Geehrte ist dieser Stadt nie besonders zugetan gewesen. Brandt lobte zwar: „Unter den Hauptstädten der Welt ist Bonn neben Washington, in der Durchlässigkeit und in der Transparenz des Regierungsgeschehens führend", aber er kritisierte auch: „Das Ausmaß an Geschwätzigkeit, das ich hier erlebe, erschwert die sachliche politische Arbeit immens!" Andere, kaum weniger bedeutende Promis, waren da anderer Ansicht.

Nochmals zur Erinnerung: Versuchen Sie bitte, pro Absatz eine Überschrift zu finden, die für Sie den Inhalt der Passage möglichst treffend zusammenfasst. Anschließend sollten Sie versuchen, diese Überschriften zu sortieren und Kategorien suchen, unter denen sie sich zusammenfassen lassen, wie Sie das ja schon bei der Gedächtnisübung mit den 25 Begriffen gemacht haben. Erstellen Sie dann aus diesen Überschriften ein Leseschema. Hierfür sollten Sie sich jedoch nicht mehr als fünf bis zehn Minuten Zeit nehmen.

Auf der nächsten Seite finden Sie übrigens meine Vorschläge für Absatzüberschriften sowie – im Anschluss daran – auch meinen Vorschlag für ein darauf basierendes Leseschema.

Bei einem so umfangreichen Text wie dem gerade von Ihnen gelesenen und durchgearbeiteten Text lohnt sich der Aufwand für die Suche nach Absatzüberschriften und die Erstellung eines Leseschemas, da Sie mit Hilfe dieser Notizen den Textinhalt innerhalb kürzester Zeit wiederholen können. Bei dem knapp 1.500 Wörter umfassenden Text bräuchten Sie für eine normale Wiederholung durch nochmaliges Lesen eine wesentlich längere Zeit.

Meine Vorschläge für Absatzüberschriften

- Bedachtsam
- Alkohol und Frauen
- Von Frauen geliebt
- Verzichtspolitker
- Hadern mit Kritikern
- Menschliche und glaubwürdige Politik
- Harter politischer Unterhändler
- Ein richtiger Kanzler
- Verhandlungsausdauer
- Zigaretten und Alkohol
- Gourmet
- Trockener Humor
- Witze-Erzähler
- Kein Party-Freund
- Schnörkellose Feste
- Keine Liebe zu Bonn

Mein Leseschemavorschlag

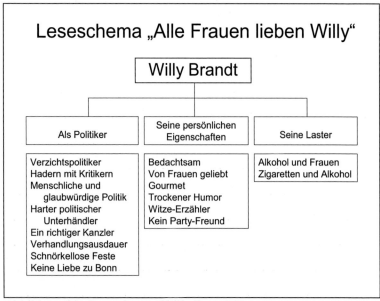

Abbildung 23 „Leseschema ‚Willy Brandt'"

Zusammenfassung

Im Abschnitt „Lesestoff behalten und abrufbar machen" habe ich zuerst über die Besonderheiten unseres Gedächtnis referiert und Ihnen Techniken und Tricks vorgestellt, die es Ihnen ermöglichen, sich zukünftig Informationen leichter zu merken.

Danach habe ich Ihnen neben den klassischen, gegliederten Notizarten, den Zusammenfassungen und der Schlüsselwörter-Liste zwei weitere Notiz-Alternativen gezeigt, nämlich die MindMaps® und die Leseschemata. Wenn Sie alle Übungen mitgemacht haben, dann haben Sie bereits vier eigene Leseschemata erstellt.

Im Anschluss daran habe ich Ihnen aufgezeigt, wie die typischen Kurven für das Aneignen von neuem Wissen (exponentiell) und neuen Fähigkeiten (mit Plateau-Phasen) aussehen und was das für Ihre Herangehensweise an Übungsfelder bedeutet, um die Anfangsschwierigkeiten beim Lernen zu überwinden.

Und schließlich habe ich Ihnen noch ein paar Hinweise zu Markierungen in Texten, zu den 13 Schritten zum Behalten sowie dem studierenden Lesen gegeben.

Ihre Notizen zum Kapitel

10. Lesen am Computerbildschirm

Vieles von dem, was in den vorangegangenen Kapiteln steht, lässt sich uneingeschränkt auf das Lesen am PC, das heißt am Computerbildschirm, übertragen. Einige Besonderheiten verdienen es jedoch, diesem speziellen Lesen ein eigenes Kapitel zu widmen.

Besondere Lesestoffe (E-Mails)

Am PC begegnen uns besondere Lesestoffe, die so nicht oder zumindest nicht in diesem Umfang beim bisherigen Arbeiten mit Papierinformationen aufgetreten sind. Ich spreche hier von der in immer stärkerem Maße auftretenden Flut von E-Mails, elektronischen Nachrichten, die über eine Datenverbindung in unserem E-Mail-System eintreffen.

Vor- sowie insbesondere Nachteile

Die Möglichkeit, auf elektronischem Weg Nachrichten mittels E-Mail schnell und zeitnah an verschiedene Adressaten in der ganzen Welt verschicken zu können, hat neben ihrer unbestreitbaren Vorteile auch nicht zu leugnende Nachteile. Dazu möchte ich ein paar Beispiele geben.

Wenn Sie einen Brief an eine Behörde oder auch an Bekannte schreiben, dann werden Sie vermutlich mit einer Antwort nicht vor Ablauf einer Woche rechnen. Möglicherweise machen Sie sich selbst dann noch keine Gedanken, Ihr Brief könne verloren gegangen sein, wenn Sie drei oder vier Wochen später immer noch keine Antwort haben, es sei denn, es handelte sich um eine ganz dringende Angelegenheit, die eine umgehende Rückantwort erfordert hätte.

Wenn Sie hingegen eine E-Mail abschicken, dann ist damit in der Regel verbunden, dass Sie wegen des möglichen Verzichts auf Formalien (ein unbestreitbarer Vorteil, da z. B. kein Briefkopf verwendet werden muss) und der einfachen Beantwortungsoption eine Rück-E-Mail oft schon am gleichen Tag erwarten. Dies gilt vor allem dann, wenn Ihnen das E-Mail-System des Adressaten eine Lesebestätigung zugesandt hat, aus der Sie ersehen können, dass der Adressat die E-Mail zumindest bei sich am Bildschirm hat anzeigen lassen. Aber selbst wenn dies im konkreten Fall nicht geschehen ist, werden Sie vermutlich spätestens nach einer Woche beim Adressaten nachfragen, ob er denn Ihre E-Mail nicht erhalten habe und wie es mit der Beantwortung aussehe.

Die Einfachheit und die Schnelligkeit der Kommunikation wird also zum Nachteil, in dem sie einen Druck auf den Adressaten ausübt, schneller zu reagieren, als es die (in der Regel gar nicht so hohe) Wichtigkeit der Information eigentlich erfordert (siehe hierzu auch Kapitel 8).

Automatische Vorselektion bei E-Mails

Bei E-Mails ist die Selektion daher noch viel wichtiger als bei sonstigen Texten. Dazu wiederum bietet der PC mit dem EDV-Programm, das die E-Mails verwaltet, verschiedene Möglichkeiten.

Wenn Sie Newsletter abonniert haben (das heißt wenn Sie von verschiedenen Stellen elektronische Zeitschriften oder sonstige regelmäßige Informationen wie etwa Pressemitteilungen oder Produktinformationen erhalten), dann sollten Sie dafür sorgen, dass diese Newsletter, ggf. aber auch andere regelmäßig eintreffende E-Mails, entsprechend vorsortiert werden. Dazu gibt es in den E-Mail-Programmen gewöhnlich Filterfunktionen. Hiermit können Sie festlegen, dass die betreffenden E-Mails sowohl in speziell eingerichtete Postfächer sortiert (getrennt nach privat und dienstlich oder anderen Unterteilungen) als auch mit bestimmten Kategorien (Schlagwörtern, Absendern, ...) versehen werden.

Ich bekomme beispielsweise Informationen verschiedener Bundesministerien, die ich direkt in einen Ordner „Bund" verschieben lasse. Entsprechend der Absender bekommen die einzelnen E-Mails dann noch als Kategorie die Kurzbezeichnung des jeweiligen Ministeriums (so etwa BMI für Bundesministerium des Innern oder BMF für Bundesministerium der Finanzen).

Eine Sortierung kann jedoch nicht nur anhand der Absenderadresse sondern auch mittels Suche nach bestimmten Schlüsselwörtern im Betreff oder im E-Mail-Text erfolgen.

Der Vorteil dieser Vorselektion liegt darin, dass Sie E-Mails zur gleichen Thematik automatisch zusammengestellt bekommen. Wenn Sie diese dann am Stück lesen, entfällt ein Großteil der ansonsten für jede einzelne E-Mail immer wieder neu erforderlichen Einstimmung in die gerade benötigte Thematik. Die Leseabsichtbestimmung wird also wesentlich erleichtert.

Manuelle Selektion anhand des Betreffs

Beim Durchschauen der E-Mails sollten Sie dann eine weitere Selektion durch Lesen zuerst ausschließlich des Betreffs vornehmen, vorausgesetzt, der Betreff ist auch tatsächlich aussagekräftig genug. Damit lässt sich, gerade bei umfangreicheren E-Mail-Abos, eine große Menge an nicht zu lesenden E-Mails identifizieren. Diese sollten Sie möglichst direkt löschen, insbesondere natürlich, wenn Sie feststellen, dass es sich um „SPAM" handelt, das heißt um unaufgefordert eingegangene E-Mails mit Werbung, mit fadenscheinigen Bitten um finanzielle Unterstützung oder Ähnlichem. Falls Sie eine E-Mail wider Erwarten doch noch einmal benötigen sollten, gibt es in den meisten E-Mail-Programmen die Möglichkeit der Wiederherstellung bereits gelöschter Nachrichten.

Eingestelltes Vorschaufenster

Hilfreich kann es auch sein, wenn Sie im E-Mail-Programm das Vorschaufenster eingestellt haben, da Sie dann zumindest die ersten Zeilen des E-Mail-Textes lesen können, wenn der Betreff noch nicht aussagekräftig genug ist. Dies kann jedoch in manchen Fällen bereits einem Virus den Zugang zu Ihrem System ermöglichen, so dass Sie diese Funktion nur einsetzen sollten, wenn Ihr Computersystem entsprechend geschützt ist.

E-Mail-Flut: Täter und Opfer

Machen Sie sich beim Thema E-Mail auch bewusst, dass Sie nicht nur Opfer sondern zugleich auch Täter in Bezug auf die Flut an E-

Mails, die täglich durch die Datennetze geschickt werden, sind. Während Sie früher sicher genau überlegt haben, für wen Sie etwa eine Kopie einer mehrseitigen Unterlage erstellen sollten, ist es heutzutage ganz einfach, vielen Adressaten eine Kopie von E-Mails mit Anhängen, die auch schon mal mehrere hundert Seiten umfassen können, zuzuleiten. Damit werden Sie selbst zur Datenschleuder für diese Adressaten.

Bevor Sie einen Adressaten in Kopie anmailen, sollten Sie also genau überlegen, ob Sie diesem auch auf dem Papierwege eine Kopie zugeleitet hätten. Wenn Sie dies verneinen, dann verzichten Sie bitte auch auf die elektronische Kopie.

Mit einer Reduzierung der Anzahl der E-Mails oder auch nur der Zahl der angemailten Adressaten reduzieren Sie zugleich die Zahl der als Rückäußerung erhaltenen E-Mails und profitieren damit auch unmittelbar von Ihrer eigenen Zurückhaltung.

Ablage von E-Mails außerhalb des Posteingangs

Überprüfen Sie auch einmal allgemein Ihren Umgang mit Ihrem Posteingang. Bei vielen dürfte es so aussehen, dass bereits gelesene E-Mails, die noch benötigt werden, zunächst einmal im Posteingang verbleiben, bis sie beantwortet oder aber an anderer Stelle dauerhaft abgelegt worden sind. Das übertragen auf schriftliche Eingänge im Privatbereich würde bedeuten, dass Sie an Ihren Briefkasten gehen, die dort vorgefundenen Briefe öffnen und dann entweder ungelesen oder aber nach dem Lesen wieder hineinwerfen, um zu einem späteren Zeitpunkt zu entscheiden, was damit geschehen soll. Das dürfte letztlich keiner machen – und dann sollten Sie es auch nicht bei Ihrem E-Mail-Posteingang machen.

Sie sollten daher zunächst wenigstens drei weitere Postfachordner anlegen mit den Bezeichnungen „Lesen", „Bearbeiten / Beantworten" sowie „Ablegen". Jedes Mal, wenn Sie eine E-Mail anfassen, entscheiden Sie dann unmittelbar, ob Sie diese noch zu lesen haben – weil sie etwa zu lang und umfangreich ist –, sie zu beantworten ist – und die Beantwortung nicht unmittelbar möglich ist – oder aber noch abzulegen ist und Sie diese Ablage nicht sofort erledigen können.

Ergänzend zu der automatischen Vorselektion von E-Mails anhand von Absender oder Betreff könnte es vielleicht auch eine Option sein, alle E-Mails, bei denen Sie unter Cc: eingetragen sind, automatisch in den Ordner „Lesen" verschieben zu lassen. Bei diesen E-Mails dürfte es sich nämlich in erster Linie um eine lediglich nachrichtliche Information handeln – und damit entfällt die Notwendigkeit, sie im normalen Posteingang zu belassen, bevor Sie sich zum ersten Mal mit der E-Mail beschäftigen.

Quartalspostfächer

Schließlich ist es sinnvoll, für alle E-Mails, die nicht unmittelbar gelöscht werden können, weil sie vielleicht nochmals benötigt werden, die aber auch nicht so wichtig sind, dass sie in einem evtl. vorhandenen Dokumentenverwaltungssystem abgelegt werden müssen, Quartalspostfächer anzulegen.

Neue E-Mails werden dann nach dem Lesen in das Postfach des Quartals, das gerade aktuell ist, verschoben. In den Monaten Juli bis September eines Jahres wird hierfür das Postfach Quartal_3 genutzt. Am 1. Juli des Folgejahres wiederum löschen Sie dann, ohne nochmals in das Postfach hineinzuschauen, alle im Postfach „Quartal_3" gespeicherten E-Mails. Auf die Weise haben Sie einen guten Kompromiss geschlossen zwischen dem unmittelbaren Löschen und dem dauerhaften Speichern durch eine Zwischenvorhaltezeit zwischen neun und zwölf Monaten. Diese Zeit dürfte regelmäßig ausreichen als „Notfallnetz", zumal Sie E-Mails, die sich doch als wichtiger herausstellen, natürlich innerhalb der neun Monate aus dem Quartalspostfach in Ihr Dokumentenverwaltungssystem übernehmen.

Nachteile des Lesens am Bildschirm

Wenn Sie regelmäßig und viel am Bildschirm lesen, wird Ihnen vermutlich auffallen, dass Sie und Ihre Augen wesentlich schneller ermüden als beim Lesen ausgedruckter Texte. Dafür ursächlich kann unter anderem eine nicht richtig eingestellte Auflösung und eine damit einhergehende unzureichende Bildwiederholrate (die ein Flimmern des Bildschirms bewirkt) sein. Außerdem liegt gewöhnlich ein zu hoher Kontrast zwischen weißem Hintergrund und schwarzer Schrift vor, der beim Lesen ermüdet.

Größe des Bildschirms

Ein weiterer Grund wird jedoch voraussichtlich darin liegen, dass Sie zur Gewährleistung ausreichend großer Buchstaben eine Textdarstellung gewählt haben, die Ihnen keinen Überblick über jeweils eine ganze (DIN A4-) Textseite in Originalgröße ermöglicht. Oder aber die Texte am Bildschirm erscheinen in einer geringeren Größe als bei einem ausgedruckten Text, weil Sie am Bildschirm eine Ganzseitendarstellung gewählt haben.

Um eine DIN A4-Seite am Bildschirm in Originalgröße angezeigt zu bekommen, ist es nämlich erforderlich, dass Sie über einen wenigstens 17 Zoll großen Bildschirm verfügen, der sich auf Hochkantdarstellung umstellen lässt (so genannte Pivot-Funktion), oder aber einen 21 Zoll-Bildschirm (bitte aber im 4:3- und nicht im Breitbild-Format) benutzen.

Obwohl die Preise für solche Bildschirme nicht mehr so hoch sind, werden diese ergonomischen Anforderungen dennoch in vielen dienstlichen Anwendungsfeldern noch nicht erfüllt sein. Hierdurch bedingt wird immer noch ein Großteil der auf elektronischem Weg eintreffenden Texte vor dem Lesen ausgedruckt. Bei weiterhin kontinuierlich sinkenden Preisen werden hoffentlich im Rahmen des Austausches alter Bildschirm in wenigen Jahren standardmäßig nur noch 21 Zoll-Bildschirme (oder größere) auf den Schreibtischen stehen und das Druckaufkommen damit sinken.

Starres Fixieren des Lesestoffs

Schließlich ermüden die Augen beim Lesen am PC auch dadurch schneller, dass der Abstand zwischen den Augen und dem Bildschirm immer gleich bleibt und die Augen damit den Text zu starr fixieren. Beim normalen Lesen geschieht beim Umblättern eine Bewegung (der Seiten), die eine Nachverfolgung durch die Augen und damit eine Anpassung der Augenlinsen bewirkt. Diese so genannte Akkommodation der Augen entfällt weitestgehend beim Lesen am PC.

Neben den im dritten Kapitel vorgestellten Augenentspannungsübungen sollten Sie daher zwischen Ihren Lesephasen immer mal wieder über den Bildschirmrand hinausschauen und danach dann Ihre Finger fixieren, um dadurch einen aus der unterschiedlichen Entfernung der betrachteten Objekte bedingten bewussten Akkommodationsprozess der Augen vorzunehmen.

Reduzierung des Blinzelns

Außerdem haben Untersuchungen gezeigt, dass Menschen, die längere Zeit am PC-Bildschirm arbeiten, erheblich weniger blinzeln. Da durch regelmäßige Lidschläge Tränenflüssigkeit über die Hornhaut gespült wird, trocknet die Oberfläche der Hornhaut bei der Bildschirmarbeit schneller. Staubpartikel aus der Luft, die normalerweise mit der Tränenflüssigkeit weggespült werden, erscheinen wie kleine Sandkörner, die beim nächsten Lidschlag über die Hornhautoberfläche scheuern. Die Folge davon sind gerötete und brennende Augen.

Gähnen und schnelles Blinzeln

Herzhaftes Gähnen ist die einfachste Übung zur Befeuchtung und auch zur Entspannung der Augen. Es kommt zu einer Entspannung der Augen-, Kiefer und Gesichtsmuskulatur. Außerdem wird der Tränenfluss angeregt, wodurch die Augen befeuchtet und gereinigt werden, und die Sauerstoffzufuhr im Körper erhöht. Mehrfach intensiv gähnen sollten Sie vor allem dann, wenn Ihre Augen bereits sehr trocken sind und Sie weitere Übungen machen wollen.

Denn das ansonsten hilfreiche schnelle Blinzeln kann Beschwerden verschärfen, wenn dabei die Augenlieder die noch vorhandenen Staubkörner über die Hornhaut „raspeln". Beim schnellen Blinzeln sollten Sie sich vorstellen, ihre Augenlider seien die Flügel eines Schmetterlings, der schnell zu einer Blume fliegt, dort eine kurze Zeit rastet (mit geschlossenen Augen), und dann zur nächsten Blume weiterfliegt. Dabei werden die Augen wieder gut befeuchtet und sind besser dazu befähigt, weiter am Bildschirm zu lesen.

Vorteile des Lesens am Bildschirm

Das Lesen am Bildschirm hat gleichwohl Vorteile, die nicht so ohne weiteres verschenkt werden sollten.

Suche nach Schlüsselwörtern

So bieten in der Regel alle Programme (von Textverarbeitungen über Tabellenkalkulationen bis hin zu Präsentationsprogrammen) die Möglichkeit der Suche nach bestimmten Schlüsselwörtern. Damit kann der PC für Sie das selektive Lesen in Sekundenbruchteilen übernehmen, wofür Sie bei längeren Texten möglicherweise mehrere Minuten benötigt hätten (denken Sie nur an die Übung mit dem Text über die „Ökologische Steuerreform ...", als Sie nach dem Wort „Japan" suchen mussten). Auch können Sie schnell mehrere Suchläufe für verschiedene Schlüsselwörter durchführen lassen.

Veränderung der Textbreite

Außerdem können Sie die Texte exakt auf die Breite einstellen, die optimal Ihrer Blickspanne für eine bis zu vier Fixationen pro Zeile entspricht. Eine solche Möglichkeit bietet ein schriftlich bei Ihnen eintreffender Text nicht. Diese Veränderung der Textbreite können Sie natürlich auch dann vornehmen, wenn Sie sich dazu entscheiden sollten, Texte wegen dadurch bedingter besserer Lesbarkeit (anschließend) auf Papier auszudrucken.

Inhaltsverzeichnis mit Sprungmarken und Hyperlinks

Manche Dokumente bringen ein eigenes Inhaltsverzeichnis mit, das etwa am Rand des Bildschirms den Sprung zu den verschiedenen Kapiteln ermöglicht, was wesentlich schneller vonstattengeht als das Blättern von Hand in umfangreichen Wälzern.

Gleiches gilt für die so genannten Hyperlinks, also die im Text eingebauten Verweise. Ein Klick mit der Maus auf diese Hyperlinks bringt Sie unmittelbar zu einer anderen Stelle im Dokument oder aber ggf. auch zu einer lokal gespeicherten oder gar im Internet aufrufbaren Datei mit Texten, Tabellen, Bildern und Grafiken.

Verändern von Schriftart, -größe und Zeilenabstand

Schließlich können Sie die für Sie beste Schriftart und Schrifttypgröße einstellen. Erfahrungsgemäß sind Serifenschriften, dass sind Schriften mit kleineren Häkchen und Verzierungen, bei gedruckten Texten vorteilhaft, während Serifen-lose Schriften wegen der häufig niedrigeren Auflösung an PC-Monitoren eine bessere Lesbarkeit gewährleisten. Während **Times New Roman** eine Serifenschrift ist, ist **Arial** der quasi Standard einer serifenlosen Schrift. Auf jeden Fall aber sind Proportionalschriften den Nichtproportionalschriften (Courier ist hier das typische Beispiel), bei denen jeder Buchstaben genau gleichbreit gedruckt wird (wie früher bei Schreibmaschinen), vorzuziehen. Sie vermitteln dann eher die typischen Wortbilder.

Am besten geeignet sind Schriftgrößen von 10 bis 12 Punkte. Der Zeilenabstand sollte bei einer 12-Punkt-Schrift möglichst 18 Punkte betragen. Mehr als 1,5-zeilig dagegen sollten die Schriftzeilen nicht auseinander liegen, da ansonsten zu viel Zeit für das Aufnehmen des Textes aufgewendet werden muss und zu viel Papier benötigt wird.

Blättern oder Scrollen?

Wenn Sie Texte am Bildschirm lesen, dann sollten Sie sich grundsätzlich für das Blättern der Bildschirmseiten entscheiden. Das Scrollen (das heißt das zeilenweise nach unten Verschieben) von Texten dagegen bewirkt, dass die Augen immer wieder neu den Punkt suchen müssen, wo weitergelesen werden muss, was zu einer zusätzlichen Ermüdung auch der Augenmuskulatur führt.

Checkliste für die Bildschirmnutzung

Auch wenn es eigentlich zum Leseaspekt „Arbeitsplatz" (siehe dazu das Kapitel „Lesestoff erkennen und verstehen" bzw. zur Organisation des Arbeitsumfelds (siehe Kapitel „Lesestoff- und Arbeitsorganisation") passen könnte, möchte ich erst an dieser Stelle ein paar Tipps für die Bildschirmnutzung geben:

- Der Bildschirm sollte nicht direkt am Fenster stehen und außerdem sollte die Blickrichtung parallel zur Fensterfläche verlaufen. So vermeiden Sie Spiegelungen auf dem Bildschirm und werden auch nicht geblendet oder durch Bewegungen vor dem Fenster abgelenkt.
- Außerdem sollte der Bildschirm gerade vor Ihnen stehen, so dass weder der Kopf noch der Oberkörper verdreht werden müssen.
- Die Bildschirmoberkante sollte knapp unterhalb der Augenhöhe liegen und der Bildschirm oben etwas nach hinten geneigt sein. Der Kopf muss dann nicht unnötig in den Nacken bewegt werden, um gut lesen zu können.
- Der Abstand zum Bildschirm sollte – je nach Größe desselben – zwischen 50 und 80 cm betragen.
- Sorgen Sie zudem für flimmerfreie Darstellung durch Wahl einer entsprechend hohen Bildwiederholfrequenz. Bei den heute üblichen TFT-Bildschirmen beträgt die ideale Frequenz 60 Hertz.
- Genauso wichtig ist die Wahl der richtigen Auflösung des Bildschirms. Die Zeichengröße sollte bei einem Abstand von 50 cm mindestens 3 Millimeter betragen.
- Dies gewähren folgende Auflösungseinstellungen:
 17 Zoll: 1.280 x 1.024 / 1.600 x 1.200
 19 Zoll: 1.280 x 1.024 / 1.600 x 1.200 / 1.920 x 1.440
 21 Zoll: 1.600 x 1.200 / 1.800 x 1.440 / 1.920 x 1.440 / 2.048 x 1.536
 22 Zoll: 1.680 x 1.250
 23 Zoll: 1.920 x 1.200
 24 Zoll: 1.920 x 1.200
 30 Zoll: 2.560 x 1.600
- Wenn Sie von Papier Informationen in den PC eingeben müssen, dann sollten Sie dazu einen Vorlagenhalter verwenden, der in derselben Entfernung wie der Bildschirm (ggf. sogar am Bildschirm selbst) angebracht ist.
 Denn so wie zu wenig Bewegung schlecht für die Augen ist, so ist die **ständige** Akkommodation der Augen auf verschiedene Entfernung ebenfalls sehr belastend.

Zusammenfassung

Die Verarbeitung von Texten am PC-Bildschirm bietet sowohl Vor- als auch Nachteile. Einer besseren Sortier- und Suchmöglichkeit sowie der Möglichkeit zur Anpassung von Schriftbild und Textbreite auf die eigenen Bedürfnisse stehen Restriktionen durch den E-Mail-Zeitstress, die schnellere Ermüdung der Augen sowie die teilweise (noch) unzureichenden Größe der Bildschirme gegenüber.

Ziel sollte es sein, bei den Lesezeiten am Bildschirm möglichst alle Vorteile des Mediums auszunutzen, um so die Nachteile auszugleichen. Dazu ist es auch erforderlich, den Bildschirm richtig ein- und aufzustellen.

Lohnenswert ist darüber hinaus eine vertiefende Betrachtung des eigenen Umgangs mit dem Medium „E-Mail" – sowohl als „Opfer" aber vor allem auch als „Täter" –, um auch auf diesem Gebiet weiterhin handlungsfähig zu bleiben.

Ihre Notizen zum Kapitel

_____

_____

_____

_____

_____

_____

_____

_____

_____

11. Abschlusstest und Ausblick

In diesem letzten Kapitel des Buches werden Sie die Möglichkeit haben, Ihre jetzt erreichte Lesegeschwindigkeit zu ermitteln. Außerdem will ich Ihnen einen Ausblick auf Ihre zukünftige Lesekarriere geben.

Abschlusstest zur Lesegeschwindigkeit

Zunächst geht es also darum, eine letzte Überprüfung der Verbesserung Ihrer Lesegeschwindigkeit vorzunehmen. Wenn Sie sich nicht bereits eine der fortgeschrittenen Lesetechniken angeeignet haben, dann dürfte es am besten sein, wenn Sie den Text mit zwei Fixationen pro Zeile durchgehen. Sie können natürlich auch die Insel- oder die Slalom-Lesetechnik anwenden.

Vor dem Lesen sollten Sie Ihre Leseabsicht bestimmen. Diese könnte darin liegen festzustellen, ob Sie die Ansicht des Autors in seinen einzelnen Ausprägungen teilen oder aber an welchen Punkten Sie anderer Auffassung sind.

Für die Ermittlung Ihrer Lesegeschwindigkeit noch ein Hinweis: Der Text hat 590 Wörter.

Der Bürger ist für die Behörde da, nicht umgekehrt [29]
von Dieter Pawlik, Dipl.-Kfm., Berlin, Quelle unbekannt

Da gibt es doch Menschen in unserem Staat, die meinen, eine Behörde sei für den Bürger da. Dabei ist es doch genau umgekehrt, wie jeder aus eigener Erfahrung bestätigen kann.
Diese bedauernswerten Bürger sind leicht zu erkennen. Sie missachten alle Regeln des Anstandes, indem sie eine amtliche Tür öffnen, ohne dass sie jemand gebeten hätte hereinzukommen. Sie müssen erst belehrt werden, dass es drei Türen weiter, links um die Ecke, kleine Pappkärtchen gibt, auf denen große schwarze Nummern gedruckt sind. Haben diese Bürger dann diese Wartenummer, dann fehlt ihnen die Geduld, eine kleine Stunde zu entspannen. Dabei, was bedeutet schon eine Stunde im Leben eines Menschen, der durchschnittlich doch 650.000 Stunden lebt. Frauen sogar noch länger.

---

[29] aus: http://www.geocities.com/SouthBeach/Palms/9737/b.htm am 10.6.98

Auf dem Flur der Behörde fallen diese Mitbürger dadurch auf, dass sie jedes Mal missmutig dreinschauen, wenn ein Bediensteter mit einer Kaffeekanne durch die Gänge eilt. Dabei weiß doch schon jedes Kind, dass Stubenluft sehr ermüdend ist und Büroluft noch viel mehr. Wenn die Beamtinnen und Beamten keinen Kaffee tränken, schliefen sie am Ende sogar ein. Ganz widerspenstige Bürger witzeln sogar darüber und sagen vielleicht: „So möchte ich mal meinen Feierabend verleben." Dabei haben es die Bürger doch so gut auf den Fluren der Behörden. Sie sitzen warm auf harten Bänken, die ihre Rückenmuskulatur stärken.

Werden diese Bürger vorgeladen, tragen sie wortschweifig ihre Anliegen vor. Dabei hätten sie doch genügend Zeit, ihre Bitten in einer juristischen Form zu formulieren. Vollkommen aus dem Häuschen scheinen diese Bürger dann zu sein, wenn ihnen der Beamte freundlich eröffnet, dass er für ihr Anliegen nicht zuständig sei und auch nicht wisse, wer zuständig ist. Schließlich ist auch ein Behördenbediensteter nur ein Mensch, der über eine begrenzte Wissenskapazität verfügt. Sogar Philosophen mussten schon bekennen: Ich weiß, dass ich nichts weiß. Der Beamte dagegen wusste sogar, dass er nicht zuständig war.

Diese Sorte Bürger drängt manchmal unverfroren auf eine schnelle Bearbeitung ihres Anliegens. Dabei ist es eine Volksweisheit, dass gut Ding Weile haben will. Eine lange Bearbeitungszeit spricht schließlich für die Qualität der Sachbearbeitung.

Ganz aufmüpfige Bürger sind mit Entscheidungen der Beamtinnen und Beamten nicht zufrieden. Sie wollen zudem noch Beschwerde einlegen. Manchmal verlangen sie sogar, dass der Sachbearbeiter ihre Beschwerde auch noch protokolliert, und zwar auf behördeneigenem Schreibpapier mit behördeneigenen Kugelschreibern. Wenn nur jeder zehnte Mitbürger dies verlangte, wären das jährlich fast fünf Millionen DIN-A-4-Blätter. Diese Papiermenge reichte, wenn man die Blätter aneinander legte, von Hamburg bis nach Rom. Ganz zu schweigen von dem Kugelschreiber-Verbrauch.

Und was wollen diese Bürger mit ihrer Beschwerde eigentlich erreichen? Wahrscheinlich sind sie einsam und hoffen nur, dass der Postbote mal wieder klingelt, um eine Postzustellung zu beurkunden. Chancen, dass ihre Beschwerde erfolgreich ist, haben die Bürger in der Regel kaum. Denn für die Ablehnung von Beschwerden gibt es in den meisten Behörden Vordrucke. Diese Vordrucke sind ja schließlich dazu da, auch benutzt zu werden.

> Einige Bürger scheuen sogar den Weg zu einer Behörde und rufen einfach nur an. Meistens natürlich zur Mittagszeit. Sie wundern sich, dass der zuständige Kollege gerade zu Tisch ist. Ganz unerschrockene Bürger wollen dann seinen Vertreter sprechen. Aber wer isst schon gerne alleine, und natürlich ist der Vertreter auch in der Kantine.
> Solange es noch solche Mitmenschen gibt, so lange müssen die Steuern steigen. Deshalb mein Rat: Behelligen sie eine Behörde nicht mit einem Anliegen. Können sie sich denn nicht selbst helfen? Und wenn sie trotzdem mal eine Behörde aufsuchen, denken Sie daran: Sie sind für die Behörde da, nicht umgekehrt.

Sehr wahrscheinlich haben Sie festgestellt, dass Sie den vorstehenden Text etwa doppelt so schnell gelesen haben wie den Einstufungstext am Anfang des Buches. Das zumindest ist die Erfahrung, die mir die Seminarteilnehmerinnen und -teilnehmer in den Lesekursen berichten. Ob Sie von diesem Text jetzt genauso viel oder gar mehr behalten werden als von dem Text über den „Erfinder der Klarsichthülle", können allein Sie beurteilen. Ich vermute jedoch, dass Ihr Textverständnis zumindest nicht schlechter war als zu Beginn bei Ihrer Ausgangslesegeschwindigkeit.

Ausblick auf die Zukunft

Auch wenn Sie nach Durchlesen oder Durcharbeiten dieses Buches Ihre Lesefertigkeiten gesteigert haben, wird noch viel Übung erforderlich sein. Üben Sie an den Texten, die Sie ohnehin lesen müssen. Berücksichtigen Sie dabei, dass es bei diesem Üben nicht allein um das Beschleunigen des Lesetempos geht. Auch die anderen Parameter für ein Rationelles Lesen sollten Beachtung finden. Dabei hilfreich ist ein Blick auf die im 9. Kapitel zu findende Übersicht des „Studierenden Lesens mit PMSQ5R". Zur Tempo-steigerung wiederum kann es sinnvoll sein, die Verbreiterung Ihrer Blickspannweite noch unter Verwendung entsprechender Bücher speziell zu trainieren.

Seminarbesuch

Vielleicht entschließen Sie sich ja auch dazu, an einem speziellen Seminar teilzunehmen, bei dem Sie Ihre Lesegeschwindigkeit fortentwickeln können. Hier gibt es viele verschiedenen Kursanbieter zu ganz unterschiedlichen Preisen.

Die von mir geleiteten Kurse finden regelmäßig vor allem an Fortbildungseinrichtungen für Verwaltungsbeschäftigte im Land Rheinland-Pfalz (z. B. bei der Kommunalakademie Rheinland-Pfalz, http://www.akademie-rlp.de), darüber hinaus aber auch bei anderen Institutionen wie der Verwaltungs- und Wirtschaftsakademie Karlsruhe (http://www.vwa-karlsruhe.de), beim Führungskräfte-Forum des Behördenspiegels (http://www.fuehrungskraefteforum.de) sowie als In-Haus-Veranstaltungen bei verschiedenen Einrichtungen statt. Eine Referenzliste der von mir bereits durchgeführten Seminare finden Sie im Anhang 2.

Ob und zu welchen Konditionen ich darüber hinaus spezielle Seminare auch für sonstige Einzelteilnehmer sowie In-Haus-Seminare für weitere Behörden, Firmen und Institutionen anbieten kann, bitte ich bei entsprechendem Interesse über das Kontaktformular auf meiner Internetseite „www.rationell-lesen.de" oder über die vorne im Buch angegebene E-Mail-Adresse zu erfragen.

Rückmeldung zum Buch

Auf jeden Fall wünsche ich Ihnen für Ihre zukünftige „Lesekarriere" noch alles Gute und bin offen und dankbar für jedwede Rückmeldung Ihrerseits zu meinem Buch. Denn trotz der vielen Seminare, die ich bereits geleitet habe, und der erneuten kompletten Überarbeitung des Manuskriptes für diese vierte Auflage des Buches kann es doch noch an der einen oder anderen Stelle Anpassungsbedarf (z. B. Wahl einer einfacheren oder verständlicheren Formulierung) geben.

Ihre Anregungen könnte ich dann für eine weitere Auflage des Buches berücksichtigen. Auch hierfür kann das Kontaktformular auf meiner Internetseite „www.rationell-lesen.de" oder aber die vorne im Buch angegebene E-Mail-Adresse genutzt werden.

Ihre Notizen zum Kapitel

Anhang 1

Tabelle Lesetempo-Berechnung

Wörter	0:30 m	0:45 m	1:00 m	1:15 m	1:30 m	1:45 m	2:00 m	2:15 m	2:30 m	2:45 m
200	400	267	200	160	133	114	100	89	80	73
250	500	333	250	200	167	143	125	111	100	91
300	600	400	300	240	200	171	150	133	120	109
350	700	467	350	280	233	200	175	156	140	127
400	800	533	400	320	267	229	200	178	160	145
450	900	600	450	360	300	257	225	200	180	164
500	1000	667	500	400	333	286	250	222	200	182
550	1100	733	550	440	367	314	275	244	220	200
600	1200	800	600	480	400	343	300	267	240	218
650	1300	867	650	520	433	371	325	289	260	236
700	1400	933	700	560	467	400	350	311	280	255
750	1500	1000	750	600	500	429	375	333	300	273
800	1600	1067	800	640	533	457	400	356	320	291
850	1700	1133	850	680	567	486	425	378	340	309
900	1800	1200	900	720	600	514	450	400	360	327
950	1900	1267	950	760	633	543	475	422	380	345
1000	2000	1333	1000	800	667	571	500	444	400	364
1050	2100	1400	1050	840	700	600	525	467	420	382
1100	2200	1467	1100	880	733	629	550	489	440	400
1150	2300	1533	1150	920	767	657	575	511	460	418
1200	2400	1600	1200	960	800	686	600	533	480	436
1250	2500	1667	1250	1000	833	714	625	556	500	455
1300	2600	1733	1300	1040	867	743	650	578	520	473
1350	2700	1800	1350	1080	900	771	675	600	540	491
1400	2800	1867	1400	1120	933	800	700	622	560	509
Wörter	3:00 m	3:15 m	3:30 m	3:45 m	4:00 m	4:15 m	4:30 m	4:45 m	5:00 m	5:15 m
600	200	185	171	160	150	141	133	126	120	114
650	217	200	186	173	163	153	144	137	130	124
700	233	215	200	187	175	165	156	147	140	133
750	250	231	214	200	188	176	167	158	150	143
800	267	246	229	213	200	188	178	168	160	152
850	283	262	243	227	213	200	189	179	170	162
900	300	277	257	240	225	212	200	189	180	171
950	317	292	271	253	238	224	211	200	190	181
1000	333	308	286	267	250	235	222	211	200	190
1050	350	323	300	280	263	247	233	221	210	200
1100	367	338	314	293	275	259	244	232	220	210
1150	383	354	329	307	288	271	256	242	230	219
1200	400	369	343	320	300	282	267	253	240	229
1250	417	385	357	333	313	294	278	263	250	238
1300	433	400	371	347	325	306	289	274	260	248
1350	450	415	386	360	338	318	300	284	270	257
1400	467	431	400	373	350	329	311	295	280	267
1450	483	446	414	387	363	341	322	305	290	276
1500	500	462	429	400	375	353	333	316	300	286

Anhang 2

Referenzliste Seminarleitungen

Seminare zum Thema „Rationelle Lesetechniken" habe ich bisher durchgeführt für verschiedene Auftraggeber und Seminarteilnehmende. Unterschieden habe ich in den folgenden Listen einerseits nach regelmäßig von mir angebotenen Seminaren und Workshops sowie andererseits nach Auftraggebern, die mich (teilweise bereits mehrmals) mit der Durchführung von In-Haus-Seminaren betraut haben:

Regelmäßige (wenigstens einmal jährlich vorgesehene) Seminare im Rahmen von Fortbildungsprogrammen:

Auftraggeber	Seminarteilnehmende
Führungskräfte-Forum des Behörden Spiegels	Offen für alle Interessierten (Schwerpunkt auf Führungskräften aus Verwaltungen)
Kommunalakademie und Fachhochschule für öffentliche Verwaltung RP	Vorrangig Beschäftigte des öffentlichen Dienstes im Land Rheinland-Pfalz; offen für weitere Interessenten
Ministerium des Innern, für Sport und Infrastruktur Rheinland-Pfalz – RP – (Landesfortbildungsprogramm)	Beschäftigte in der rheinland-pfälzischen Landesverwaltung
SCHOTT AG Mainz	Beschäftigte der SCHOTT AG
Verwaltungs- und Wirtschaftsakademie Karlsruhe	Offen für alle Interessenten (zumeist aber Beschäftigte aus Verwaltungen)

Ein-Tages-Workshops für Studierende

Auftraggeber	Workshopteilnehmende
Career-Service der Universität Mainz	Jeweils bis zu 100 Studierende (zweimal pro Jahr)

Anhang 2: Referenzliste Seminarleitungen 248

In-Haus-Seminare und Workshops für Beschäftigte einzelner Behörden sowie frühere Seminare im Rahmen von Fortbildungsprogrammen:

Auftraggeber	Seminarteilnehmende
Bundeskanzleramt	Beschäftigte der Dienststelle
Deutsches Institut für Interne Revision e.V. (7. Tagung Interne Revision in öffentl. Institutionen)	Innenrevisoren als Tagungsteilnehmer
Finanz-Ministerium Rheinland-Pf.	Beschäftigte der Dienststelle
Finanz- und Wirtschaftsministerium Baden-Württemberg	Beschäftigte der Dienststelle
Hochschule Offenburg	Beschäftigte der Dienststelle
Justiz-Ministerium RP (Gemeinsames Justizfortbildungsprogramm von RP und Saarland)	Beschäftigte in der rheinland-pfälzischen und saarländischen Justizverwaltung
Kreisverwalt. Bernkastel-Wittlich	Beschäftigte der Dienststelle
Landesuntersuchungsamt RP	Beschäftigte der Dienststelle
Landesamt für Soziales, Jugend und Versorgung Rheinland-Pfalz	Beschäftigte der Dienststelle
Landtagsverwaltung Rheinland-Pf.	Beschäftigte der Dienststelle
Umwelt-Ministerium Rheinl.-Pfalz	Beschäftigte der Dienststelle
Rechnungshof Rheinland-Pfalz	Beschäftigte der Dienststelle
Rechnungshof Baden-Württemb.	Beschäftigte der Dienststelle
Sozial-Ministerium Rheinland-Pf.	Beschäftigte der Dienststelle
Staatskanzlei Rheinland-Pfalz	Beschäftigte der Dienststelle
Stadtverwaltung Mainz	Beschäftigte der Dienststelle
Stadtverwaltung Kaiserslautern	Beschäftigte der Dienststelle
Struktur- und Genehmigungsdirektion Süd in Neustadt	Beschäftigte der Dienststelle
Verwaltung der Universität Mainz	Beschäftigte der Dienststelle
Volkshochschule Mainz	Privatpersonen mit Interesse an der Thematik
Volkshochschule Bingen	Privatpersonen mit Interesse an der Thematik

Anhang 3

Lösungen zu Fragestellungen im Buch

Zum Abschnitt „Redundanzen"

Königsberg und Preußen[30]

In der Vorstellung der meisten Deutschen sind Berlin und Potsdam die Synonyme für Preußen, in Wahrheit aber gebührt Königsberg und Ostpreußen diese Ehre, die eigentliche Geburtsstätte Preußens zu sein. Der Deutsche Ritterorden war es, der im frühen 13. Jahrhundert auf Bitte des polnischen Fürsten Konrad von Masowien nach Osten zog, um ihm in den Kämpfen gegen die einheimischen Pruzzen beizustehen. Der oberste Marschall des Ordens residierte seit 1312 in Königsberg, und 1457 verlegte auch der Hochmeister seine Residenz von Marienburg in die Stadt am Pregel. Der letzte Hochmeister des Ordens war Albrecht von Brandenburg aus der fränkischen Linie der Hohenzollern. Auf Anraten Martin Luthers legte er 1552 den Ordensmantel ab, trat zum Protestantismus über und verwandelte den Ordensstaat in ein weltliches Herzogtum. Um die fehlenden Beamten und Theologen heranzubilden, gründete er 1544 die Universität in Königsberg. Als der Letzte dieser Linie 1618 ohne Nachkommen starb, ging das Herzogtum an die Brandenburger Hohenzollern. Der Sohn des Großen Kurfürsten wurde zum ersten König von Preußen gekrönt; seither war Königsberg das Zentrum der königlichen Provinz Ostpreußen.

Reihenfolge der Buchstaben

Gemäß einer Studie einer englischen Universität ist es nicht wichtig, in welcher Reihenfolge die Buchstaben in einem Wort stehen. Das einzig Wichtige ist, dass sich der erste und der letzte Buchstabe an der richtigen Position befinden. Der Rest kann ein totaler Blödsinn sein, und trotzdem kann man ihn ohne Probleme lesen. Das ist so, weil wir nicht jeden Buchstaben einzeln lesen, sondern das Wort im Gesamten. Echt krass! Das geht wirklich! Die

---

30 aus DIE ZEIT, Nr. 3 / 1991, dff

Landung auf Malta

Als wir gerettet waren, erfuhren wir, *dass* die Insel Malta hieß. Die Barbaren[1] erwiesen uns ungewöhnliche Freundlichkeit; sie *zündeten* ein Feuer an und holten uns alle zu *sich* her, weil *es zu* regnen begann und kalt *war*. Als Paulus einen Haufen Reisig zusammenraffte und auf das Feuer *warf*, fuhr infolge der Hitze eine Viper *heraus* und biss sich *in* seiner Hand fest. *Als* die Barbaren *das* Tier an seiner *Hand* hängen sahen, sagten sie zueinander: Dieser *Mensch* ist gewiss ein Mörder; die Rachegöttin lässt *ihn* nicht leben, obwohl er dem Meer entkommen *ist*. Da erwarteten sie, er werde anschwellen oder plötzlich *tot* umfallen. Als *sie eine* Zeitlang gewartet *hatten* und sahen, *dass* ihm nichts Schlimmes geschehen *war*, *änderten* sie ihre Meinung und sagten, er sei ein Gott.

---

[1] Barbaren ist der Ausdruck für *Menschen*, die nicht griechisch sprechen.

Satzergänzungen

Dann hängte er die Fußballschuhe an *den Nagel*.
Ich bitte Sie, darüber Stillschweigen *zu bewahren*.
Wer A sagt, muss *auch B sagen*.
Dieses Argument ist ja wohl an den *Haaren herbeigezogen*!
Bei dem Einbruch wurden 3.000 DM *erbeute*t.
Damit wollten wir unsere Dankbarkeit zum *Ausdruck bringen*.
Was lange währt, *wird endlich gut*.
Langes Fädchen, *faules Mädchen*.
Mal doch nicht gleich den *Teufel an die Wand*.
Besser ein Spatz in der Hand als *eine Taube auf dem Dach*.

Druckfehlerteufel[31]

An Konzentrationsschwierigkeiten kann auch psychische Sättigung beteiligt sein. Sie tritt vor allem dann ein, wenn Du zu lange an ein und demselben Lernstoff sitzt. Diese Reizmonotonie vermindert den Wachheitsgrad der Großhirnrinde und damit auch die Aufmerksamkeit. Verantwortlich dafür ist ein netzförmiges Nervengebilde im Hirnstamm und Rückenmark, das in der medizinischen Fachsprache aufsteigende Formatio Reticularis genannt wird.

Auf alle neuen Reize, die über die sensorische Nervenbahn das retikuläre System passieren, reagiert dieser Bewusstseinswecker mit Impulsen, die das Gebiet der Großhirnrinde aktivieren. Dort wird der für konzentrierte Geistestätigkeit notwendige Wachheitsgrad hergestellt. Werden die Reizgegebenheiten zu monoton, nehmen die Wecktätigkeit der Formatio Reticularis und somit auch die Konzentration ab. Du darfst diesen Mechanismus jedoch nicht dahingehend missverstehen, dass die Reizgegebenheiten ständig gewechselt werden müssen. Denn zu häufiger Reizwechsel bewirkt eine Überaktivierung der Großhirnrinde, die der Konzentration ebenso schadet wie Unteraktivierung.

Ein vernünftiger Lernstoffwechsel ist die beste Medizin gegen psychische Sättigung. Begehe beispielsweise nicht den Fehler, Fremdsprachen oder Naturwissenschaften hintereinander zu lernen. Dadurch können nicht nur Ähnlichkeitshemmungen entstehen, sondern auch die oben beschriebenen Konzentrationsminderungen. Reihe die Fächer bei den Hausaufgaben so, dass keine zu ähnlichen Fächer nebeneinander liegen.

Musst Du Dich wegen einer Klassenarbeit oder Prüfung ein paar Stunden mit dem gleichen Stoff beschäftigen, könntest Du einen Lernstoff-Wechsel erreichen, indem der Gesamtstoff in Stoffeinheiten unterschiedlichen Inhalts aufgeteilt und gereiht wird. Ist dies nicht möglich, müssten immer mal wieder stofffremde Tätigkeiten dazwischen geschoben werden (Verschnaufpausen, Musik-Hören, Gespräche usw.).

---

31 nach: Der Lernknigge (Seite 73) von Gustav Keller, K.H.Bock-Verlag, Bad Honnef, 1994

Anhang 3: Lösungen zu Fragestellungen im Buch 252

Zum Abschnitt „Fixierung innerhalb der Zeile"

Von den Oberlängen erhalten die Worte eines Textes ihre charakteristische Form.
Texte, bei denen die Oberlängen fehlen, sind freilich sehr viel schwerer zu lesen.

Zur Fixationsübung 3 „Misserfolgsserien beenden"

Mögliche Absatzüberschriften können sein:

- 1. Absatz: falsches Selbstbild
- 2. Absatz: vermeintlicher Talentmangel
- 3. Absatz: selbsterfüllende Prophezeiungen
- 4. Absatz: Fehleranalyse
- 5. Absatz: Fehlerschwerpunkte finden
- 6. Absatz: Wiederholungsprogramm
- 7. Absatz Lernhilfebücher
- 8. Absatz Lerngruppe
- 9. Absatz Übung konkret

Zur Slalomleseübung 3 „Gedächtnishemmung und Lernwege"

- Bei welchem Lernen kommt die Ähnlichkeitshemmung am häufigsten vor?

Ähnlichkeitshemmung ereignet sich, wenn inhaltlich sehr ähnliche Lernstoffe aufeinander folgen. Beim fremdsprachlichen Lernen kommt sie am häufigsten vor.

- Was sollte ein Schüler deshalb beim Hausaufgabenmachen tun?

Die Fächer sind so zu reihen, dass sie inhaltlich nicht miteinander ins Gehege kommen. Zwischen die erste und die zweite Fremdsprache sollte der Schüler daher ein mathematisch-naturwissenschaftliches Fach einschieben.

Zur Überfliegeübung 1 „Hinterbank und Sommerloch"

- Welche – nie realisierten – Vorschläge gab es, um Hinterbänkler aus den hinteren Reihen heraus zu holen?

  - Die Plätze im Bundestag wurden vergeben nach den Anfangsbuchstaben des Nachnamens, so dass auf den hinteren Bänken diejenigen saßen, deren Anfangsbuchstaben im Alphabet weiter hinten lagen. Daher schlug ein Abgeordneter, dessen Nachname mit „Z" begann, vor, eine halbe Legislaturperiode lang die Sitzverteilung in umgekehrter Reihenfolge vorzunehmen.
  - Ein anderer Abgeordneter schlug vor, nach dem Stadion-Modell ein riesiges Oval zu bauen, in dem jeder Abgeordnete dann in der ersten Reihe gesessen hätte.
  - Der Vollständigkeit halber sei auch noch ein dritter (sicher nicht ernst gemeinter) Vorschlag aufgeführt. Herbert Wehner nämlich riet einem Mann, dessen Nachname mit dem Buchstaben „Z" begann und der den ersten, hier aufgeführten Vorschlag unterbreitet hatte, zu einer Umbenennung seines Namens in „A…".

- Was war immer mal wieder erfolgreich, damit Hinterbänkler aus ihrem Schattendasein ins Rampenlicht treten konnten?

  Sie nutzten die saure Gurkenzeit des Sommerlochs dazu, sich in Szene zu setzen und dem austrocknenden Nachrichtenfluss neuen Saft zuzuführen.

Zur Überfliegeübung 2 „Bianco, Rosso und was weiter?"

Welchen Wein sollten Sie wo in Italien kaufen?
- Sie fahren zur **Burg** von **Grinzano-Cavour** bei **Alba** in den **piemontinischen Langhe**.
- In der dortigen **„Enoteca"** können Sie verschiedene Weine testen.
- Sie sollten einen **Barolo** wählen.
- Beim Etikett könnten Sie noch auf die Kennzeichnung **D.O.C.** (garantierte Qualität) sowie **riserva** (Flaschenalterung) achten.

Anhang 3: Lösungen zu Fragestellungen im Buch

Zu den Selektionsübung 1 und 2

e	**2**	f	g	3	5	h	**6**	1	k	**8**	w	**4**	1	ö	p	k
4	z	**8**	9	c	v	a	1	**2**	f	b	5	**4**	t	m	3	9
c	k	3	7	g	**4**	r	**2**	d	i	**8**	r	3	5	z	9	**2**
y	**2**	5	ü	5	1	3	r	t	**2**	**6**	h	j	f	**6**	v	ö
6	d	w	**2**	3	h	m	c	q	p	f	9	**2**	d	5	**6**	u
g	**4**	c	5	d	1	p	x	**8**	**6**	d	d	**8**	w	u	9	q

h	*i*	w	4	*1*	ö	p	k	*i*	d	g	4	z	8	**9**	c	v
1	2	f	b	**5**	4	t	m	2	6	*1*	d	f	c	k	6	**7**
4	r	*i*	d	*i*	8	r	**3**	**5**	z	ü	2	d	x	c	y	2
ü	**5**	*1*	**3**	r	t	*i*	6	h	j	f	6	v	ö	p	6	o
w	d	2	**3**	h	m	c	q	p	f	**9**	2	d	**5**	6	*i*	w
e	ü	*i*	**5**	**9**	f	c	4	**9**	a	g	h	6	8	t	n	y

Zur Detailsuchübung 1 „Ökologische Steuerreform"

Über Japan steht im Text Folgendes:
- Japan hat die höchsten Energiepreise.
- Hierdurch wurde es inspiriert zur meisterhaften Energieausnutzung und technischen Innovation.
- Die Pro-Kopf-Emission liegt bei weniger als der Hälfte des US-Levels.
- Dennoch ist die Entwicklung der letzten Jahre problematisch.
- Seit 1990 entstanden 8 Prozent mehr Kohlenstoff-Emissionen aufgrund vermehrten Verkehrs und Klimaanlagen.
- Die Umweltpolitik setzte nur peripher und selektiv an, so dass die ursächlich ungelösten Probleme nach kurzzeitiger Entlastung auf höherem Niveau wieder aufgetaucht sind.
- Fazit hieraus ist für die japanische Effizienzrevolution:
  - Sie ist nur eine Teilstrategie auf dem Weg zu einer Politik der Nachhaltigkeit.
  - Hinzukommen muss eine langfristig und verbindlich angelegte nationale Umweltplanung sowie eine Lebensstildiskussion, die unsere Konsum- und Produktionsmuster grundsätzlich auf den Prüfstand stellt.

Zum Fragenkatalog am Beginn des Abschnitts „Lesestoff- und Arbeitsorganisation

Frage 1 Mögliche Klassifizierungen
- Spezielles und Allgemeines
- Eingänge, Sekundärliteratur und Fachliteratur
- Bearbeitung und Informationsgewinnung
- Information und Unterhaltung
- Vorgegeben und selbst gewählt
- Beruflich und privat

Frage 2: Mögliche Leseabsichten
- Arbeiten erledigen, Pflicht, Job erfüllen
- Arbeitserfolg optimieren
- Wissen erhalten und aktualisieren
- Neue Wissensgebiete erschließen für beruflichen Aufstieg

Lesestoff interessanter machen
- Unangenehmes sofort -> bessere Motivation
- Selbstbelohnung
- Mit sich selbst in Wettbewerb treten (Zeitvorgabe)

Frage 3: Tageszeit und Gesamtzeit
- Bewusste Zeiteinteilung unter Berücksichtigung von Bio-Rhythmus und Störungshäufigkeit
- Insgesamt weniger Zeit für das Lesen aufwenden
- Für originäre Aufgaben grundsätzlich mehr Zeit reservieren als für Hintergrundinformationen
- Feste Zeiten für regelmäßig Wiederkehrendes

Frage 4: Sonstige Ideen
- Immer zunächst überfliegen
- Zwischenablage für günstige Lesezeiten
- Günstige Rahmen-/Lese-Bedingungen schaffen
- Vorauswahl bei Fachzeitschriften verbessern
- Reduzierung der Fremdbestimmung
- Verbesserung der Selbstmotivation
- Literatur (ggf. vergrößert) kopieren lassen bei Umläufen, um so Lesezeit unabhängig vom Eingang planen zu können

Anhang 3: Lösungen zu Fragestellungen im Buch 256

Lösung zur Gedächtnisübung

Es gab insgesamt fünf Gruppen
- Büroartikel:
  Bleistift, Büroklammer, Kugelschreiber, Papier, Radiergummi
- Unterhaltungselektronik:
  CD-Player, Fernsehgerät, HiFi-Anlage, Lautsprecherboxen, Videorecorder
- Fahrzeuge/Zubehör/Verkehr:
  Autoreifen, Lastwagen, Luftpumpe, Motorrad, Verkehrsampel
- Gefühle/Emotionen/Eigenschaften:
  Angst, Dankbarkeit, Intelligenz, Wut, Zufriedenheit
- Komponisten:
  Bach, Beethoven, Haydn, Mozart, Schubert

Literaturliste

Die folgende Literaturliste habe ich strukturiert und gegliedert in unterschiedliche Bereiche. Dabei habe ich - was die Bücher zum Thema "Rationelle Lesetechniken" angeht - versucht, auf Vollständigkeit zu achten. Es handelt sich dabei um die Bücher, die ich selbst gelesen und aus denen ich das Beste für mein eigenes Buch entnommen habe. Sollte also hier ein Buch fehlen, wäre ich Ihnen dankbar für einen Hinweis an mich, damit ich nicht nur dieses Buch in die Liste aufnehmen sondern es auch zwecks evtl. Überarbeitung meines eigenen Manuskriptes auswerten kann.

In den anderen Rubriken habe ich wiederum ebenfalls nur die Bücher aufgeführt, die ich selbst besitze und bereits gelesen / durchgearbeitet habe. Hier habe ich allerdings nicht den Anspruch, alle möglichen Bücher zu kennen.

Gleichwohl würde ich mich freuen, wenn ich Hinweise auf Bücher in diesen Bereichen erhielte, die ich unbedingt auch noch lesen und auswerten sollte.

Bei der Liste habe ich auf eine Bewertung der Güte der Bücher verzichtet. Mit dem Prüfungsschema im Kapitel 5 „Lesestoffselektion" haben Sie nämlich das Handwerkszeug, mit dem Sie selbst beurteilen können, welches Buch am besten zu Ihnen und Ihren speziellen Lese- und Lernabsichten passt.

In der Rubrik „CDs / Software / DVDs für das Lesen-Training" habe ich nur sehr wenige (von mir erworbene und getestete) Titel aufgeführt. Teilweise sind diese Programme wesentlich teurer (viele liegen preislich über 50 € und teilweise sogar über 150 €) und versprechen letztlich nicht mehr, als was Sie mit diesem Buch erreichen können, nämlich „lediglich" eine Verdopplung des Lesetempos. Für mich selbst waren sie daher nie eine Option zum noch besseren Beherrschen der Rationellen Lesetechniken.

Literaturliste 258

Bücher zum Thema „Rationelle Lesetechniken"

Mortimer J Adler, Charles van Doren, Xenia Osthelder, **Wie man ein Buch liest**; Leipzig, Zweitausendeins, 2010
Mortimer J Adler, Charles van Doren, **How to read a book – The classical guide to intelligent reading (Revised and Updated)**; New York, Simon and Schuster, 1940/1972
Günther Beyer, **Rationelles Lesen leicht gemacht (Ein 12-Lektionen-Programm)**; Düsseldorf, Econ, 1988
Matthias Böhme, **Rationell lesen**; Berlin, Cornelsen Verlag Scriptor GmbH & Co. KG, 2007
Fred N. Bohlen, **Effizient lesen**; Renningen-Malmsheim, Expert-Verlag, 2004
Tony Buzan, **Speed Reading**; Landsberg am Lech, mvg-Verlag, 2005
Brigitte Chevalier, **Effektiv lesen**; Frankfurt am Main, Eichborn, 2002
Zach Davis, **PoweReading**; Gröbenzell, Peoplebuilding, 2005
Frank W. Demann, **Highspeed Reading**; Offenbach, GABAL, 2000
Helmut Dittrich, **Besser lesen, verstehen, behalten**; München, humboldt-Verlag, 1994
Günther Emlein u. Wolfgang A. Kasper, **FlächenLesen**; Kirchzarten bei Freiburg, VAK-Verlags-GmbH, 2000
Gabal Arbeitshefte, **Rationelles Lesen**, Würzburg, Gabal, 2006
Christian Grüning, **Garantiert erfolgreich lernen. Wie Sie Ihre Lese- und Lernfähigkeit steigern**; München, Grüning-Verlag, 2006
Christian Grüning, **Visual Reading® – Garantiert schneller lesen und mehr verstehen**, München, Grüning-Verlag, 2007
Gerhard Hörner, **Professionelles Speed Reading**; Landsberg am Lech, mvg-Verlag, 2005
Friedhelm Hülshoff u. Rüdiger Kaldewey, **Training Rationeller lernen und arbeiten;** Stuttgart, Ernst-Klett-Verlag, 1976
Dr. Heinz Klippert, **Methodentraining**, 15. Aufl., Weinheim/Basel, Beltz-Verlag, 2005
Martin Krengel, **30 Minuten für effizientes Lesen**; Offenbach, Gabal Verlag GmbH, 2009
Franz Loeser, **rationelles lesen;** Leipzig/Jena/Berlin, Urania-Verlag, 1973
Rotraut und Walter U. Michelmann, **Effizient und schneller lesen**; Reinbek, Rowohlt TB, 1998,
Rotraut und Walter U. Michelmann, **Turbolesen. Lesebeschleunigung im Beruf. Das Trainingsbuch**; Windeck/Sieg, L.I.E.S. Verlag für das berufliche Lesen, 2001, / Niedernhausen, FALKEN Verlag, 2001
Belen Mercedes Mündermann, **Zielsicher und schnell lesen**; Köln, Dt. Wirtschaftsdienst, 2002

Ernst Ott, **Optimales Lesen: Schneller Lesen, mehr behalten, Ein 25 Tage-Lernprogramm**; Reinbek bei Hamburg, rororo, 2002

Paul R. Scheele, **Photo Reading**; Paderborn, Junfermann Verlag, 2001

Wolfgang Schmitz, **Schneller lesen – besser verstehen**; Hamburg, Rowohlt Taschenbuch Verlag, 3. Auflage 2009

Dr. Angela Sendlinger (Chefredakteurin), **Lesetechniken optimieren - Schneller lesen - leichter merken**; München, Compact Verlag, 2009

Jens Seiler, **Schneller lesen – Effizienter arbeiten durch Speed Reading – Beck kompakt**; München, Verlag C. H. Beck, 2009

Peter Strutz u. Holger Backwinkel, **Schneller lesen: Zeit sparen, das Wesentliche erfassen und mehr behalten**; Freiburg im Breisgau, Haufe, 2006

Johannes Weber u. Jochen Schatte, **Lesetraining**; Frankfurt/Main, Fischer Taschenbuch-Verlag, 1972

Tom Werneck u. Frank Ullmann, **Dynamisches Lesen**; München, Heyne-Verlag, 1977

Frank Wiegmann, **Rationelles Lesen**; Köln, Bund-Verlag, 1987

Andre C. Wohlgemuth, **Effizientes Lesen: Lesekurs für Erwachsene (Theorie und Übungen)**; Zollikon, Selbstverlag 1979

Wolfgang Zielke, **Schneller lesen – intensiver lesen – besser behalten**; Landsberg am Lech, mvg-Verlag, 1983

Wolfgang Zielke, **Informiert sein ist alles**; Düsseldorf, Econ-Verlag 1984

Wolfgang Zielke, **Schneller lesen – selbst trainiert**; Verlag Moderne Industrie, 1988,

Bücher zum „Lesetraining im Schulbereich"

Erik Dinges u. Heinz-Lothar Worm, **Trainingsprogramm zur Steigerung der Lesekompetenz (ab Klasse 5)**; Horneburg, Persen Verlag, 2006

Bill Gillham, **How to teach your child to read from 2 years**, London: Ward Lock, 1998

Andreas Gold, **Lesen kann man lernen – Lesestrategien für das 5. u. 6. Schuljahr**, Göttingen, Vandenhoeck & Ruprecht, 2007

Andreas Gold, Judith Mokhlesgerami, Katja Rühl, Stephanie Schreblowski u. Elmar Sowivnier, **Wir werden Textdetektive - Lehrermanual**, Göttingen, Vandenhoeck & Ruprecht, 2. Auflage 2005

Andreas Gold, Judith Mokhlesgerami, Katja Rühl, Stephanie Schreblowski u. Elmar Sowivnier, **Wir werden Lesedetektive - Arbeitsheft**, Göttingen, Vandenhoeck & Ruprecht, 2. Auflage 2005

Gustav Keller; **Der Lernknigge**, Bad Honnef, K.H.Bock-Verlag, 1994

Heinz Klippert; **Methoden-Training: Übungsbausteine für den Unterricht**, Weinheim, Beltz, 2009

Dr. Marion Schultheiss, **Das kleine Speed Reading Buch – Viel besser Lesen in 8 Tagen**; Hintersdorf / Waldpark (Österreich), Learn Smart Verlag GmbH, 2008

Sabine Schwaab, **Lesetraining – Materialien zur Verbesserung der Lesekompetenz 5. - 8. Klasse**; Augsburg, Brigg Pädagogik Verlag GmbH, 2. Auflage 2009

Lilo Seiler u. Andreas Vögeli, **Lesetraining – Vom Amateur zum Profi, Techniken, Spiele, Tricks**; Mühlheim/Ruhr, Verlag an der Ruhr, 1995

Ulrike Stolz & Lynn-Sven Kohl, **Wir werden Leseprofi - Arbeitsheft** (erhältlich für 7., 8, sowie 9./10. Klasse), Kerpen: Kohl-Verlag, 2007

Ulrike Stolz & Lynn-Sven Kohl, **Wir werden Leseprofi - Fit durch Lesetraining** (erhältlich für 6., 7., 8, sowie 9./10. Klasse), Kerpen: Kohl-Verlag, 2007

Katja Rühl u. Elmar Sowivnier, **Wir werden Textdetektive - Arbeitsheft**, Göttingen, Vandenhoeck & Ruprecht, 2006

Katja Rühl u. Elmar Sowivnier, **Wir werden Lesedetektive - Lehrermanual**, Göttingen, Vandenhoeck & Ruprecht, 2006

Gerd Stuckert u. Karl-Hand Seyler, **Gründlicher lesen – besser verstehen – mehr behalten (7. – 10. Jahrgangsstufe)**, Puchheim, pb-Verlag, 2006

Bücher zum Thema „MindMapping"

Tony u. Barry Buzan, **Das Mind-Map-Buch**; Landsberg am Lech, mvg-Verlag, 2002

Tony Buzan u. Vanda North, **Mind Mapping: Der Weg zu Ihrem persönlichen Erfolg**; Wien, hpt-Verlag, 2005

Mogens Kirckhoff, **Mind Mapping – Einführung in eine kreative Arbeitsmethode**; Offenbach, Gabal, 2003

Frank Krüger, **Mind Mapping: Kreativ und erfolgreich im Beruf**; München, humbolth-TB-Verlag, 1997

Martina Eipper, **Sehen, Erkennen, Wissen – Arbeitstechniken rund um das Mind Mapping**; Renningen-Malmsheim, Expert-Verlag, 1998

Bücher zum Thema „Zeitmanagement"

Eva Engelmann, Rolf Meier, **Zeitmanagement (book@web)**; Offenbach, Gabal, 2002

Josef Maiwald, **Zeit gewinnen – Das Einmaleins der besseren Selbstorganisation**; München, Markt&Technik, 2001

Rolf Meier, **Selbstlernkurs Zeitmanagement**; Offenbach, Gabal, 2003
Iris Schmidt u. Dörthe Grisse-Seelmeyer, **Zeitmanagement – So nutze ich meine Zeit optimal**; Offenbach, Gondrom, 2002
Axel Schlotte, **Du liebe Zeit! – Erfolgreich mit Zeit umgehen**; Weinheim und Basel, Beltz, 2002
Lothar J Seiwert, **Mehr Zeit für das Wesentliche**; Landsberg am Lech, mvg-Verlag, 1993
Lothar J Seiwert, **Best of Seiwert**; Münschen, Olzog-Verlag, 1990

Bücher zum Thema „Gedächtnistraining"

Allen D. Bragdon u. Leonard Fellows, **Neue Power fürs Gehirn – So nutzen Sie Ihr ganzes Potenzial**; Landsberg, mvg, 2000
David Gamon u. Allen D. Bragdon, **Brain Fitness – Das ultimative Trainingsprogramm für Ihr Gehirn**; Landsberg, mvg, 2000
Roland R. Geisselhart u. Christine Burkhart, **Gedächtnispower – Bildhaftes Denken, Kreativität, Intelligenz**; Offenbach, Gabal, 1997
Jonathan Hancock, **Gehirn Power – Wissen speichern – fit fürs Quiz**; München, Bassermann-Verlag, 2002
Johannes R. Holler, **Power für die grauen Zellen – Wie Sie Ihr Gehirn aus der Reserve locken**; Wessobrunn, Integral. Volkmar-Magnum, 1998
Heinz Theodor Jücht, **Gedächtnistraining leicht gemacht**; München, Goldmann, 1978
Siegfried Lehrl, **Gedächtnistraining – Das Drei-Phasen-Programm für Alltag, Studium und Beruf**; Augsburg, Augustus-Verlag, 1996
Fiona Mc Pherson, **Nie wieder vergesslich! Ihr Schlüssel zu einem wirklich guten Gedächtnis**; Landsberg, mvg, 2000
Ernst Ott, **Optimales Denken – Trainingsprogramm**; Reinbek bei Hamburg, rororo, 1990
Wolfgang Zielke, **Techniken für ein besseres Gedächtnis**; Landsberg am Lech, mvg-Verlag, 1982

Bücher zu „Lese-Rahmenbedingungen"

Vera F. Birkenbihl, **ABC-kreativ – Techniken zur kreativen Problem-Lösung**; München, Goldmann-Verlag, 2004
Vera F. Birkenbihl, **Das innere Archiv**; Offenbach, Gabal, 2002
Vera F. Birkenbihl, **Der Birkenbihl Power-Tag**; Landsberg am Lech, mvg-Verlag, 2005
Vera F. Birkenbihl, **Stroh im Kopf? Vom Gehirn-Besitzer zum Gehirn-Benutzer**; Landsberg am Lech, Moderne Industrie, 43. Auflage 2005

Literaturliste

Nicole Breitling u. Ulrike Weiblen, **Die E-Mail-Flut eindämmen – Betriebliche Informationen effizient organisieren**; Berlin, Cornelsen Verlag Scriptor GmbH & Co. KG, 2006

Arno Burger, **SOS E-Mail-Flut: Zeit gewinnen durch effizientes Arbeiten im Unternehmen mit E-Mails und Outlook**; Berlin, Cornelsen, 2006

Carmen Diebolder, **SOS E-Mail-Flut: Zeit gewinnen durch effizientes Arbeiten im Unternehmen mit E-Mails und Outlook**; Stuttgart, Media Service, 2006

Jeff Duntemann, **E-Mail entrümpeln, Spam und Viren raus**; Bonn, Mitp-Verlag, 2005

Friedhelm Hülshoff, **Top-Training Erfolgreich lernen und arbeiten – Techniken und Methoden geistiger Arbeit**; Stuttgart, Klett-Verlag, 1994

Gustav Keller; **Der Lernknigge**, Bad Honnef, K.H.Bock-Verlag, 1994

Heinz Klippert; **Methoden-Training: Übungsbausteine für den Unterricht**, Weinheim, Beltz, 2009

Sebastian Leitner: **So lernt man lernen – Angewandte Lernpsychologie – ein Weg zum Erfolg**; Augsburg, Herder, 25. Auflage, 1995

Gunter Meier: **Die E-Mail-Flut bewältigen: E-Mails richtig organisieren – Professionell kommunizieren – Massenaufkommen eindämmen – Kommunikationskultur entwickeln**; Renningen-Malmsheim, Expert-Verlag, 2008

Dr. Werner Metzig u. Dr. Martina Schuster, **Lernen zu lernen: Anwendung, Begründung und Bewertung von Lernstrategien,** Berlin, Heidelberg u. New York, Springer-Verlag, 1982

Ernst Ott, **Das Konzentrationsprogramm – Konzentrationsschwäche überwinden – Denkvermögen steigern**; Reinbek bei Hamburg, rororo, 1994

Kathryn M. Redway, **Bestens organisiert – Wie man seinen Schreibtisch in den Griff bekommt**; München, Droemersche Verlagsanstalt, 1997

Reinhard K. Sprenger: **30 Minuten für mehr Motivation**; Offenbach, Gabal, 1999

Tom Werneck u. Frank Ullmann, **Konzentrationstraining**; München, Heyne-Verlag, 1981

Wolfgang Zielke, **Konzentrieren keine Kunst**; Frankfurt u. New York, Campus-Verlag, 1989

Wolfgang Zielke, **Handbuch der Lern-, Denk- und Arbeitstechniken**; Landsberg am Lech, mvg-Verlag, 1988

Literatur zum wissenschaftlichen Hintergrund

Stanislas Dehaene, **Reading in the Brain: The New Science of How We Read**, New York, Penguin, 2009

Hans-Werner Hunziker, **Im Auge des Lesers – foveale und periphere Wahrnehmung; vom Buchstabieren zur Lebensfreude**, Zürich, Stäubli Verlag, 2006

Ralp Radach, **Blickbewegungen beim Lesen: Psychologische Aspekte der Determination von Fixationspositionen**, Münster, New York, Waxmann, 1996

Sonstige Bücher

Harry Benjamin, **Ohne Brille bis ins hohe Alter**; Augsburg, Verlagsgruppe Weltbild GmbH, 2004

Wolfgang Hätscher-Rosenbauer, **Endlich wieder klar sehen durch die Rasterbrille**; München, Südwest-Verlag, 2002

Robert-Michael Kaplan, **Die integrative Sehtherapie – Entdecken Sie die heilend Kraft hinter Ihren Augen**; Freiburg, Arbor-Verlag GmbH, 2010

Ole Petersen u. Patrick Stäuble, **Fit und motiviert im Job – das Micropausen-Programm**; Reinbek bei Hamburg, rororo, 2004

Eva Spitzel-Nummer, **Augentraining – Besser sehen kann man lernen**; Düsseldorf, ECON-Verlag, 1992

CDs / Software / DVDs für das Lesen-Training

Holger Backwinkel, Peter Sturtz, Michael Baacke, **Schneller lesen - mehr behalten 2.0 Speedreading Software Trainingsprogramm**, Berlin, matchpoint-media, 2012

Hans-Werner Hunziker, **Renn-Ratte - Lesegeschwindigkeit und Textverständnis trainieren**; Zürich, Stäubli Verlag, 2005

Dr. Marion Schultheiß, **Speed-o-nom (Erwachsene)**; Hintersdorf / Waldpark (Österreich), Learn Smart Verlag GmbH, 2008

Dr. Marion Schultheiß, **Speed-o-nom (Kinder)**; Hintersdorf / Waldpark (Österreich), Learn Smart Verlag GmbH, 2008

Stichwortverzeichnis

A

Ablage
  E-Mails 233
Ablage für günstige Zeiten 174
Ablagesystem 30
Ablaufplan 208
Absatz
  beschreibend 95
  erklärend 95
  verbindend 95
Absatzanalyse 94
Absatzspiel 193, 223
Absicht 101
Akkommodation 236
Antzipation 183
Arbeitsorganisation 165
Arbeitsplanung 101
Arbeitsumgebungsorganisation. 181
Assimilierung 36
Aufnahmezeit 38
Augen 32
  Fehlsichtigkeit 32
  Rasterbrille 32
  trockene ~ 236
Augenentspannung 76
  Acht kostbare Augenblicke 79
  Akkommodation 236
  Augenverfolgung 122
  Fokuswechsel 76
  Gähnen 236
  Jacobson 78
  Mikropausen 78
  Palmieren 76
  Progress. Muskelentspannung 78
  Schnelles Blinzeln 236
  Suchaufgaben 77
  Zahlensuche 99
Augentraining 263
Augenwinkel + -abstand 32
Ausblick 243
Außen-Integration 37
Auswahllesen 134

B

Baumstruktur 205
Behalten 215
  ~squote 180
  13 Schritte 219
  von Gelesenem 197
  Wiederholungen 219
  beidseitige Lesehilfe 120
Benjamin, Harry 32
Bestandsanalyse 21
Beweggründe 176
Bildersysten 202
Bildfolgeverknüpfung 202
Bildschirmauflösung 239
Bildschirm-Checkliste 238
Bildschirmgröße 235
Bildwiederholfrequenz 239
Biorhythmus 172
Blättern 238
Blickspannweite 61
  Blitzkartentechnik 61
  Übungen 62
Blinzeln, schnelles 236
Blitzkartentechnik 61
Buchselektion 106
Buchstabengröße 238
Buchstabieren 45
Buzan, Tony 47, 204

C

Computer 230
  Augenentspannungsübungen . 236
  Bildschirmauflösung 239
  Bildschirm-Checkliste 238
  Bildschirmgröße 235
  Bildwiederholfrequenz 239
  Blättern 238
  E-Mails 230
  Nachteile 234
  Scrollen 238
  Vorteile 237

D

Definition von ‚Lesen' 36
   Assimilierung 36
   Außen-Integration 37
   Erinnern 37
   Erkennen 36
   Festhalten 37
   Innen-Integration 36
   Kommunikation 37
Delegation von Lesearbeit 174
Detailsuche 147
   Andere Gegelegenheiten 158
   Übung 147, 159, 161

E

Effektivizienz 29
Eigenreflexion Organisation 165
Eisenhower-Methode 169
E-Mails 230
   Ablage 233
   Automatische Vorselektion ... 231
   Betreff-Selektion 232
   Buchempfehlungen 262
   Filtern von ~ 231
   Quartalspostfächer 234
   Täter und Opfer 232
   Vor- + Nachteile 230
   Vorschaufenster 232
Ergonomie 29
Erinnern 37
Erkennen 36
Ernährung 33
Erwartungen 21
Extrinsische Motivation 178

F

Fehler 59
Fehlsichtigkeit 32, 33
Festhalten 37
Fixation 43
   Anzahl 48
   Dauer 48
   Definition 44
   vertikal 66
Fixationspunkt 44
Fixationstechnik 83
Flussdiagramm 208
Fokuswechsel 76
Fragen an den Text 179
Fremdwörter 67
Funktionsweise des Lesens 43

G

Gähnen 236
Gedächtnis 197
   Notizen zum Gelesenen 203
   Sonstige Merkhilfen 200
   Übung 199
   Verhaltenslernkurve 218
   Wissenslernkurve 217
   Wissensspeicherung 216
Gedächtnistraining 261
Gegenposition 182
Gliederungen 203

H

Handlungsdiagramm 177
Hauptgedanken 215
Hemmnisse 45
   Buchstabieren 45
   Fixationsanzahl 48
   Fixationsdauer 48
   langsam + unkonzentriert 47
   Lesehilfen?? 51
   Regressionen 49
   Subvokalisation 47
   Vokalisation 46
   Wort-für-Wort-Lesen 45
Historie rationellen Lesens 38

I

Innen-Integration 36
Insellesen 112
Intrinsische Motivation 178

J

Jacobson 78

K

Kaplan, Robert-Michael............. 33
Kennedey, John F. 41
Klassifizierung...................... 255
Kommunikation 37
Konjunktionen 92
Konzentration 34, 175
Krebs, Carsten 147
Kurzzeitgedächtnis 197

L

Langsames ‚S' 120
Langzeitgedächtnis 197
Leistungs-Motivation............... 178
Lernprotokoll........................ 220
Lernschwierigkeiten am Anfang 215
Leseabsicht 101
Leseaspekte............................ 27
   Arbeitsplatz 29
   Augen.................................. 32
   besser verstehen..................... 35
   Ernährung............................. 33
   Grafik/Leseschema 27
   Konzentration 34
   mehr behalten 35
   Motivation 35
   schneller lesen 35
   Zeitmanagement 35
Lesegeschwindigkeit...............*Siehe* Lesetempo
Lesehemmnisse... *Siehe* Hemmnisse
Lesehilfen 51
Lesemotivation .... *Siehe* Motivation
Lesen-Definition.. *Siehe* Definition von ‚Lesen'
Leserabhängigkeit.................. 94
Lese-Rahmenbedingungen........ 261
Leser-Rückmeldung................. 244
Leseschema............................. 208
   Farben............................. 210
   Übung............208, 209, 210, 223
   Vorschlag 212, 213
Lesestoffdelegation................. 174
Lesestofforganisation.............. 165
   Eigenreflexion 165
Lesestoffselektion 98
Lesestoffvorrat........................... 174
Lesetechniken .... *Siehe* Techniken
Lesetempo 39
   Abschlusstest................241, 243
   Berechnungstabelle 246
   Beschleunigung......................82
   Bestandsaufnahme..................22
   Durchschnitt..........................39
   effizient.................................41
   Ermittlung.............................24
   Skala.....................................25
   Textbremsen..........................52
   variierend 43, 96
   Verdoppelung........................42
Lesetraining-Software 263
Lesezeitplanung.......................173
Lichtverhältnisse........................31
Literaturliste 257
Lokalisieren von Infos 134

M

Markieren 214
Merkhilfen 200
   Bildersystem........................202
   Bildfolgeverknüpfung 202
   Geschichte..........................200
   Merksatz.............................201
Merksatz..................................201
Mikropausen für Augen.............78
MindMapping...........................260
MindMaps® 204
   Anwendungsmöglichkeiten ...206
   Vorgehensweise 205
   Vorteile 207
Motivation 35, 175
   ~ und Alter 194
   ~ und Leistung....................178
   ~sziel..................................176
   Absatzspiel.........................193
   allgemeine 176
   Antizipation........................183
   Arbeitsumfeldorganisation 181
   Beweggründe 176
   Dürfen................................178
   Einflussfaktoren 178
   exstrinsisch.........................178
   Fragen an den Text...............179

Stichwortverzeichnis

Gegenposition 182
Handlungsdiagramm 177
instrinsisch 178
Können 178
Leistungs-Matrix 178
Plateau-Lernphasen 219
Selbsbelohnung 180
Selbstbetroffenheit 179
sich selbst motivieren 179
spezifische 176
Unangenehmes sofort 181
Wettbewerb mit sich selbst ... 180
Wissen einsetzen 183
Wollen 178
Myelisierung 218

N

Nährstoffe 33
Nahrungsergänzung 34
Neuronenverknüfungen 216
North, Vanda 41
Notizen 203
   Gliederungen 203
   Leseschema 208
   Methodenwahl 214
   MindMaps® 204
   Schlüsselworttabelle 204
   Zusammenfassung 204
Novelli 140

O

Ordnung 30
Organigramm 208
Organisation 165
   Arbeitsumgebung 181
Orientierendes Überfliegen 115, 132
Ott, Ernst 61, 66

P

Palmieren 76
Papierbeschaffenheit 32
Pareto-Zeitprinzip 169
Pawlik 241
PC (*Siehe auch* Computer 230
Picasso 184

Pivot-Funktion 235
Plateau-Lernphasen 218
PMSQ5R 220
Präfixe 68
Prioritäten 168
Progressive Muskelentspannung . 78

Q

Quartalspostfächer für E-Mails . 234
Querformat 205
Querlesen 116

R

Rahmenbedingungen 261
Randbemerkungen 215
Rasterbrille 32
Redundanzen 54, 163
   Satzteile 58
   Übung 54, 56, 58
   Vokale 56
   Wörter 57
Referenzliste Seminare 247
Reiche, Danyel 147
Rheinberg 177
Richtungswörter 91
   Andere-Richtung-Wörter 92
   Geradeaus-Wörter 91
Roosevelt, Franklin D. 41
Rückwärtsschwung 117

S

Sauerstoff 29
Schleife 119
Schlüsselwörter ... 94, 133, 205, 237
Schlüsselworttabelle 204
Schnelles Blinzeln 236
Schriftbildveränderung 238
Schriftgröße 238
Schulbereich-Lesetraining .. 259
Scrollen 238
Sehtherapie 33
Selbstbelohnung 180
Selbstbetroffenheit 179
Selbsterklärung 68
   Wortanfänge 68

Wortendungen 70
Wortherkunft 72
Selbstmotivation, erreichen 179
Selbstmotivation, Wichtigkeit... 176
Selektion 98
   Buch~ 106
   E-Mails, anhand Betreff 232
   E-Mails, automatisch 231
   Text~ 103
   Übung 104
   Zeitschriften~ 110
Selektives Lesen 146
   Detailsuche 147
   Übung 146, 147, 159, 161, 254
Selektives Überfliegen 132
Seminar-Refenzliste 247
Sinneinheiten, Lesen in 90
Slalomlesen 118, 122
   Übungen 123, 125, 127
   S-Methode 118
Spirallesen 121, 158
Sprenger, Reinhard K. 178
Störungen 172
Strukturbild .... *Siehe* Leseschema
Studierendes Lesen 220
Subvokalisation 47
Suchaufgaben 77
Suffixe 70

T

Tachistoskop 38
Techniken
   beidseitige Lesehilfe 120
   Fixations~ 83
      Überfliegen 88
      Übung 83, 86, 88
   fortgeschrittene 112
   Insellesen 112
   Übung 114
   Weicher Blick 113
   Langsames ‚S' 120
   Querlesen 116
   Rückwärtsschwung 117
   Schleife 119
   Semantikmethode 90
   Slalomlesen 118, 122
   Übung 123, 125, 127
   S-Methode 118

Spirallesen 121
Variabler Zeilenschwung 117
Vertikale Wellenbewegung ... 119
Zick-Zack-Methode 118
Zwei-Zeilen-Schwung 116
Textbreite-Änderung 237
Textmarker 215
   Farbe 215
Textselektion 103
Textwiederholung 134
Tränenflüssigkeit 236

U

Überfliegen 132
   Auswahllesen 134
   Lokalisieren von Infos 134
   orientierend 115, 132
   Schlüsselwörter, mit 133
   selektiv 132
   Textwiederholung 134
   Übung 135, 140
   Vorschau 133
Übungen
   Absatzspiel 223
   Antizipation 184
   Arbeiten unter Zeitdruck 100
   Augenübung Slalomlesen 122
   Blickspannweite 62
   Detailsuche 147, 159, 161
   Fehlerhafter Text 59
   Fixationstechnik 83, 86, 88
   Gedächtnis 199
   Insellesen 114
   Leseschema ... 208, 209, 210, 223
   Lesetempo 241, 243
   Redundanzen 54, 56, 58
   Selektion 104
   Selektives Lesen ... 146, 147, 159, 161, 254
   Slalomlesen 123, 125, 127
   Überfliegen 135, 140
   Zahlensuche 82
Ultrakurzzeitgedächtnis 197
Unangenehmes sofort 181
Unterstreichungen 215

V

Variabler Zeilenschwung 117
Verarbeitungszeit 38
Verhaltenslernkurve 218
Verhaltens-Sehtherapie 33
Verstehen, besseres 198
Vertikale Wellenbewegung 119
Vitamine 33
Vokalisation 46
Vorschau 133
Vorschaufenster bei E-Mails 232

~analyse 167
~planung 168
Situationsanalyse 167
Zusammenfassungen 204
Zwei-Zeilen-Schwung 116

W

Weicher Blick 113
Wellenbewegung, vertikale 119
Wettbewerb mit sich selbst 180
Wiederholungen 219
Wissen einsetzen 183, 216
Wissensarchiv 180
Wissenschaftlicher Hintergrund 263
Wissenslernkurve 217
Wissensspeicherung 216
Wohlgemuth 184
Wortanfänge 68
Wortendungen 70
Wörterzahlermittlung 145
Wort-für-Wort-Lesen 45
Wortherkunft 72
Wortschatzerweiterung 67
   aktiver Wortschatz 74
   Fremdwörter 67
   passiver Wortschatz 67, 74
   Selbsterklärung 68
   Tipps 74
Wortwurzeln 72

Z

Zeilenabstand 238
Zeitmanagement 35, 260
Zeitplanung 170
   konkret 172
   Schriftlichkeit 171
Zeitschriftenselektion 110
Zick-Zack-Methode 118
Ziel 101, 167